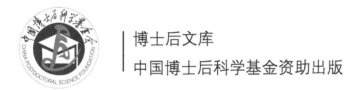

博士后文库

中国博士后科学基金资助出版

大跨度非对称悬索桥
设计与计算

杨国俊　著

科学出版社

北　京

内 容 简 介

本书对非对称悬索桥的类型及界定、静力计算、动力特性、影响动力特性的参数敏感性进行理论研究和试验验证，分析非对称和对称悬索桥性能的差异，考虑非对称结构参数的影响，推导不同类型非对称悬索桥静动力计算公式，分析非对称悬索桥隧道式锚碇承载力、施工力学性能和动力响应，提出适用于非对称悬索桥隧道式锚碇的惯质黏性阻尼器。将理论值和试验值进行对比，采用长期监测的方法分析悬索桥隧道式锚碇及围岩的安全性和稳定性，为非对称悬索桥的设计提供理论指导和实用的计算方法。

本书可供高等学校桥梁与隧道工程及相关专业的研究生和本科生参考，也可供相关领域的科研工作者阅读。

图书在版编目(CIP)数据

大跨度非对称悬索桥设计与计算/杨国俊著. —北京：科学出版社，2023.10
(博士后文库)
ISBN 978-7-03-074498-2

Ⅰ. ①大… Ⅱ. ①杨… Ⅲ. ①长跨桥-悬索桥-设计 Ⅳ. ①U448.43

中国版本图书馆 CIP 数据核字(2022)第 257860 号

责任编辑：祝 洁 汤宇晨／责任校对：崔向琳
责任印制：赵 博／封面设计：陈 敬

科 学 出 版 社 出版
北京东黄城根北街 16 号
邮政编码：100717
http://www.sciencep.com
北京厚诚则铭印刷科技有限公司印刷
科学出版社发行 各地新华书店经销
*
2023 年 10 月第 一 版 开本：720×1000 1/16
2024 年 6 月第二次印刷 印张：14
字数：273 000
定价：168.00 元
(如有印装质量问题，我社负责调换)

"博士后文库"序言

　　1985 年，在李政道先生的倡议和邓小平同志的亲自关怀下，我国建立了博士后制度，同时设立了博士后科学基金。30 多年来，在党和国家的高度重视下，在社会各方面的关心和支持下，博士后制度为我国培养了一大批青年高层次创新人才。在这一过程中，博士后科学基金发挥了不可替代的独特作用。

　　博士后科学基金是中国特色博士后制度的重要组成部分，专门用于资助博士后研究人员开展创新探索。博士后科学基金的资助，对正处于独立科研生涯起步阶段的博士后研究人员来说，适逢其时，有利于培养他们独立的科研人格、在选题方面的竞争意识以及负责的精神，是他们独立从事科研工作的"第一桶金"。尽管博士后科学基金资助金额不大，但对博士后青年创新人才的培养和激励作用不可估量。四两拨千斤，博士后科学基金有效地推动了博士后研究人员迅速成长为高水平的研究人才，"小基金发挥了大作用"。

　　在博士后科学基金的资助下，博士后研究人员的优秀学术成果不断涌现。2013 年，为提高博士后科学基金的资助效益，中国博士后科学基金会联合科学出版社开展了博士后优秀学术专著出版资助工作，通过专家评审遴选出优秀的博士后学术著作，收入"博士后文库"，由博士后科学基金资助、科学出版社出版。我们希望，借此打造专属于博士后学术创新的旗舰图书品牌，激励博士后研究人员潜心科研，扎实治学，提升博士后优秀学术成果的社会影响力。

　　2015 年，国务院办公厅印发了《关于改革完善博士后制度的意见》(国办发〔2015〕87 号)，将"实施自然科学、人文社会科学优秀博士后论著出版支持计划"作为"十三五"期间博士后工作的重要内容和提升博士后研究人员培养质量的重要手段，这更加凸显了出版资助工作的意义。我相信，我们提供的这个出版资助平台将对博士后研究人员激发创新智慧、凝聚创新力量发挥独特的作用，促使博士后研究人员的创新成果更好地服务于创新驱动发展战略和创新型国家的建设。

　　祝愿广大博士后研究人员在博士后科学基金的资助下早日成长为栋梁之才，为实现中华民族伟大复兴的中国梦做出更大的贡献。

中国博士后科学基金会理事长

前　言

悬索桥以超强的跨越能力和优美的线形成为大跨度桥梁的首选桥型。随着高速公路向高原山区发展，为了适应这种特殊环境，不断出现了主缆、锚碇、边跨跨径非对称等悬索桥。由于该类型桥梁在结构方面与传统的悬索桥存在一定差别，所以在静动力设计和计算方面有异于传统悬索桥，我国《公路桥梁抗风设计规范》(JTG/T 3360-01—2018)规定的悬索桥基频计算公式无法体现边跨跨径非对称、主缆非对称等非对称设计参数的影响。本书以非对称悬索桥设计和计算方法为主要内容，通过理论推导、数值模拟和试验的方法，研究大跨度非对称悬索桥设计和有关参数计算方法。

本书内容安排如下：

第1章主要介绍非对称悬索桥的基本类型和界定，阐述大跨度悬索桥设计和计算方法的研究现状与发展趋势。

第2章介绍主缆非对称的悬索桥静力近似计算方法，计算不同结构非对称敏感性参数下悬索桥主缆有应力和无应力索长，并给出考虑结构非对称敏感性参数的近似计算公式，提出基于能量法的非对称悬索桥主索鞍顶推近似计算方法。

第3章分析锚碇非对称的悬索桥力学性能，对隧道式锚碇各施工工序下锚塞体及围岩的变形和应力状态、夹持效应、承载能力进行研究，分析非对称锚碇的动力响应，并提出减振控制措施。

第4章为非对称悬索桥动力计算，推导基于主缆非对称悬索桥自振频率的实用估算公式，分析非对称悬索桥动力特性对结构参数变化的敏感性，研究不同结构参数对主缆非对称悬索桥动力特性的敏感性。

第5章从动载试验和长期监测试验分析非对称悬索桥力学性能，通过动载试验测定结构自振频率和振型参数，并将理论值和试验值进行对比分析。

第6章是结论和展望，总结非对称悬索桥的特点，展望发展方向。

本书相关研究得到了国家自然科学基金项目"动力荷载下非对称悬索桥隧道式锚碇的稳定性及减振控制理论研究"（51808274）和"基于多尺度的城市桥梁群震后性能提升优先级及韧性评估研究"（52168042）的资助；本书出版得到了中国博士后科学基金面上项目"基于分步筛选法的城市桥梁群加固优先级及性能提升研究"（2019M653897XB）和优秀学术专著出版的资助，列入"博士后文库"丛书。

本书撰写得到了兰州理工大学杜永峰教授、招商局重庆交通科研设计院有限公司唐光武研究员、长安大学李子青和郝宪武教授的鼓励和支持，四位老师无论在专业知识还是在工作、生活方面，都给予我很多指导和帮助，提出了中肯建议，借此机会向四位老师表示衷心感谢！另外，感谢兰州理工大学硕士研究生韩宗健、吕明航、田骐玮、张树涛和石秀名等在本书撰写过程中提供的帮助。

由于作者水平有限，书中难免有不足之处，恳请各位读者批评指正。

杨国俊

兰州理工大学土木工程学院

2023 年 1 月

主要符号表

A	面积	P_2	峰值承载力
c	黏结力	P_3	临界承载力
c_d	等效阻尼系数	P_4	残余承载力
E	弹性模量	R	圆弧半径
E_{au}	主动土压力	S	支反力
F	拉索振动产生竖向力	t	温度变化度数
g	重力加速度	T	缆索张拉力
H	水平拉力	T_0	结构变形后杆件轴力
k	等效弹簧刚度系数	$\ddot{u}$	加速度
K_a	主动土压力系数	$\dot{u}$	速度
K	刚度	u	位移
l	主缆弦长	U	势能
L_m	锚塞体最小长度	α	线膨胀系数
I_m	转动恒量	α_0	结构变形后杆件倾角
I_{ms}	转动惯量	β	锚塞体楔形角
I	惯性矩	γ	缆索容重
m_{in}	惯容系数	γ_r	填土重度
m_0	惯质圆盘质量	λ	拉格朗日乘子
M	弯矩	ξ	结构非对称敏感性参数
n	矢跨比	σ	主应力
N	挤压力	τ	剪应力
P	设计缆力	τ_p	峰值剪应力
P_1	初始承载力	φ	摩擦角

目　　录

"博士后文库"序言

前言

主要符号表

第1章　绪论···1

1.1　非对称悬索桥简介···1

1.1.1　非对称悬索桥的分类··1

1.1.2　非对称悬索桥的界定··3

1.2　研究现状···4

1.2.1　悬索桥计算理论研究现状···5

1.2.2　主索鞍顶推方法研究现状···6

1.2.3　悬索桥动力特性研究现状···7

1.2.4　非对称锚碇研究现状···11

1.3　本书主要特点与结构··16

1.3.1　本书主要特点··16

1.3.2　本书结构··17

参考文献··19

第2章　主缆非对称的悬索桥静力近似计算·······························24

2.1　主缆线形为非对称抛物线的静力近似计算·························24

2.1.1　基于弹性理论的静力近似计算·····································24

2.1.2　基于挠度理论的静力近似计算·····································27

2.1.3　基于有限位移法的静力近似计算··································29

2.2　主缆线形为非对称抛物线的主缆索长近似计算···················31

2.3　主缆线形为非对称悬链线的主缆索长近似计算···················33

2.3.1　基本方法··33

2.3.2　近似计算··33

2.4　基于能量法的主索鞍顶推近似计算··································39

2.4.1　基于能量法的最大容许偏位计算··································39

2.4.2　主索鞍顶推方案优化计算··41

2.5　算例验证···42

2.5.1 依托工程 · 42

2.5.2 非对称对锚跨和边跨有应力索长和无应力索长的影响 · · · · · · · · · · · · · · 43

2.5.3 非对称对中跨主缆有应力索长和无应力索长的影响 · · · · · · · · · · · · · · · 44

2.5.4 非对称悬索桥主索鞍顶推计算 · 45

2.6 本章小结 · 50

参考文献 · 51

第 3 章 锚碇非对称的悬索桥力学性能分析 · 52

3.1 悬索桥隧道式锚碇概述 · 52

3.2 隧道式锚碇锚塞体长度计算 · 53

3.2.1 锚塞体长度近似计算公式的推导 · 53

3.2.2 工程验证 · 55

3.2.3 正方形、圆形及城门洞形截面锚塞体长度计算公式推导 · · · · · · · · · · 58

3.2.4 锚塞体长度计算公式验证 · 59

3.3 隧道式锚碇应力和位移分析 · 60

3.3.1 FLAC3D 计算模型 · 60

3.3.2 初始应力场 · 61

3.3.3 开挖分析 · 68

3.3.4 锚塞体浇筑分析 · 74

3.3.5 锚塞体施加预应力分析 · 76

3.3.6 接触面分析 · 79

3.3.7 不同主缆缆力下的岩体位移分析 · 83

3.4 隧道式锚碇夹持效应及承载能力分析 · 84

3.4.1 基于莫尔–库仑准则的隧道式锚碇夹持效应研究 · · · · · · · · · · · · · · · · 85

3.4.2 基于解析法的悬索桥隧道式锚碇承载力及破坏过程研究 · · · · · · · · · · 102

3.5 一种惯质黏性阻尼器的隧道式锚碇减振效果分析 · · · · · · · · · · · · · · · · · · 116

3.5.1 惯质黏性阻尼器 · 117

3.5.2 隧道式锚碇动荷载响应 · 121

3.5.3 隧道式锚碇减振效果分析 · 128

3.6 本章小结 · 132

参考文献 · 133

第 4 章 非对称悬索桥动力计算 · 135

4.1 基于古典解析法的非对称悬索桥自由振动微分方程 · · · · · · · · · · · · · · · · · 135

4.1.1 非对称悬索桥空间耦合自由振动的微分方程 · · · · · · · · · · · · · · · · · · · 135

4.1.2 非对称悬索桥竖向挠曲自由振动方程 · 139

4.1.3 非对称悬索桥水平挠曲自由振动方程 · 140

　　　4.1.4 非对称悬索桥扭转自由振动方程 ································ 141
　4.2 主缆非对称悬索桥基本假定 ·· 142
　4.3 主缆非对称悬索桥竖弯自振特性估算公式 ··························· 143
　　　4.3.1 基于能量法的正对称竖弯基频估算公式 ····················· 144
　　　4.3.2 基于能量法的反对称竖弯基频估算公式 ····················· 148
　4.4 主缆非对称悬索桥扭转自振特性估算公式 ··························· 149
　　　4.4.1 基于能量法的正对称扭转基频估算公式 ····················· 149
　　　4.4.2 基于能量法的反对称扭转基频估算公式 ····················· 152
　　　4.4.3 计入主塔刚度的竖弯基频公式的修正 ························ 152
　　　4.4.4 对称悬索桥的算例分析 ···································· 155
　　　4.4.5 非对称悬索桥的算例分析 ·································· 158
　　　4.4.6 非对称与对称结构对比分析 ································ 161
　　　4.4.7 算例验证 ·· 162
　4.5 影响非对称悬索桥动力特性的参数敏感性分析 ····················· 164
　　　4.5.1 敏感性分析方法 ·· 165
　　　4.5.2 结构矢跨比对动力特性的影响 ······························ 165
　　　4.5.3 结构非对称敏感性参数对动力特性的影响 ··················· 168
　　　4.5.4 主塔抗弯刚度变化对动力特性的影响 ························ 168
　　　4.5.5 加劲梁抗弯刚度变化对动力特性的影响 ····················· 172
　4.6 边跨跨径非对称悬索桥动力特性分析 ······························· 174
　　　4.6.1 边跨跨径非对称悬索桥竖弯基频估算公式 ··················· 174
　　　4.6.2 边跨跨径非对称悬索桥的扭转基频估算公式 ················· 180
　　　4.6.3 算例验证 ·· 186
　4.7 本章小结 ·· 187
　参考文献 ··· 189
第 5 章　非对称悬索桥力学性能试验研究 ································· 190
　5.1 基于试验的非对称悬索桥动力特性分析 ····························· 191
　　　5.1.1 试验方法 ·· 191
　　　5.1.2 试验过程 ·· 191
　　　5.1.3 试验验证分析 ·· 191
　5.2 非对称锚碇的监测过程 ·· 194
　　　5.2.1 测点布置 ·· 194
　　　5.2.2 现场监测 ·· 195
　5.3 非对称锚碇监测试验结果 ·· 196
　　　5.3.1 隧道锚边坡地表沉降和位移监测 ···························· 196

5.3.2　隧道锚变形监测 ···································· 198

5.3.3　锚塞体与围岩接触应力监测 ···················· 200

5.3.4　锚塞体轴向钢筋应力监测 ······················ 201

5.4　本章小结 ·· 202

参考文献 ·· 203

第 6 章　结论与展望 ·· 204

6.1　主要结论 ·· 204

6.2　展望 ·· 206

编后记 ·· 207

第1章 绪 论

1.1 非对称悬索桥简介

1.1.1 非对称悬索桥的分类

大跨度悬索桥不断向特殊地区发展，为了适应特殊地形和地质条件，出现了结构形式、锚碇类型及跨径布置等不对称的非对称悬索桥。根据结构类型，非对称悬索桥分为五类，如表 1.1 所示。

表 1.1 非对称悬索桥类型

类型	特征描述	工程实例	跨径布置/m	备注
主缆非对称悬索桥	主塔等高，但主缆线形非对称	云南普立大桥	$166 + 628 + 166$	非对称支承的高差为 10.362m
锚碇非对称悬索桥	一侧重力式锚碇，一侧隧道式锚碇	重庆鹅公岩大桥	$210 + 600 + 210$	东侧锚碇采用隧道式锚碇，西侧锚碇采用重力式锚碇
边跨跨径非对称悬索桥	三跨悬索桥的两边跨跨径不相等	浙江西堠门大桥	$578 + 1650 + 485$	两边跨跨径相差 93m
主塔塔高非对称悬索桥	两索塔非对称，但主缆等高	湖北四渡河大桥	$900 + 5 \times 40$	恩施岸索塔高 118.2m，宜昌岸索塔高 113.6m
无塔非对称悬索桥	主缆直接锚固在两侧的锚碇上	湖北利归岩村人行悬索桥	$33.088 + 128 + 20.327$	主缆锚固点标高相差 5.651m

1. 主缆非对称悬索桥

为了解决桥址地形限制的问题，提出主塔等高但主缆支承端不等高的特殊悬索桥。这类悬索桥的主缆呈现非对称性，因此在静力方面会对有应力索长和无应力索长产生较大的影响，在动力方面对结构动力特性产生影响。本书基于非对称类型研究有应力索长、无应力索长及自振频率的实用计算方法。

2. 锚碇非对称悬索桥

悬索桥两侧锚碇区岩体的类型有差异，因此岩体完整性好的一侧采用隧道式锚碇，岩体特性差的一侧采用重力式锚碇，两侧非对称的锚碇形式对锚碇区围岩变形和应力产生不同的影响。本书分析两种锚碇类型的差异，重点从隧道式锚碇的变形、应力及监测试验分析其力学特性。

3. 边跨跨径非对称悬索桥

近年来，为更好地适应桥址特殊的地形条件和工程环境，国内外修建了一些边跨跨径非对称的三跨悬索桥，如我国香港青马大桥、浙江西堠门大桥、湖南矮寨大桥等，其中西堠门大桥是目前世界上最大跨度的边跨跨径非对称悬索桥。边跨跨径非对称同样对结构动力特性产生影响，本书基于这种边跨跨径不等的三跨悬索桥展开动力特性研究。国内外部分边跨跨径非对称悬索桥如表 1.2 所示。

表 1.2　国内外部分边跨跨径非对称悬索桥

名称	所在国	主跨跨径/m	梁高/m	梁宽/m	高跨比	高宽比
青马大桥	中国	333.0 + 1377.0 + 300.0	7.6	41.0	1:181.0	1:5.4
西堠门大桥	中国	578.0 + 1650.0 + 485.0	3.5	36.0	1:470.0	1:10.3
矮寨大桥	中国	242.0 + 1176.0 + 116.0	7.5	27.0	1:156.8	1:3.6
江阴长江大桥	中国	336.5 + 1385 + 309.3	3.0	32.5	1:462.0	1:10.8
亨伯尔桥	英国	540.0 + 1410.0 + 280.0	4.5	22.0	1:313.0	1:4.9
博斯普鲁斯海峡大桥	土耳其	231.0 + 1074.0 + 255.0	3.0	28.2	1:358.0	1:9.4

4. 主塔塔高非对称悬索桥

受基础地质的限制，国内外主塔塔高非对称悬索桥的数量不断增加。国内外部分主塔塔高非对称悬索桥如表 1.3 所示。

表 1.3　国内外部分主塔塔高非对称悬索桥

名称	主跨跨径/m	梁宽/m	梁高/m	非对称塔高/m		主梁断面形式
				左塔	右塔	
宜昌长江公路大桥	960	30.0	3.0	112.4	142.3	钢桁架
江阴长江大桥	1385	36.9	3.0	187.0	184.0	钢箱梁
来岛第一大桥	660	32.0	4.3	116.5	149.1	钢箱梁
来岛第二大桥	1020	32.0	4.3	173.5	183.9	钢箱梁
鹅公岩大桥	600	44.3	3.0	147.5	144.5	钢箱梁
武汉阳逻大桥	1280	38.5	3.0	169.8	163.3	钢箱梁
珠江黄埔大桥南汊桥	1108	34.5	3.5	195.3	192.8	钢箱梁
四渡河大桥	900	24.5	6.5	118.2	113.6	钢箱梁
金沙江大桥	660	25.0	12.0	196.0	156.0	钢桁架

5. 无塔非对称悬索桥

当桥位于 V 型峡谷地形或深沟急流等不便于修建索塔的地方时，修建跨线悬索桥，从而出现了无塔非对称悬索桥。无塔非对称悬索桥是指不需要索塔支承主缆，直接将主缆锚固在两侧的岩体上，由于锚碇区地形限制，主缆往往以不等高方式锚固在岩体上。不同于一般的悬索桥，这类非对称悬索桥结构比较新颖，其实质是主缆不等高支承的非对称悬索桥。从力学特性分析，锚碇岩体的摩擦力、抗推力及抗拔力承受悬索桥主缆的水平力和竖向分力。我国此类悬索桥很少，湖北利方岩村修建的人行悬索桥是国内首座无塔非对称悬索桥。该类桥具有优美的线形和选址灵活方便等优势，因此在方案比选过程中，设计师越来越重视无塔非对称悬索桥的设计。无塔非对称悬索桥将成为跨越峡谷地形或深沟急流地形中小跨径桥梁极具竞争力的桥型。

1.1.2 非对称悬索桥的界定

1. 主缆非对称悬索桥

为了便于分析主缆非对称对悬索桥静力性能和动力特性的影响，画出非对称悬索桥结构示意图，见图 1.1。本书定义结构非对称敏感性参数为 ξ，表示主缆非对称支承高差 h 与悬索桥主跨跨径 L 的比值，即 $\xi = h/L$。参数 ξ 表征结构的非对称性，通过参数 ξ 分析结构非对称性对悬索桥的影响。

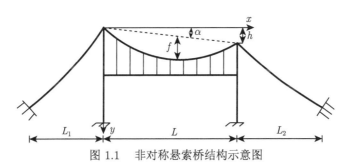

图 1.1 非对称悬索桥结构示意图

L 为主跨跨径；L_1 为左边跨跨径；L_2 为右边跨跨径；h 为主缆非对称支承高差；
f 为跨中垂度；α 为非对称高差偏转角

2. 边跨跨径非对称的三跨悬索桥

为了便于分析边跨跨径非对称对三跨悬索桥静动力特性的影响，画出边跨跨径非对称的三跨悬索桥示意图，见图 1.2，其中边跨跨径 $L_1 \neq L_3$。本书定义边跨跨径和中跨跨径相关的参数为 k 和 l，k 表示右边跨跨径与左边跨跨径的比值，即 $k = L_3/L_1$，l 表示左边跨跨径与中跨跨径的比值，即 $l = L_1/L_2$，采用参数 k

和 l 表征三跨悬索桥的中边跨跨径之间的关系，分析边跨跨径非对称对三跨悬索桥动力特性的影响。

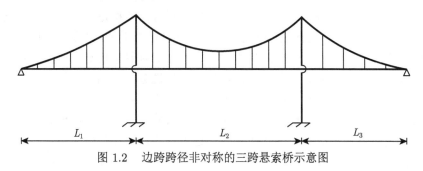

图 1.2　边跨跨径非对称的三跨悬索桥示意图

1.2　研究现状

悬索桥以超强的跨越能力和优美的形式成为大跨度桥梁的首选桥型。高速公路向高原山区发展，在山区受到地形和地貌的限制，为了适应这种特殊的工程环境，出现了非对称悬索桥。由于该类型桥梁在结构方面与对称的悬索桥存在一定的差别，因此在静动力设计方面有异于传统悬索桥的特点。此外，常见悬索桥研究往往只关注上部结构，没有考虑到非对称的锚碇形式。隧道式锚碇和重力式锚碇在传递主缆缆力上存在区别，隧道式锚碇充分利用山区岩体围岩完整性和自承性好的特点，非对称悬索桥越来越多地选择一侧采用重力式锚碇、一侧采用隧道式锚碇。为了探索和研究这种非对称悬索桥的力学特性，本书以主缆非对称、锚碇非对称的单跨悬索桥和边跨跨径非对称的三跨悬索桥为研究对象，分析非对称悬索桥和对称悬索桥在静力性能和动力特性方面的差异，深入探讨分析非对称悬索桥的静力性能和自振特性，为该类型桥梁设计提供一定的方法和理论指导。

本书从静动力方面分析非对称悬索桥和对称悬索桥结构性能的差异。基于主缆非对称悬索桥，推导主缆线形分别为抛物线和悬链线的静力计算公式；研究基于能量法的非对称悬索桥主索鞍顶推的静力近似计算方法；推导非对称悬索桥正对称和反对称竖弯及扭转的基频估算公式，基于对称悬索桥提出相应的非对称相关的结构参数影响因子，并且以边跨跨径非对称的三跨悬索桥为背景，推导该类型非对称悬索桥竖弯和扭转的自振频率，为设计人员提供快速判别结构动力特性的方法，同时为非对称悬索桥设计提供合理的建议和实用的计算方法。此外，为了研究两侧锚碇非对称悬索桥力学性能，以隧道式锚碇为例，分析其力学性能和锚碇区围岩的安全性和稳定性，推导非对称悬索桥锚塞体长度的近似计算公式、夹持效应计算公式和承载能力计算公式；基于有限差分软件 FLAC3D，采用数值模拟的方法对某主缆非对称悬索桥隧道锚碇区围岩在锚洞开挖、浇筑、回填、施加预应力和主缆缆力等过程中的岩体位移和应力状态进行分析研究，并采用长期监测试验的方法研究普立大桥隧道式锚碇边坡地表沉降和位移、隧道式锚碇系统的变形、锚塞体与周围接触应力、锚塞体轴向钢筋应力，分析隧道式锚碇岩体及围岩的安全性和稳定性，为工程顺利实施提供技术保障；为了减小隧道式锚碇在动荷载下的振动响应，设计适合放置在散索鞍和前锚面之间的惯质阻尼器，通过数值模拟，为设计和工程施工提供决策依据。

1.2.1　悬索桥计算理论研究现状

悬索桥是一种历史非常悠久的桥型，随着设计理论、设计方法的进步和新材料的出现，不断朝更大跨度的方向发展。

2006 年，李传习 [1] 研究了组成分段悬链线理论基本方程的索段状态方程性质，指出了索段状态方程无解 (主缆找形迭代不收敛) 的情形，提出了寻找主缆找形迭代收敛路径的问题，系统地研究并阐述了悬索桥主缆找形的总体思路、计算流程和计算状态。

2008 年，滕小竹 [2] 结合工程实例和资料统计，阐述了钢桁梁悬索桥的桁架结构构造特性和常用桥面系构造特点，总结了钢桁梁悬索桥桁架施工方法，研究了钢桁梁悬索桥桁架力学性能。

2009 年，黄健 [3] 研究了自锚式悬索桥的计算理论和方法，包括弹性理论和有限位移理论；采用分段悬链线理论计算了成桥主缆线形，推算了主缆的索股无应力长度、吊索长度、空缆状态线形及索鞍偏移量，确定了索夹的安装位置，采用无猫道架设主缆方案。

2010 年，胥润东 [4] 采用改进虚拟梁法进行静力性能研究，提出了静力可行的结构方案，利用自编程序进行结构方案的一致和非一致地震作用时程分析。

2013 年，李周 [5] 利用精确悬链单元迭代计算法对悬索进行找形分析，并结合有限元及实测结果进行验证，基于找形算法提出了无应力索长的计算方法和流程。

2016 年，韩冰 [6] 对正交异性板结构焊接构造细节的热点应力计算理论方法进行了研究，详细分析了单元类型、网格精度及外推方法对热点应力计算结果的影响，完善了正交异性板结构焊接构造细节的热点应力法分析过程。

2017 年，孟楠 [7] 研究了大跨度公铁两用悬索桥结构参数对桥梁刚度敏感性和扭弯比的影响，以及反应谱荷载作用下主梁的位移响应，并总结了刚度变化规律；敬超等 [8] 将平行索面悬索桥中使用的分段直线、分段抛物线和分段悬链线理论推广到空间索面悬索桥，并分别编制了 Matlab 运算程序，运用 Midas/Civil 有限元软件进行验证。

2018 年，王通 [9] 基于稳健回归分析法建立模型，预测了高荷载效率下的结构反应，进而实现荷载效率系数降低优化；基于概率统计，对自锚式悬索桥分部位校验系数合理取值进行研究。

2019 年，宁志远[10] 进行了索塔截面温度分布分析及温度场下主塔顶偏位计算，同时采用实测温度值进行有限元分析中等效温度荷载的设定，得出了主塔截面中心区域内温度变化规律、沿主塔高度方向的温度梯度分布，运用实测数据对主塔表面温度沿塔高方向计算参数进行拟合，并预测温度场下裸塔偏位。

2021 年，李琛等[11] 研究了大跨度悬索桥结冰后的非线性静风稳定性，对悬索桥结冰前后的动力特性进行了分析，研究了结冰质量对悬索桥施工及成桥阶段的影响。

2022 年，郭增伟等[12] 探讨了大跨度悬索桥模态阻尼的统计参数随风速的变化规律，风速会影响结构竖向和扭转振型阻尼概型分布的拖尾性质。

总之，悬索桥的静力分析理论按时间先后依次经历了弹性理论阶段、挠度理论阶段和有限位移理论阶段。悬索桥的静力分析方法一般有三种，竖直荷载下的分析方法、水平荷载下的分析方法和偏心荷载下的分析方法。悬索桥三种静力分析理论对比分析如表 1.4 所示。

表 1.4   悬索桥三种静力分析理论对比分析

悬索桥静力分析理论	理论区别	适用范围	考虑主缆
弹性理论	小变形理论	最早使用的计算理论，跨径小且整体刚度较大的悬索桥	忽略主缆初始轴力
挠度理论	有限变形理论	大跨径悬索桥，吊索竖直	水平方向缆力不变
有限位移理论	基于有限元法	任意大跨径悬索桥	考虑缆力在水平方向的变化

1.2.2   主索鞍顶推方法研究现状

在悬索桥施工过程中，随着加劲梁的不断吊装，中边跨的缆力越来越不平衡，使得主塔产生纵向偏位。通过主索鞍设置一定的预偏量，其在不平衡缆力的作用下会自由地滑动到平衡的位置，但是施工中出于对安全性和可控性等的考虑，不允许其自由滑动，在实际施工中通过采取适当措施对主索鞍进行人工的、可控的多次顶推。因此，主索鞍的顶推时间和顶推量是否合理是影响主塔安危的主要因素[13,14]。

何为等[15] 采用三维有限元模型，从应力的角度分析，对索鞍顶推、索鞍自由滑移、索鞍固结这三种情况下的主塔应力计算结果进行了对比分析，提出了主索鞍的小步快跑顶推原则。齐东春等[16] 研究了鞍座平衡条件的合理模式及预偏量的计算方法，确定了主索鞍预偏量的计算控制原则及塔顶容许偏位的计算理论。孙胜江等[17] 分析了悬索桥索塔截面不出现拉应力和拉应力不超限两种强度条件下主塔的容许偏位，定量分析施工阶段考虑 P-Δ 效应 (重力二阶效应，P 为竖向荷载，Δ 为水平位移) 对主塔容许偏位和不平衡水平力的影响。程翔云[18]、白青侠等[19] 依据最小势能原理研究了高桥墩的墩顶最大位移，还有学者采用变分法解决了高桥墩的几何非线性分析问题[20-22]。沈锐利[23]、肖汝诚等[24] 基于有限元法 (finite element method, FEM) 研究了主索鞍的模拟方法。黎志忠等[25] 提出了一种可适用于有限元程序的索鞍顶推精细化模拟方法，重点研究不同索鞍模型对比和主缆抗滑安全系数。马朝霞等[26]、许世展等[27,28]、刘来君等[29] 采用有限元仿真分析方法研究了主索鞍顶推的问题。贾界峰等[30] 研究了空间索面自锚式悬索桥主索鞍计算方法。王喜良等[31] 对比了两种索塔允许位移的控制标准，分别是以混凝土截面上不出现拉应力且压应力小于设计抗压强度允许的塔顶最大位移作为允许位移，以混凝土截面的最大拉应力达到 C50 混凝土设计强度且压应力小于设计抗压强度允许的塔顶最大位移作为允许位移。梅葵花[32] 提出了预偏量设置的双重目的，阐明了顶推阶段和顶推量的确定原则及索鞍顶推的实质。张飞进等[33] 提出了基于数值分析法的能全面考虑鞍座影响的主缆线形计算方法，并通过算例探讨了确定鞍座顶推时机的合理方法。杨国俊等[34] 用瑞利–里茨法推导了主塔塔顶最大容许偏位计算公式，从主塔塔顶偏位和塔底应力两个角度提出优化主索鞍的顶推方法，最后通过有限元法验证近似公式的精度。姜宏维等[35] 采用有限元分析软件 Midas/Civil，利用正装分析方法模拟索鞍顶推过程，提出加劲梁吊装时模拟临时连接的一种简单有效的方法。王达等[36] 对比分析了主索鞍常规顶推、主索鞍不顶推及主索鞍自由滑动三种施工方案分别对应的结构变位和受力状态，得出主索鞍超量顶推的优化施工方案。

上述研究大都基于有限元法，而研究主塔塔顶最大容许偏位的实用计算公式、从塔顶偏位和塔底应力确定主索鞍顶推方案的文献很少。本书第 2 章应用瑞利–里茨法推导非对称悬索桥主塔最大容许偏位的实用计算公式，从主塔偏位和应力的角度优化非对称悬索桥施工过程中主索鞍的顶推方案，并研究考虑和不考虑 P-Δ 效应情况下主塔塔顶最大容许偏位的变化规律，为主索鞍的顶推计算提供一种实用的计算方法。

1.2.3 悬索桥动力特性研究现状

目前，尚未发现采用瑞利–里茨法研究主缆非对称支承和边跨跨径不等的非对称悬索桥动力特性的相关文献。国内外学者对一般悬索桥动力特性的基本理论和多种算法进行了一系列研究，简要列举如下。

20 世纪 50 年代，国外学者 Bleich 等[37] 在《悬索桥振动的数学理论》中提出了悬索桥正对称和反对称竖向振动的线性连续化模型，考虑了悬索桥在竖向自振过程中振动产生的惯性力对主缆弹性拉伸的影响，并建立了悬索桥自由振动的理论解析方法，采用瑞利–里茨法推导了近似计算低阶频率的估算公式[38]。

20 世纪 60 年代左右，出现了用数值模拟方式求解悬索桥竖向和纵向振动振型和频率的方法。该方法将悬索桥认为是多自由度离散参数的弹簧质量系统，从此开启了采用数值方法计算悬索桥自由振动振型和频率的新时代，在后续阶段该方法由 Franciosi 等 [39] 进一步补充完善。

随后，计算机和有限元法不断发展 [40-43]。最早使用有限元法分析悬索桥振动特性的是 Baron 等 [44]，采用有限元法研究了美国金门大桥的振动特性和地震动力响应。此外，国外学者 Abdel-Ghaffar 等 [45] 采用二维和三维有限元离散模型分析了悬索桥的振动特性和地震动力响应问题。

小西一郎 [46] 推导出悬索桥作为连续体的空间耦合振动基本微分方程，研究发现，当不计耦合振动方程中的非线性项时，该方程与以往研究中单独考虑非耦合竖向、横向及扭转振动时推导的方程基本相同 [47]。

Hayashikawa 等 [48,49] 和 Castellani 等 [50] 分析了多跨悬索桥的扭转振动特性，发现影响多跨悬索桥自由扭转振动的主要因素是加劲梁的刚度，且加劲梁约束扭转刚度是影响连续加劲梁悬索桥动力特性的最主要因素。

鞠小华等采用瑞利–里茨法推导了单跨悬索桥和三跨连续加劲梁悬索桥一阶正对称和反对称竖向、扭转自由振动频率的近似估算公式，与有限元法进行对比发现具有良好的精度 [51-53]。

2001 年，Arco 等 [54] 提出了无量纲化的挠度理论解析方法，采用该方法研究了单跨悬索桥的初步设计方案，并将该方法推广到三跨悬索桥中使用；与传统解析法相比，误差基本在 5% 以内，但只分析了静力计算的情况，并没有讨论动力分析中的适用性。Cheung 等 [55] 研究了移动车辆和列车荷载作用下的桥梁振动问题，认为影响大跨度桥梁结构动力特性的主要参数包括桥梁自振频率、移动荷载大小和加载位置、行车速度、桥面平整度和车桥相关的阻尼特性。

2002 年，张运波等 [56] 采用有限元法研究了单索结构垂度对索自由振动频率和振型的影响。研究发现，当索的弹性参数较小时，索结构的振动特性与张紧弦差异不大；当索的弹性参数小于 40 时，主缆的垂度对索结构二阶以上振动频率影响较小；当索的弹性参数大于 40 时，应该考虑垂度对索自振特性的影响。

2007 年，孙胜江等 [57] 分析了特大悬索桥的动力特性，并对影响动力特性的参数进行分析。李翠娟等 [58] 研究了碳纤维增强塑料 (carbon fiber reinforced plastics, CFRP) 缆索悬索桥的动力特性，发现 CFRP 缆索悬索桥的各阶自由振动频率均大于一般主缆为钢缆索的悬索桥。此外，CFRP 主缆的质量小，使主缆自由振动的基频较大幅度提高。

2009 年，Fryba 等 [59] 分析了移动和动力荷载等作用下悬索桥的竖向振动问题，先采用解析方法推导悬索桥竖向振动的微分方程，再用数值模拟方法进行求解。

2010 年，Luco 等 [60] 将 Irvine 等 [61-63] 关于可拉伸悬索固有振动的研究进一步推广，将研究成果扩展到加劲梁悬索桥，指出缆索弹性拉伸和加劲梁竖向相对刚度相关无量纲参数决定了加劲梁悬索桥的竖向自由振动频率和振型。该文献只分析了悬索桥竖向振动的情况，并没有分析横向振动和扭转振动等其他方向的振动情况。

2012 年，Peng 等 [64] 采用瑞利–里茨法推导了悬索桥纵飘和竖弯耦合自由振动频率的近似计算公式，并提出了以悬索桥主缆跨中点纵向位移大小为吊点振幅值、将等代摆长作为摆长的主梁纵向振动单质点简化模型。

Westgate 等 [65] 采用现场试验和有限元法分析了一辆重 290t 的拖车通过塔马尔悬索桥的结构动力响应问题，将建立的有限元模型计算结果与现场监测的缆、梁位移和内力等响应结果进行对比分析，结果发现两者之间误差不是太大，并用该有限元模型研究移动的质量对塔马尔悬索桥自由振动频率和振型的影响。

2014 年，张文明等 [66] 以马鞍山大桥为工程背景和结构原型，分别构造出一座同跨径和一座双倍跨径的单主跨悬索桥，在主要振型、自振频率、等效质量、等效质量惯性矩、模态相似性、模态密集性和构件对刚度的贡献等方面进行了精细化对比分析，揭示了双主跨悬索桥的动力特性，建立该桥型与单主跨悬索桥在动力特性上的定性或量化关系。王浩等 [67] 以泰州长江公路大桥为研究对象，研究了矢跨比、中塔刚度、中塔形式及土–桩–结构作用等关键参数对结构动力特性的影响，深入分析了该桥动力特性随上述结构关键参数的变化趋势。万超等 [68] 以某自锚式悬索桥为工程实例，利用 Midas/Civil 程序建立其未设中央扣、设置刚性中央扣和设置柔性中央扣的三种有限元模型，使用多重 Ritz 向量法分别得出三种模型前 180 阶自振频率及振型。

2015 年，杨永清等 [69] 研究了大跨度管线悬索桥的自振规律、振型特点，分析风缆系统对管线悬索桥动力特性的影响，为管线悬索桥的抗风设计提供借鉴和参考。

2016 年，杨国俊 [70] 为探索非对称悬索桥的相关力学特性，分析了主缆非对称支承、两侧锚碇非对称和边跨跨径非对称等对悬索桥动力特性的影响。采用瑞利–里茨法研究了边跨跨径非对称的三跨悬索桥动力特性，推导了正对称和反对称的竖弯和扭转基频估算公式，并讨论了公式的适用性和普遍性，最后通过有限元法验证了推导公式的精度。王浩等 [71] 基于 ANSYS 软件建立了某大跨度四塔悬索桥的三维有限元模型，采用分块兰索斯 (block Lanczos) 法进行模态分析，深入研究了大跨度多塔悬索桥的动力特性。

2017 年，严琨等 [72] 建立了大跨度悬索桥和引桥的有限元模型，采用弹簧单元模拟加劲梁与引桥箱梁之间的伸缩缝，分析了伸缩缝刚度对悬索桥和引桥自振特性及地震响应的影响规律。

2018 年，张兴等[73]基于 Midas/Civil 建立有限元模型，分析了主塔刚度、主缆刚度、加劲梁刚度、吊杆刚度、恒载集度、中央扣和横向抗风支座六类结构关键参数对其动力特性的影响。

2019 年，张欣等[74]以地锚式人行悬索桥为工程背景，采用模型仿真、理论分析和节段模型试验相结合的方法，研究了大跨度人行悬索桥结构的静动力特性。

2020 年，刘家兵[75]分析了列车荷载不同加载长度对结构内力和变形的影响，提出了合理的列车荷载图式加载长度；计算了列车、汽车活载作用下的加劲梁挠跨比及结构温度效应。

2021 年，李光玲等[76]建立了考虑车辆制动过程的车–桥耦合分析系统，并用此研究中央扣对悬索桥动力特性及车载激励下短吊索响应的影响。

确定悬索桥自振振型和频率的方法，根据出现先后顺序，大致可以分为古典解析法、近似能量法和数值模拟法。

1. 古典解析法

古典解析法是一种用偏微分方程求解析解的方法，其分布参数系统函数形式是基于哈密顿原理推导出的。此方法是分布参数系统的偏微分方程静力分析理论，优点是很容易说明参数变化对结构系统振动特性的影响，但是不能考虑细节变化的影响，往往存在得不到闭合解析解的可能。

2. 近似能量法

近似方法其实是瑞利–里茨法，将结构体系作为连续的参数系统，基于能量原理采用瑞利–里茨法求近似解。该方法的优点在于可以修正古典解析法很难求解或得不到闭合解的情形，使用瑞利–里茨法不需要采用复杂的微分方程和烦琐的数值计算，能够比较容易地求得结构体系近似的自振频率和振型。该方法的局限性在于只能近似计算低阶的频率，在估算高阶频率时会存在较大的误差。

3. 数值模拟法

一般而言，数值模拟法可分为两种：一种是将桥梁结构体系模拟成理想的弹簧–质量系统，之后采用结构动力学的方法决定其振动性状的数值方法；另一种则是将结构按有限元离散的方法，即采有限元法建立数值模型，从模型中提取相应的振型和频率。

前述三种方法都有可能分别在不同设计阶段来计算悬索桥的自振频率和振型。如今，因为计算机性能的提高及大跨度悬索桥的设计倾向于移动荷载和动力响应分析，所以悬索桥振动特性分析的趋势是逐步采用有限元法，但是在初步设计阶段，为便于快速计算和分析，还是需要实用的自振特性近似计算方法。

综上所述，悬索桥作为跨山或跨海的大跨度柔性桥梁，许多学者对其力学性能和动力响应进行了比较详细的研究，但是某些非对称悬索桥动力特性异于一般对称悬索桥，所以非对称悬索桥动力特性的近似计算仍需要深入研究。

1.2.4　非对称锚碇研究现状

随着我国经济的飞速发展，高速公路不断向山区延伸，交通体系的桥梁和隧道工程在高速公路中所占比例越来越大，同时各种桥梁的建设不断向着大跨度方向发展。由于西部地区地形非常复杂，一些跨江河和山区峡谷的大桥很有可能采用大跨度悬索桥方案，大跨度悬索桥的发展前景是相当可观的[77]。当代悬索桥主要由索塔、主缆、锚碇、吊索和加劲梁等部分构成，其中悬索桥的锚碇部分作为其主要的承力结构物之一[78]，支承主缆的主要部分，主缆通过锚碇系统将主缆缆力传递给周围岩体或地基基础[79]。

由于悬索桥具有独特优势，如跨越能力最大、梁高不随跨径增大而增高、桥型美观等，很受设计工程师的欢迎和青睐。锚碇是悬索桥的主要承力组成部分，悬索桥的锚碇按结构形式一般可分两大类[80-83]，即自锚式锚碇和地锚式锚碇，其中地锚式又分为重力式锚碇和隧道式锚碇[84]。锚碇作为悬索桥的主要承力构件之一[85]，将从主缆传来的大缆拉力传递给基础或周围岩体。隧道式锚碇体系主要由前锚室、锚塞体、后锚室及周围岩体共同组成，通过锚塞体将大缆拉力分散传递至附近的岩体。隧道式锚碇与一般重力式锚碇相比，具有结构传力合理、工程造价相对较低、对周围环境影响较小等特点。当悬索桥的桥址锚碇区地形条件、地质环境等自然条件较好时，隧道式锚碇是悬索桥锚碇首先考虑的方案。

受地质环境和地形条件的限制，隧道式锚碇在国内外实际工程中的应用相对较少，一般只在岩体节理较少、围岩整体性能较好的地质环境中使用。根据调研，国外悬索桥采用隧道式锚碇的有[86]：1931 年建成的美国乔治·华盛顿大桥新泽西岸锚碇，主桥跨径为 186m+1067m+198m，跨越哈德孙河连接纽约和新泽西，锚碇区岩体是玄武岩；1936 年建成的美国旧金山-奥克兰海湾大桥采用非对称锚碇，东侧锚碇为隧道式锚碇，西侧锚碇为重力式锚碇；1964 年建成的英国福斯公路桥，主桥跨径为 108.4m+1005.8m+408.4m，隧道式锚碇使用的混凝土量为 10950m³，南岸锚塞体长 64.77m，洞径为 7.62m，锚塞体与地面成 30° 夹角，北岸锚塞体长 63.797m，洞径为 12.8m；挪威的克瓦尔松桥，主桥跨克瓦尔岛和挪威大陆间海峡，主桥跨径为 54m+525m+53.5m，锚塞体横断面面积为 12m²，锚塞体长 37m，锚碇混凝土使用量达 450m³；日本下津井濑户公铁路两用桥，主桥跨径为 130m+940m+130m，隧道式锚碇长 62m；瑞典中部横跨波的尼亚湾的高海岸大桥，桥梁全长为 1800m，采用挪威开发的岩石锚固体系，特点是无隧洞，主缆直接锚固在基岩体中。

我国采用隧道式锚碇的桥有：香港青马大桥，采用非对称锚碇类型，其中青衣岛一侧采用隧道式锚碇；重庆丰都长江大桥；忠州长江大桥，隧道式锚碇锚塞体长13m，锚室长 26m，有 3m 长的岩锚，锚碇系统锚碇区围岩为泥岩、泥质粉砂岩、长石石英砂岩层；重庆鹅公岩大桥[87−89]，主桥跨径为 210m+600m+210m，东锚碇采用隧道式锚碇；万州长江二桥[90]，桥梁全长 1300 m，主跨跨径为 580 m，采用隧道式锚碇，锚塞体为变截面，整个锚塞体呈楔体状，锚碇长 20m，锚塞体中心轴线与水平面夹角为 35°，锚塞体后设 28 根 12×7ϕ15.24mm 岩锚，深入岩层长 20m，自由段长 8m；G50 高速四渡河大桥[91−94]；214 国道 (滇藏线) 角龙坝大桥[95,96]；贵州坝陵河悬索桥[97]；湖南矮寨大桥[98]；广东虎门大桥[99−104] (初步设计方案中的东锚碇为隧道式锚碇)。国内外部分隧道式锚碇悬索桥的资料如表 1.5 所示。

表 1.5　国内外部分隧道式锚碇悬索桥资料

名称	研究方法	设计缆力下隧道式锚碇位移/mm	极限承载力 (设计缆力倍数)	极限荷载下隧道式锚碇位移/mm
四渡河大桥	有限元数值分析	—	7.0	
	现场模型试验	—	7.6	4.9
南溪长江大桥	有限元数值分析	1.08	—	
四渡河大桥	现场模型试验 有限元数值模拟	0.10	7.6	0.4
矮寨大桥	有限元数值模拟	—	5.0~7.0	—
大渡河大桥	有限元数值模拟	5.70	7.0	34.0
大渡河大桥	现场模型试验 有限元数值模拟	0.42	7.0	6.4
金沙江大桥	现场模型试验	0.14	9.5	—
几江长江大桥	现场模型试验 有限元数值模拟	—	11.5	48.2
北盘江大桥	有限元数值模拟	1.50	4.0	5.9

注：四渡河大桥、大渡河大桥资料来自不同文献。

传统隧道式锚碇岩体分析多采用极限平衡方法[105−109]。1970 年左右，数值方法成为岩体力学计算方法的主要方法[110−113]。常用的数值方法有有限元法[114,115]、连续介质快速拉格朗日分析 (fast Lagrangian analysis of continum，FLAC) 方法、离散单元法[116−118] (distinct element method，DEM)、不连续变形分析[119−121] (discontinuous deformation analysis，DDA) 法、流形元法[122−124]、半解析法[125] (有限条法、有限元线法和边界元法等)。此外，损伤力学和分形方法在岩体力学中正处在发展阶段[126−130]。

绝大部分已建成的大跨度悬索桥采用重力式锚碇。重力式锚碇依靠地基的反力来抵抗锚块、基础与主索拉力在竖直方向形成的分量，主缆在水平方向的拉力

则由锚块与地基或基础与地基的摩阻力承受[131]。重力式锚碇对地质条件的适应
能力很强，不受锚碇区地质条件的限制，施工技术简单，因此在大量工程中得到了
广泛应用。隧道式锚碇是将主缆缆力通过索股、锚杆传到锚塞体上，再通过锚塞体
与锚洞岩体的黏结力传递给周围的岩体，充分利用岩体的高强和自承特性，可以提
供巨大的锚固反力。这种锚碇形式与重力式锚碇相比具有明显的优势，工程圬工
量小、结构受力合理、对周边环境影响小，是一种很有发展前途的锚碇形式。采用
隧道式锚碇可以很大程度节省工程数量 (体积量仅为重力式锚碇的 20%～25%)，
性价比高，降低工程造价。隧道式锚碇对锚碇区的地质条件要求较高，当锚碇区
有坚实、完整的岩体时可采用此形式，出于对节约工程造价和环境保护的考虑，隧
道式锚碇更具有实际应用价值。我国主要悬索桥及锚碇形式如表 1.6 所示[132]，隧
道式锚碇结构如图 1.3 所示，重力式锚碇和隧道式锚碇构造示意图分别见图 1.4
和图 1.5。

表 1.6　我国主要悬索桥及锚碇形式

序号	名称	主跨跨径/m	锚碇形式	竣工时间
1	重庆丰都长江大桥	450	隧道式锚碇	1997 年
2	重庆鹅公岩大桥	600	隧道式锚碇 + 重力式锚碇	2000 年
3	重庆忠县长江大桥	560	隧道式锚碇	2001 年
4	重庆万州长江二桥	580	隧道式锚碇	2003 年
5	湖北四渡河大桥	900	隧道式锚碇 + 重力式锚碇	2009 年
6	广东汕头海湾桥	452	重力式锚碇	1995 年
7	湖北西陵长江大桥	900	重力式锚碇	1996 年
8	香港青马大桥	1377	隧道式锚碇 + 重力式锚碇	1997 年
9	广东虎门大桥	888	重力式锚碇	1997 年
10	江苏江阴长江大桥	1385	重力式锚碇	1999 年
11	福建厦门海沧桥	692	重力式锚碇	1999 年
12	湖北宜昌长江公路大桥	960	重力式锚碇	2001 年
13	江苏润扬长江大桥	1490	重力式锚碇	2005 年
14	湖北武汉阳逻大桥	1280	重力式锚碇	2007 年
15	浙江西堠门大桥	1650	重力式锚碇	2008 年
16	贵州坝陵河大桥	1088	隧道式锚碇 + 重力式锚碇	2009 年
17	湖南矮寨大桥	1176	隧道式锚碇 + 重力式锚碇	2012 年
18	云南普立大桥	628	隧道式锚碇 + 重力式锚碇	2015 年

虽然隧道式锚碇对锚碇区的地质条件要求比较苛刻，施工工艺技术较复杂，且
分析隧道式锚碇的理论较少，但随着我国交通基础建设的快速发展，这种类型锚
碇结构可以很大程度降低工程造价，结构受力相对合理且对周围环境破坏程度很
小。作为大跨度桥梁的锚碇将得到越来越多的重视，因此开展隧道式锚碇作用机
理的分析、锚碇及围岩变形和应力状态的研究迫在眉睫。

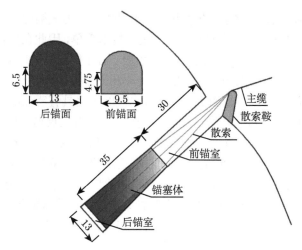

图 1.3　隧道式锚碇结构 (单位：m)

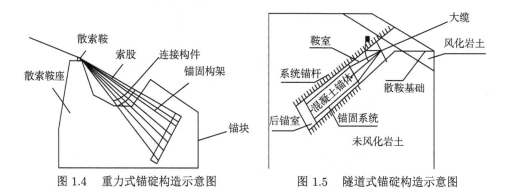

图 1.4　重力式锚碇构造示意图　　　　图 1.5　隧道式锚碇构造示意图

2004 年，张利洁等[91] 采用有限元软件和三维模型对四渡河大桥隧道式锚碇与周围岩体变形情况和应力状态进行了三维弹塑性数值分析。

2005 年，朱玉等[133-136] 以四渡河大桥的隧道式锚碇为背景工程，在实测综合确定的岩体参数基础上，建立三维弹塑性有限元模型，对隧道式锚碇施工全部过程进行了数值模拟。

2015 年，于美万等[137]、张奇华等[138]、汤华等[139,140] 以实际工程为背景，分别进行了隧道式锚碇的夹持效应模型试验、抗拔能力模型试验、抗拔作用机理的室内模型试验，分析了隧道式锚碇围岩变形特征及可能的几种破坏模式。喻正富等[141] 研究了锚碇区的岩体工程地质特性，讨论了岩体卸荷与岩溶随高程变化和埋深发育的规律。李明等[142] 研究了隧道式锚碇动张拉荷载响应，采用有限元软件 ANSYS 建立三维的隧道式锚碇模型，发现在动张拉荷载作用下，锚塞体后锚面质点的响应没有前锚面质点的响应剧烈。

2016 年，廖明进等 [143] 研究了锚碇围岩系统两种破坏模式，即岩锚界面摩擦破坏和围岩受侧向挤压产生的破裂，根据岩锚界面受力特点建立界面平衡条件，分析围岩破裂面应力状态的改变，并将其与等截面体的抗拔承载力比较，分别得到了两种破坏模式的楔形效应系数，由此推导出两种破坏模式下隧道式锚碇抗拔承载力计算公式。

2017 年，文丽娜等 [144] 以雅康高速公路泸定大渡河大桥隧道式锚碇为研究对象，在实桥锚附近开展 1:10 比例尺模型锚碇变形试验研究，分析隧道式锚碇在不同荷载作用下的变形特性。李栋梁等 [145] 以某在建的长江大桥隧道式锚碇工程为依托，开展了缩尺比例为 1:10 的浅埋软岩 (泥岩) 隧道式锚碇原位模型试验 (蠕变试验、极限破坏试验)，研究了高拉拔荷载作用下浅埋软岩 (泥岩) 隧道式锚碇的稳定性 (强度特性、变形规律及长期稳定性)。邓琴等 [146] 依托云南普立大桥普立岸隧道式锚碇，开展不同锚塞体大小和埋深的室内模型试验，研究了隧道式锚碇–围岩系统的承载特性。李维树等 [147] 介绍了隧道式锚碇原位缩尺模型试验两种施力方式的原理及方法，剖析了不同施力方式对缩尺模型锚试验的影响。王鹏宇 [148] 通过对隧道式锚碇进行数值分析、现场缩尺模型试验、稳定性加强措施等一系列研究，掌握软岩地区隧道式锚碇与围岩系统的破坏模式和变形机制，为软岩地区隧道式锚碇的设计提供了技术支持。

2018 年，江南等 [149] 基于 ABAQUS 建立岩体弹脆塑性损伤本构模型，通过损伤数值分析揭示了不同埋深情况下隧道式锚碇的破裂力学机制。肖世国等 [150] 基于弹性理论并考虑锚碇前、后锚端边界条件，建立了锚碇侧摩阻力的计算表达式。

2019 年，张宜虎等 [151] 从抗拔承载安全和锚碇变形控制两方面归纳了隧道式锚碇工程普遍采用的安全控制指标。

2020 年，江南等 [152] 结合我国首座铁路悬索桥隧道式锚碇工程，总结分析了隧道式锚碇的 4 种破坏模式，即锚碇体侧壁界面破坏、倒圆锥台破坏、边坡整体滑移及锚碇体压缩破坏，建立了隧道式锚碇典型破坏模式的计算模型，给出了隧道式锚碇设计计算操作流程及方法。王东英等 [153,154] 通过分析隧道式锚碇建设至成桥全过程受力，建立了隧道式锚碇的简化力学模型，开展了锚碇的二维室内模型试验，分析了锚碇和岩体联合承载的过程、机制及锚碇自岩体内拔出时的破坏形态，并针对锚碇的楔形角和埋深等几何要素对锚碇的承载力和破坏特征的影响做了简单分析，在一定程度上揭示了隧道式锚碇夹持效应的本质。

2022 年，杨国俊等 [155] 针对隧道式锚碇的力学特性，从国内外对夹持效应、破坏机制与稳定性、承载能力及地震作用下的动力响应 4 个方面的研究成果进行综述。

综上所述，现阶段国内外学者对悬索桥静动力特性及悬索桥隧道式锚碇取得了相对较多的研究成果，但由于工程地形及地质条件的复杂性，非对称悬索桥静力性能及动力特性的相关文献较少，研究仍存在不足。此外，《公路桥梁抗风设计规范》(JTG/T 3360-01—2018) 给出的悬索桥竖弯和扭转的基频估算公式是基于单跨悬索桥推导的，无法体现边跨跨径非对称、主缆非对称支承等非对称设计参数的影响。因此，本书介绍非对称悬索桥的类型及界定，对非对称悬索桥静力近似计算、动力特性分析及影响动力特性的参数敏感性进行了一系列的理论研究和试验验证，得出了非对称悬索桥和对称悬索桥结构性能的差异，从而为非对称悬索桥的设计提供理论指导和实用的计算分析方法。

1.3　本书主要特点与结构

1.3.1　本书主要特点

由悬索桥静力性能和动力特性的国内外研究现状及隧道式锚碇的研究进展可知，国内外学者对悬索桥静力性能、动力特性及隧道式锚碇进行了一系列的研究，取得了丰富的研究成果，但由于工程地形及地质条件复杂，对不断出现的非对称类型悬索桥的静力性能和动力特性的成果较少。我国《公路桥梁抗风设计规范》(JTG/T 3360-01—2018) 给出的悬索桥竖弯和扭转的基频估算公式是基于单跨悬索桥推导的，无法体现边跨跨径非对称、主缆非对称支承等非对称设计参数的影响。本书在综述国内外研究现状的基础上，界定和分类整理非对称悬索桥。针对以往研究中存在的不足进行分析，对主缆非对称、锚碇非对称及边跨跨径非对称的悬索桥静力性能和动力特性展开研究。本书主要特点如下：

1. 主缆非对称悬索桥的静力性能分析

本书基于主缆非对称悬索桥的静力计算方法，给出弹性理论、挠度理论和有限元位移法的非对称悬索桥静力计算公式，在主缆线形为抛物线的基础上，给出主缆线形为悬链线的非对称悬索桥有应力索长和无应力索长近似计算公式，采用近似公式和有限元法分别计算不同结构非对称敏感性参数下锚跨、边跨和中跨的有应力索长和无应力索长，得到不同结构非对称敏感性参数下有应力索长和无应力索长的变化规律；采用能量法研究非对称悬索桥主索鞍顶推的实用近似计算方法，推导主塔塔顶的最大容许偏位近似计算公式，提出从主塔塔顶偏位和塔底应力两个方面优化主索鞍顶推的方法，通过有限元法验证推导近似公式的精度。

2. 锚碇非对称悬索桥力学性能分析

本书研究隧道式锚碇长度计算公式，以实际工程为背景，验证隧道式锚碇长度计算公式的正确性；从隧道锚碇力学近似计算、数值模拟等方面详细研究隧道式锚碇的作用机理和施工过程中锚塞体及围岩的应力和变形状态，近似计算包括以剪应力为强度控制条件的锚塞体长度,并近似计算承载能力;依据锚塞体的施工过程进行数值模拟分析,包括岩体的初始应力状态、前锚室开挖、锚塞体开挖、后锚式开挖、锚塞体浇筑、锚塞体施加预应力和施加缆力等,研究这几种施工工序下锚塞体及围岩的变形和应力状态,分析隧道式锚碇主缆缆力与岩体变形的关系,为工程设计施工提供理论指导和实用计算方法;进一步研究隧道式锚碇的承载能力,提出隧道式锚碇承载力计算的两种理论方法,并且依托实际工程,对公式的正确性进行验证;着眼于动力学,对隧道式锚碇的动力反应进行研究,提出减振控制措施。

3. 主缆非对称悬索桥及边跨跨径非对称悬索桥动力特性分析

分析主缆非对称悬索桥的动力特性,主要包括用古典解析法、有限元法和基于能量原理的瑞利–里茨法分析该类型桥梁的动力特性,采用能量法推导一阶正对称和反对称竖弯基频、一阶正对称和反对称扭转基频估算公式,对于一阶正对称的竖弯和扭转基频,提出修正规范公式的非对称结构参数影响因子,并给出扭弯基频比公式。修正考虑主塔和边缆刚度的非对称悬索桥对称竖弯基频的估算公式,推导不计与计入边缆和主塔刚度影响的非对称悬索桥一阶对称竖弯基频的近似计算公式,提出计入边缆和主塔刚度的非对称结构参数影响因子,并给出边缆和主塔刚度对竖向基频影响系数的表达式。通过建立主缆非对称实桥的有限元模型,验证推导的估算公式精度,并分析主缆非对称悬索桥基频的估算公式计算结果与有限元法计算结果的误差。基于主缆非对称悬索桥,分析影响该桥动力特性的敏感性参数,敏感性参数包括结构的矢跨比、结构非对称敏感性参数、主塔抗弯刚度、加劲抗弯梁刚度等,分析不同敏感性参数对非对称悬索桥动力特性的影响程度,并给出部分参数和非对称悬索桥动力特性的拟合曲线。分析边跨跨径非对称三跨连续加劲梁悬索桥动力特性,采用能量法推导一阶正对称和反对称竖弯基频、一阶正对称和反对称扭转基频估算公式,并讨论分析公式的适用范围,将三跨非对称悬索桥某些跨径相关的参数取极限,即可得到单跨悬索桥的基频估算公式。以实桥为例,通过有限元法验证推得估算公式的精度。

4. 基于试验的非对称悬索桥力学性能分析

以动载试验和长期监测试验来分析非对称悬索桥力学性能,通过实桥测定结构的特性参数,并将理论值和试验值进行对比,分析二者的误差;采用长期监测的方法研究背景桥的隧道式锚碇边坡地表及隧道式锚碇系统的变形和应力,分析隧道式锚碇岩体及围岩的安全性和稳定性。

1.3.2 本书结构

本书结构见图 1.6。

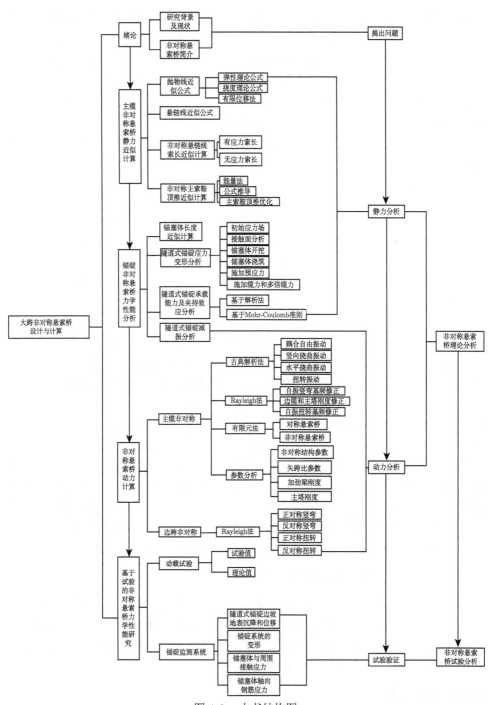

图 1.6　本书结构图

参 考 文 献

[1] 李传习. 混合梁悬索桥非线性精细计算理论及其应用[D]. 长沙: 湖南大学, 2006.

[2] 滕小竹. 大跨度钢桁梁悬索桥关键问题研究[D]. 上海: 同济大学, 2008.

[3] 黄健. 一座单塔两跨自锚式砼悬索桥施工监控[D]. 大连: 大连理工大学, 2009.

[4] 胥润东. 琼州海峡超大多主跨公铁两用悬索桥方案设计和抗震研究[D]. 成都: 西南交通大学, 2010.

[5] 李周. 大跨度悬索桥悬吊体系参数振动研究[D]. 广州: 华南理工大学, 2013.

[6] 韩冰. 大跨度公路悬索桥钢箱梁正交异性桥面板的静力行为与疲劳性能研究[D]. 成都: 西南交通大学, 2016.

[7] 孟楠. 大跨度公铁两用悬索桥结构参数与力学特性研究[D]. 北京: 北京交通大学, 2017.

[8] 敬超, 郑久建, 丁松. 空间索面悬索桥主缆线形计算理论探讨[J]. 中外公路, 2017, 37(4): 135-138.

[9] 王通. 基于稳健回归分析法的自锚式悬索桥荷载试验研究[D]. 西安: 长安大学, 2018.

[10] 宁志远. 温度场下的某自锚式悬索桥塔顶偏位有限元分析[J]. 湖南交通科技, 2019, 45(2): 98-103.

[11] 李琛, 陈明, 陈思亮, 等. 大跨悬索桥结冰后的非线性静风稳定性[J]. 兰州大学学报 (自然科学版), 2021, 57(1): 129-136.

[12] 郭增伟, 时浩博, 赵林. 大跨悬索桥结构阻尼的风速依赖特性研究[J]. 振动工程学报, 2022, 35(4): 1001-1009.

[13] 钱冬生, 陈仁福. 大跨悬索桥的设计与施工[M]. 修订版. 成都: 西南交通大学出版社, 1999.

[14] 王勖成. 有限单元法[M]. 北京: 清华大学出版社, 2003.

[15] 何为, 项贻强, 徐兴. 悬索桥施工中索鞍顶推的小步快跑原则[J]. 浙江大学学报 (工学版), 2007, 41(1): 134-138.

[16] 齐东春, 王昌将, 沈锐利, 等. 悬索桥施工中鞍座顶推的研究[J]. 中国工程科学, 2010, 12(7): 68-73.

[17] 孙胜江, 姜军. 悬索桥索塔容许偏位及主索鞍顶推分析[J]. 公路, 2007, 52(10): 54-57.

[18] 程翔云. 高桥墩设计计算中的两个问题[J]. 重庆交通学院学报, 2000, 19(2): 6-10.

[19] 白青侠, 宋一凡. 高桥墩几何非线性分析的能量法[J]. 西安公路交通大学学报, 2001, 21(2): 50-52.

[20] 梁立孚, 罗恩, 冯晓九. 分析力学初值问题的一种变分原理形式[J]. 力学学报, 2007, 39(1): 106-111.

[21] 王伟, 杨敏. 基于变分原理的群桩位移计算方法[J]. 岩土工程学报, 2005, 27(9): 1072-1076.

[22] 张敦福, 赵俊峰. 基于变分原理的直接解法求压杆的临界载荷[J]. 山东大学学报 (工学版), 2004, 34(1): 107-109.

[23] 沈锐利. 悬索桥主缆系统设计及架设计算方法研究[J]. 土木工程学报, 1996, 29(2): 3-9.

[24] 肖汝诚, 项海帆. 大跨径悬索桥结构分析理论及其专用程序系统的研究[J]. 中国公路学报, 1998, 11(4): 42-50.

[25] 黎志忠, 蒋劲松, 林智敏. 悬索桥主索鞍顶推模拟方法及实例分析[J]. 公路, 2012, 12(12): 48-51.

[26] 马朝霞, 陈思甜, 龚尚龙. 高桥墩墩顶水平位移的计算与分析 [J]. 重庆交通大学学报 (自然科学版), 2007, 26(6): 50-54.

[27] 许世展, 贺拴海, 盖轶婷. 基于索鞍无预偏施工悬索桥的施工仿真 [J]. 长安大学学报 (自然科学版), 2007, 27(1): 35-39.

[28] 许世展, 田亚林, 贺拴海. 无索鞍预偏施工悬索桥的主缆施工控制计算[J]. 公路交通科技, 2007, 24(2): 91-93.

[29] 刘来君, 贺拴海. 索鞍无预偏施工悬索桥主缆的温度效应[J]. 长安大学学报 (自然科学版), 2007, 27(1): 40-44.

[30] 贾界峰, 涂金平, 周泳涛, 等. 空间索面自锚式悬索桥主索鞍计算方法[J]. 桥梁建设, 2007, 37(5): 38-41.

[31] 王喜良, 岳振民. 大跨悬索桥塔顶位移控制值分析[J]. 桥梁建设, 2003, 33(6): 38-40, 47.

[32] 梅葵花. 关于悬索桥施工控制中几个问题的探讨[J]. 桥梁建设, 2003, 33(5): 52-54.

[33] 张飞进, 罗喜恒. 确定悬索桥鞍座顶推时间的合理方法[J]. 公路, 2014, 59(4): 100-103.

[34] 杨国俊, 郝宪武, 李子青, 等. 基于能量法的悬索桥主索鞍顶推计算方法[J]. 北京工业大学学报, 2016, 42(4): 547-553.

[35] 姜宏维, 郭建明. 大跨度悬索桥鞍座顶推研究[J]. 中外公路, 2018, 38(6): 127-130.

[36] 王达, 汪威, 王磊. 悬索桥主索鞍超量顶推施工控制分析[J]. 交通科学与工程, 2019, 35(1): 32-37.

[37] BLEICH F, MCCULLOUGH C B, ROSECRANS R, et al. The Mathematical Theory of Vibration in Suspension Bridges[M]. Washington D. C.: United States of America Government Printing Office, 1950.

[38] 陈仁福. 大跨悬索桥理论[M]. 成都: 西南交通大学出版社, 1994.

[39] FRANCIOSI C, FRANCIOSI V. Suspension bridge analysis using Lagrangian approach[J]. Computers & Structures, 1987, 26(3): 499-512.

[40] 朱伯芳. 有限单元法原理与应用[M]. 2 版. 北京: 中国水利电力出版社, 1998.

[41] OWEN D R J, HINTON E. Finite Element in Plasticity: Theory and Practice[M]. Swansea: Pineridge Press limited, 1980.

[42] BATHE K J. Finite Element Procedures[M]. Upper Saddle River: Printice-Hall, 1996.

[43] ZIENKIEWICZ O C, TAYLOR R L. The Finite Element Method[M]. London: McGraw-Hill Inc., 1989.

[44] BARON F, ARIKAN M, HAMATI R E. The Effects of Seismic Disturbances on the Golden Gate Bridge[M]. California: Earthquake Engineering Research Center, 1976.

[45] ABDEL-GHAFFAR A M, HOUSNER G W. An analysis of the dynamic characteristics of a suspension bridge by ambient vibration measurements[J]. Journal of the Structural Division, 1977, 77(1): 1-75.

[46] 小西一郎. 钢桥: 第 5 分册[M]. 戴振藩, 译. 北京: 人民铁道出版社, 1981.

[47] HAYASHI Y, MURATA M. Torsional oscillation analysis of suspension bridges by a displacement method[J]. 1977, 258(5): 133-144.

[48] HAYASHIKAWA T. Torsional vibration analysis of suspension bridges with gravitational stiffness[J]. Journal of sound and vibration, 1997, 204(1): 117-129.

[49] HAYASHIKAWA T, WATANABE N. Vertical vibration in Timoshenko beam suspension bridges[J]. Journal of Engineering Mechanics, 1984, 110(3): 341-356.

[50] CASTELLANI A, FELOTTI P. Lateral vibration of suspension bridges[J]. Journal of Structural Engineering, 1986, 112(9): 2169-2173.

[51] 鞠小华. 大跨悬索桥基频近似计算研究[D]. 成都: 西南交通大学, 1999.

[52] 鞠小华, 廖海黎, 沈锐利. 对悬索桥对称竖弯基频近似公式的修正[J]. 土木工程学报, 2002, 35(1): 44-49.

[53] 鞠小华. 三跨连续加劲梁悬索桥基频近似公式[J]. 铁道工程学报, 2003, 20(2): 59-63.

[54] ARCO D, APARICIO C. Preliminary static analysis of suspension bridges[J]. Engineering Structure, 2001, 23(9): 1096-1103.

[55] CHEUNG Y K, CHENG Y S, AU F T K. Vibration analysis of bridges under moving vehicles and trains[J]. Structural Engineering, Mechanics, and Computation, 2001(1): 3-14.

[56] 张运波, 沈锐利. 单索结构振动特性的有限元分析[J]. 公路, 2002, 22(10): 46-49.

[57] 孙胜江, 刘书伟. 特大跨悬索桥动力特性及参数分析[J]. 2007,27(11): 34-39.

[58] 李翠娟, 童育强, 刘明虎, 等. 超大跨径 CFRP 主缆悬索桥合理结构体系研究 [J]. 中国铁道科学, 2011, 32(1): 62-67.

[59] FRYBA L, YAU J D. Suspended bridges subjected to moving loads and support motions due to earthquake[J]. Journal of Sound and Vibration, 2009, 319(1): 218-227.

[60] LUCO J E, TURMO J. Linear vertical vibrations of suspension bridges: A review of continuum models and some new results[J]. Soil Dynamics and Earthquake Engineering, 2010, 30(9): 769-781.

[61] IRVINE H M, CAUGHEY T K. The linear theory of free vibrations of a suspended cable[J]. Proceedings of the Royal Society of London A: Mathematical, Physical and Engineering Sciences, 1974, 341(1626): 299-315.

[62] IRVINE H M, GRIFFIN J H. On the dynamic response of a suspended cable[J]. Earthquake Engineering & Structural Dynamics, 1976, 4(4): 389-402.

[63] IRVINE H M. Cable Structures[M]. Cambridge: Massachusetts Institute of Technology Press, 1981.

[64] PENG W H, SHAO X D. Study on longitudinal and vertical coupling vibration of suspension bridges[J]. Engineering Mechanics, 2012, 24(2): 24-30.

[65] WESTGATE R, KOO K Y, BROWNJOHN J, et al. Suspension bridge response due to extreme vehicle loads[J]. Structure and Infrastructure Engineering, 2013, 23(2): 1-13.

[66] 张文明, 葛耀君. 三塔双主跨悬索桥动力特性精细化分析[J]. 中国公路学报, 2014, 27(2): 70-76.

[67] 王浩, 程怀宇, 陶天友, 等. 结构关键参数对三塔悬索桥动力特性的影响[J]. 振动、测试与诊断, 2014, 34(2): 261-267, 396.

[68] 万超, 李若铭, 蔡迎春, 等. 中央扣对大跨径自锚式悬索桥动力特性的影响[J]. 公路工程, 2014, 39(4): 103-107.

[69] 杨永清, 冯睿为, 黄坤, 等. 风缆系统对管线悬索桥动力特性的影响分析[J]. 沈阳建筑大学学报 (自然科学版), 2015, 31(6): 981-989.

[70] 杨国俊. 非对称悬索桥静力性能及动力特性分析[D]. 西安: 长安大学, 2016.

[71] 王浩, 杨敏, 陶天友, 等. 大跨度四塔悬索桥动力特性参数敏感性分析[J]. 东南大学学报 (自然科学版), 2016, 46(3): 559-564.

[72] 严琨, 王立新, 姜慧. 伸缩缝刚度对大跨度悬索桥动力特性的影响[J]. 震灾防御技术, 2017, 12(3): 667-676.

[73] 张兴, 杜斌, 向天宇. 大跨公轨两用悬索桥动力特性的参数敏感性分析[J]. 铁道标准设计, 2018, 62(6): 77-82.

[74] 张欣, 刘勇. 大跨度人行悬索桥静动力特性研究[J]. 公路工程, 2019, 44(3): 74-79.

[75] 刘家兵. 大跨度公铁两用钢桁梁悬索桥整体动力特性分析[J]. 桥梁建设, 2020, 50(4): 23-28.

[76] 李光玲, 苏权科, 高文博, 等. 中央扣对悬索桥动力特性及短吊索车载激励响应的影响[J]. 中国公路学报, 2021, 34(4): 174-186.

[77] 周世忠. 中国悬索桥的发展 [J]. 桥梁建设, 2003, 33(5): 30-34.

[78] 茅兆祥, 王成树, 张奇华. 某特大悬索桥隧道锚碇区岩体稳定性分析[J]. 公路, 2011, 56(8): 5-8.

[79] 焦长洲. 地震作用下隧道式复合锚碇动力响应分析[D]. 成都: 西南交通大学, 2008.

[80] 徐君兰, 向中富. 关于悬索桥的重力刚度[J]. 重庆交通学院学报, 2000, 19(2): 71-74.

[81] 严国敏. 现代悬索桥[M]. 北京: 人民交通出版社, 2001.

[82] 张杰, 钱冬生. 大跨悬索桥塔和锚碇的合理设计[J]. 桥梁建设, 2000, 13(4): 20-22.

[83] 刘明虎. 悬索桥重力式锚碇设计的基本思路[J]. 公路, 1997, 42(7): 16-23.

[84] 王锋君. 美国维拉扎诺悬索桥锚碇的设计与施工[J]. 国外桥梁, 2002, 30(4): 1-4.

[85] AMMANN O H. George Washington Bridge: General conception and development of design[J]. Proceedings of the American Society of Civil Engineers, 1932, 58(6): 969-1036.

[86] 周孟波, 刘自明, 王邦楣. 悬索桥手册[M]. 北京: 人民交通出版社, 2003.

[87] 吴相超, 肖本职. 重庆长江鹅公岩大桥东锚碇岩体力学参数研究[J]. 地下空间, 2003, 23(2): 24-30.

[88] 肖本职, 吴相超, 姚文明. 悬索桥隧道锚碇围岩极限承载力灰色预测[J]. 岩土力学, 2003, 24(S1): 143-145.

[89] 肖本职, 吴相超. 鹅公岩长江大桥东锚碇围岩极限承载力 GM(1, 1) 模型预测研究[J]. 长江科学院院报, 2005, 22(1): 35-38.

[90] 阳金惠, 郭占起. 隧道式锚碇加锚杆在万州长江二桥锚固系统中的应用[J]. 公路, 2002, 47(1): 40-43.

[91] 张利洁, 黄正加, 丁秀丽. 四渡河特大桥隧道锚碇三维弹塑性数值分析[J]. 岩石力学与工程学报, 2004, 23(2): 4971-4974.

[92] 朱杰兵, 邬爱清, 黄正加, 等. 四渡河特大悬索桥隧道锚模型拉拔试验研究[J]. 长江科学院院报, 2006, 23(4): 51-55.

[93] 罗莉娅, 卫军. 岩体蠕变对悬索桥隧道围岩稳定性的影响分析[J]. 中南公路工程, 2007, 32(3): 133-136.

[94] 汪海滨, 高波, 朱栓来, 等. 四渡河特大桥隧道式锚碇数值模拟[J]. 中国公路学报, 2006, 19(6): 73-78.

[95] 汪海滨, 高波, 孙振. 悬索桥隧道式锚碇系统力学行为研究[J]. 岩石力学与工程学报, 2005, 24(15): 2735-2738.

[96] 汪海滨, 高波. 悬索桥隧道式复合锚碇承载力计算方法[J]. 东南大学学报 (自然科学版), 2005, 35(S1): 89-94.

[97] 曾钱帮, 王思敬. 坝陵河悬索桥西岸隧道式锚碇锚塞体长度方案比选的数值模拟研究[J]. 水文地质工程地质, 2005(6): 66-70.

[98] 董志宏, 张奇华, 丁秀丽. 矮寨悬索桥隧道锚碇稳定性数值分析[J]. 长江科学院院报, 2005, 22(6): 54-58.

[99] 程鸿鑫, 夏才初, 李荣强. 广东虎门大桥东锚碇岩体稳定性分析[J]. 同济大学学报, 1995, 23(3): 338-342.

[100] 夏才初, 程鸿鑫. 广东虎门大桥东锚碇现场结构模型试验研究[J]. 岩石力学与工程学报, 1997, 16(6): 571-576.

[101] 孙钧. 地下工程设计理论与实践[M]. 上海: 上海科学技术出版社, 1996.

[102] 陈有亮. 虎门大桥东锚碇重力锚及基岩的稳定性[J]. 工程力学, 1996, 13(S1): 142-148.

[103] 王志仁. 虎门大桥东锚碇基坑深开挖及防护[J]. 桥梁建设, 1995, 25(2): 48-52.

[104] 林碧华. 虎门大桥桥塔地基基础类型及锚碇区稳定性分析[J]. 地质灾害与环境保护, 1979, 8(2): 39-43.

[105] CHEN W F, GIGER M W. Limit analysis of stability of slopes[J]. Journal of the Soil Mechanics and Foundations Division, 1971, 97(1): 19-26.

[106] HOEK E, BRAY J W, BOYD J M. The stability of a rock slope containing a wedge resting on two intersecting discontinuities[J]. Quarterly Journal of Engineering Geology and Hydrogeology, 1973, 6(1): 1-55.

[107] HOVLAND H J. Three-dimensional slope stability analysis method[J]. Journal of the Geotechnical Engineering Division, 1977, 103: 971-986.

[108] IZBICKI R J. Limit plastic approach to slope stability problems[J]. Journal of the Geotechnical Engineering Division, 1981, 107(2): 228-233.

[109] CHEN R, CHAMEAU J L. Three-dimensional limit equilibrium analysis of slopes[J]. Geotechnique, 1983, 33(1): 31-40.

[110] 雷晓燕. 岩土工程数值计算[M]. 北京: 中国铁道出版社, 1999.

[111] 龚晓南. 土工计算机分析[M]. 北京: 中国建筑工业出版社, 2000.

[112] 李宁, SWOBODA G. 当前岩石力学数值方法的几点思考[J]. 岩石力学与工程学报, 1997, 16(5): 502-505.

[113] DONG X C. Deformability study of Gezhouba Dam foundation rocks[J]. Rock Mechanics and Rock Engineering, 1987, 20(2): 95-109.

[114] 杨国俊, 郝宪武, 段瑞芳, 等. 基于纤维模型的梁桥材料非线性研究[J]. 武汉理工大学学报 (交通科学与工程版), 2016, 40(1): 80-84.

[115] 杨国俊. 基于 OpenSEES 纤维模型的 PRC 简支梁桥材料非线性分析研究[D]. 西安: 长安大学, 2014.

[116] 王泳嘉, 刘连峰. 三维离散单元法软件系统 TRUDEC 的研制[J]. 岩石力学与工程学报, 1996, 15(3): 15-19.

[117] 王泳嘉, 邢纪波. 离散单元法及其在岩土力学中的应用[M]. 沈阳: 东北工学院出版社, 1991.

[118] 陶连金, 王泳嘉, 张倬元, 等. 大倾角煤层开采矿山压力显现及其控制[M]. 成都: 四川科学技术出版社, 1998.

[119] SHI G H. DDA—A new numerical model for the static and dynamics of block system[D]. Berkeley: University of California, 1988.

[120] SHI G H. Block system modeling by discontinuous deformation analysis[J]. Computational Mechanics, 1993, 8(11): 1131-1135.

[121] 吴建宏, 大西有三, 石根华, 等. 三维非连续变形分析 (3D DDA) 理论及其在岩石边坡失稳数值仿真中的应用[J]. 岩石力学与工程学报, 2003, 22(6): 937-942.

[122] 〔美〕石根华. 数值流形方法与非连续变形分析[M]. 裴觉民, 译. 北京: 清华大学出版社, 1997.

[123] 王芝银, 王思敬, 杨志华. 岩石大变形分析的流形方法[J]. 岩石力学与工程学报, 1997, 16(5): 821-825.

[124] 裴觉民. 数值流形方法与非连续变形分析[J]. 岩石力学与工程学报, 1997, 16(3): 279-292.

[125] 曹志远, 张佑启. 半解析数值方法[M]. 北京: 国防工业出版社, 1992.

[126] KRAJIEINOVIC D. Creep of structure-a continuous damage mechanics approach[J]. Journal of Structure Mechanism, 1983, 11(1): 121-137.

[127] 谢和平. 岩石、混凝土损伤力学[M]. 徐州: 中国矿业大学出版社, 1990.

[128] FRIESON W I, MIKULA R J. Fractal dimensions of coal particles[J]. Journal of Colloid and Interface Science, 2007, 20(1): 263-271.

[129] 谢和平, 陈忠辉. 岩石力学[M]. 北京: 科学出版社, 2004.

[130] 郑颖人, 沈珠江, 龚晓南. 广义塑性力学: 岩土塑性力学原理[M]. 北京: 中国建筑工业出版社, 2002.

[131] 臧万军. 带预应力锚索的复合式隧道锚试验研究[D]. 成都: 西南交通大学, 2005.

[132] 刘健新, 胡兆同. 大跨度吊桥[M]. 北京: 人民交通出版社, 1996.

[133] 朱玉, 卫军, 李昊. 悬索桥隧道锚与下方公路隧道相互作用分析[J]. 铁道科学与工程学报, 2005, 2(1): 57-61.

[134] 朱玉, 卫军, 李昊, 等. 大跨径悬索桥隧道锚承载力分析[J]. 华中科技大学学报 (自然科学版), 2005, 33(7): 90-93.

[135] 朱玉, 廖朝华, 彭元诚, 等. 大跨径悬索桥隧道锚设计及结构性能评价[J]. 桥梁建设, 2005, 35(2): 44-46.

[136] 朱玉, 卫军, 李昊, 等. 大跨径悬索桥隧道锚变位分析[J]. 岩石力学与工程学报, 2005, 24(19): 3588-3593.

[137] 于美万, 张奇华, 喻正富, 等. 基于夹持效应的普立特大桥隧道锚现场模型试验研究[J]. 岩石力学与工程学报, 2015, 34(2): 261-270.

[138] 张奇华, 于美万, 喻正富, 等. 普立特大桥隧道锚现场模型试验研究——抗拔能力试验[J]. 岩石力学与工程学报, 2015,34(1): 93-103.

[139] 汤华, 熊晓荣, 吴振君, 等. 隧道锚抗拔作用机理的室内模型试验[J]. 上海交通大学学报, 2015, 49(7): 935-945.

[140] 汤华, 熊晓荣, 邓琴, 等. 普立特大桥隧道式锚碇围岩系统的变形规律及破坏机制[J]. 上海交通大学学报, 2015, 49(7): 961-967.

[141] 喻正富, 夏国邦, 王世谷, 等. 普立特大桥隧道锚碇区岩体工程地质特性研究[J]. 长江科学院院报, 2015, 32(8): 72-77.

[142] 李明, 袁晓伟, 陈奇, 等. 隧道式锚碇动张拉荷载响应分析[J]. 重庆交通大学学报 (自然科学版), 2015, 34(4): 24-27.

[143] 廖明进, 王全才, 袁从华, 等. 基于楔形效应的隧道锚抗拔承载能力研究[J]. 岩土力学, 2016, 37(1): 185-192, 202.

[144] 文丽娜, 程谦恭, 程强, 等. 泸定大渡河特大桥隧道锚模型变形试验研究[J]. 铁道工程学报, 2017, 34(1): 52-59.

[145] 李栋梁, 刘新荣, 李俊江, 等. 浅埋软岩隧道式锚碇稳定性原位模型试验研究[J]. 岩土工程学报, 2017, 39(11): 2078-2087.

[146] 邓琴, 汤华, 吴振君, 等. 隧道锚–围岩系统承载特性的室内模型试验及畸变纠正[J]. 岩土力学, 2017, 38(S1): 247-254.

[147] 李维树, 王帅, 吴相超, 等. 隧道锚原位缩尺模型试验的施力方式研究[J]. 地下空间与工程学报, 2017, 13(2): 453-458.

[148] 王鹏宇. 软岩地区悬索桥隧道式锚碇受力机理及应用研究[D]. 成都: 西南交通大学, 2017.

[149] 江南, 冯君. 铁路悬索桥隧道式锚碇受载破裂力学行为研究[J]. 岩石力学与工程学报, 2018, 37(7): 1659-1670.

[150] 肖世国, 赵琳智. 悬索桥隧道式锚碇侧摩阻力近似解析算法[J]. 西南交通大学学报, 2018, 53(5): 974-981.

[151] 张宜虎, 邬爱清, 周火明, 等. 悬索桥隧道锚承载能力和变形特征研究综述[J]. 岩土力学, 2019, 40(9): 3576-3584.

[152] 江南, 黄林, 冯君, 等. 铁路悬索桥隧道式锚碇设计计算方法研究[J]. 岩土力学, 2020, 41(3): 999-1009, 1047.

[153] 王东英, 汤华, 尹小涛, 等. 基于简化力学模型的隧道锚极限承载力估值公式[J]. 岩土力学, 2020, 41(10): 3405-3414.

[154] 王东英, 尹小涛, 杨光华. 悬索桥隧道式锚碇夹持效应的试验研究[J]. 岩土力学, 2021, 42(4): 1003-1011, 1055.

[155] 杨国俊, 田骐玮, 吕明航, 等. 大跨度悬索桥隧道式锚碇力学特性研究综述[J]. 吉林大学学报 (工学版), 2022, 52(6): 1245-1263.

第 2 章　主缆非对称的悬索桥静力近似计算

本章推导主缆线形为抛物线的基于弹性理论、挠度理论和有限元位移法的非对称悬索桥静力计算公式，主缆线形为悬链线的非对称悬索桥静力计算公式。采用近似计算方法和有限元精确计算方法，分别计算不同结构非对称敏感性参数下悬索桥主缆有应力索长和无应力索长，给出考虑结构非对称敏感性参数的近似计算公式。研究非对称悬索桥主索鞍顶推的近似计算方法，在顶推过程中为了确保悬索桥的主塔在加劲梁吊装时始终处于安全受力状态，合理地确定主索鞍顶推量和顶推阶段至关重要。基于能量原理，应用瑞利–里茨法推导主塔塔顶最大容许偏位计算公式，从主塔塔顶偏位和塔底应力两个角度提出优化主索鞍的顶推方法，通过有限元法验证近似公式的精度，近似计算结果与有限元法计算结果之间误差很小，表明近似计算能满足工程上对精度的要求，为悬索桥主索鞍顶推提供一种实用的计算方法。

2.1　主缆线形为非对称抛物线的静力近似计算

2.1.1　基于弹性理论的静力近似计算

1. 主缆非对称在均布荷载下的受力分析

主缆非对称支承缆索的弹性分析如图 2.1 所示，非对称支承缆索 AB 受均布荷载 q 的作用。右支座比左支座低 h 的高度，缆索跨度中点 C 距弦 AB 的距离为 f。

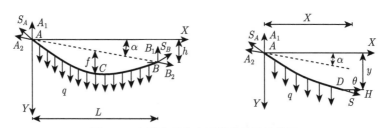

图 2.1　主缆非对称支承缆索的弹性分析

A_1 和 B_1 分别为 A 点和 B 点的竖向支反力；A_2 和 B_2 分别为沿 AB 弦长方向 A 点和 B 点的支反力；S_A 和 S_B 分别为沿主缆方向 A 点和 B 点的支反力；H 为水平方向拉力

由平衡方程 $\sum M_A = 0$ 和 $\sum M_B = 0$ 得

$$A_1 = B_1 = \frac{qL}{2} \tag{2.1}$$

式中，q 为荷载集度；L 为索的水平向长度。

在缆索上任取一索段 AD 作为隔离体，由 AD 在水平方向的平衡方程 $\sum X = 0$ 可得

$$H = A_2 \cos \alpha \tag{2.2}$$

在垂直荷载作用下，柔索任意截面的水平拉力是相等的，x 为水平向长度，由隔离体 AD 的弯矩平衡方程 $\sum M_D = 0$ 可得

$$A_1 x - \frac{qx^2}{2} - y A_2 \cos \alpha + x A_2 \sin \alpha = 0 \tag{2.3}$$

化简得

$$y = x \tan \alpha + \frac{A_1 x - qx^2/2}{A_2 \cos \alpha} = \frac{h}{L} x + \frac{1}{H} \left(\frac{1}{2} qLx - \frac{1}{2} qx^2 \right) \tag{2.4}$$

将 $x = L/2$，$y = f + h/2$ 代入式 (2.4) 得

$$H = \frac{qL^2}{8f} \tag{2.5}$$

将式 (2.5) 代入式 (2.4) 可得到均布荷载作用下非对称柔索的曲线方程为

$$y = \frac{h}{L} x + \frac{4fx(L-x)}{L^2} \tag{2.6}$$

式 (2.6) 是一元二次抛物线方程，对曲线方程求驻值，得

$$x = \frac{L}{2} + \frac{hL}{8f} \tag{2.7}$$

由式 (2.7) 可以得出，在均布荷载下，非等高支承缆索的曲线中心相对于等高支承缆索向较低的支承端存在一个 $\Delta = \frac{hL}{8f}$ 的偏移量。

2. 基于弹性理论的主缆非对称悬索桥基本计算方程

主缆非对称悬索桥弹性分析如图 2.2 所示。与对称悬索桥类似，单跨双铰非对称悬索桥实质是一次超静定结构，缆索的曲线方程式如式 (2.8) 所示：

$$y = \frac{h}{L} x + \frac{4fx(L-f)}{L^2} \tag{2.8}$$

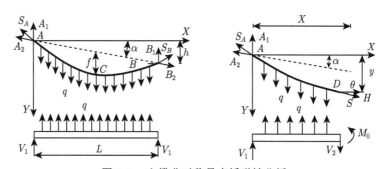

图 2.2　主缆非对称悬索桥弹性分析

V_1 和 V_2 为简支梁的一对剪力；M_0 为主梁 x 截面处简支梁的弯矩

与对称悬索桥相同，将主缆在中点处切开，得到一根简支梁的基本体系，取非对称悬索的水平方向拉力为赘余力，由力法方程可得

$$H = -\frac{\delta_{\mathrm{PH}}}{\delta_{\mathrm{HH}}} \tag{2.9}$$

式中，δ_{PH} 为由非对称缆索切口处作用 $H=1$ 经吊索传给主梁的均布荷载产生的主梁挠曲线；δ_{HH} 为由非对称缆索切口处作用 $H=1$ 时产生的该截面在水平方向位移。

当 $H=1$ 时，可得到吊杆传给主梁的均布荷载为

$$q = \frac{8f}{L^2} \tag{2.10}$$

$$\delta_{\mathrm{PH}} = \frac{8f}{L^2}\frac{L^3 x}{24EI}[1 - 2(x/L)^2 + (x/L)^3] \tag{2.11}$$

$$\int_0^L \frac{M_0^{\,2}}{EI}\mathrm{d}x = \frac{8}{15}\frac{f^2 L}{EI} \tag{2.12}$$

当忽略吊杆变形时，非对称悬索的变形为

$$\sum \frac{T^2 S}{EA} = \frac{1}{EA}\int_0^L \frac{\mathrm{d}x}{\cos^3\varphi} = \frac{L}{EA}(1 + 8n^2 + 25.6\xi^2 + 16\xi^2 n^2 + 0.5\xi^4) \tag{2.13}$$

式中，T 为绳索张拉力；E 为弹性模量；A 为面积；n 为悬索的矢跨比，$n = f/L$；ξ 为悬索非对称支承高差与跨径的比值，定义为结构非对称敏感性参数，$\xi = h/L$；φ 为主梁 x 截面处缆索与水平线的夹角。

忽略高次项时，

$$H = \frac{x[1 - 2(x/L)^2 + (x/L)^3]}{1.6f + \dfrac{3EI}{fEA}(1 + 8n^2 + 1.5\xi^2)} \tag{2.14}$$

非对称悬索桥的缆索张拉力为

$$T = \frac{H}{\cos\varphi} \tag{2.15}$$

主梁 x 处的弯矩影响线方程为

$$M_x = M_0 - M_f = M_0 - H\frac{4f}{L^2}x(L-x) \tag{2.16}$$

式中，M_0 为主梁 x 截面处简支梁的弯矩；M_f 为水平拉力 H 产生的弯矩。

3. 温度变化产生的主缆非对称悬索桥内力分析

温度变化产生的主缆非对称悬索桥内力计算公式如式 (2.17) 所示：

$$H = \mp \frac{\alpha t\left(1 + \dfrac{16}{3}n^2 + \xi^2\right)}{\dfrac{8}{15}\dfrac{L^2}{EI}n^2 + \dfrac{1}{EA}(1 + 8n^2 + 1.5\xi^2)} \tag{2.17}$$

式中，α 为悬索钢材的线膨胀系数；t 为悬索的温度变化度数。

2.1.2　基于挠度理论的静力近似计算

非对称悬索桥基于挠度理论的计算图示如图 2.3 所示。在活载 $p(x)$ 作用时，主梁及主缆发生的挠度为 $v(x)$，主缆的水平力 H 为恒载 H_g 和活载 H_p 之和，同时吊索引起的附加拉力为 $s(x)$。

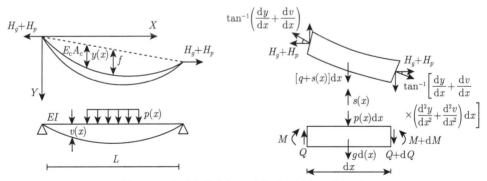

图 2.3　非对称悬索桥基于挠度理论的计算图示

E_c 和 A_c 分别为主缆的弹性模量和横截面积；Q 为剪力

作用于主梁本身的竖向荷载 $q(x)$ 为

$$q(x) = g + p(x) - s(x) \tag{2.18}$$

由式 (2.18) 可得主梁的弹性方程为

$$EI\frac{\mathrm{d}^4v}{\mathrm{d}x^4} = g + p(x) - s(x) \tag{2.19}$$

式中，g 为自重。

图 2.3 中主缆微元体为 $\mathrm{d}x$，由其竖向的平衡条件可得活载作用下主缆的平衡方程为

$$-H\left(\frac{\mathrm{d}^2y}{\mathrm{d}x^2} + \frac{\mathrm{d}^2v}{\mathrm{d}x^2}\right) = s(x) \tag{2.20}$$

式中，H 为悬索桥在恒载、活载共同作用时主缆水平方向的拉力，即 $H = H_g + H_p$。

根据式 (2.20) 可得到基于主缆非对称的悬索桥基本微分方程为

$$EI\frac{\mathrm{d}^4v}{\mathrm{d}x^4} - H\frac{\mathrm{d}^2v}{\mathrm{d}x^2} = p(x) + H_p\frac{\mathrm{d}^2y}{\mathrm{d}x^2} \tag{2.21}$$

式 (2.21) 中，H、H_p 和挠度 $v(x)$ 均为未知量，因此还需要建立另一个方程。

如图 2.4 所示，考虑温度作用的影响，主缆微元体在荷载作用下的伸长量 $\Delta\mathrm{d}s$ 为

$$\Delta\mathrm{d}s = \left(\frac{H_p}{E_c A_c \cos\varphi} + \alpha t\right)\mathrm{d}s = \left(\frac{H_p}{E_c A_c \cos\varphi} + \alpha t\right)\frac{\mathrm{d}x}{\cos\varphi} \tag{2.22}$$

式中，E_c 和 A_c 分别为主缆的弹性模量和横截面积；α、t 同式 (2.17)。

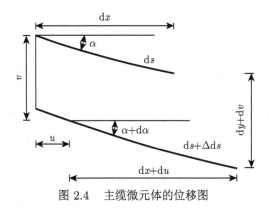

图 2.4　主缆微元体的位移图

由主缆变形前后的几何条件关系可得

$$(\mathrm{d}s)^2 = (\mathrm{d}x)^2 + (\mathrm{d}y)^2 \tag{2.23}$$

$$(ds + \Delta ds)^2 = (dx + \Delta dx)^2 + (dy + \Delta dy)^2 \tag{2.24}$$

将式 (2.23) 和式 (2.24) 相减, 并忽略高次项得

$$\Delta dx = \frac{ds}{dx}\Delta ds - \frac{dy}{dx}\Delta dy = \frac{\Delta ds}{\cos\varphi} - \frac{dy}{dx}dv \tag{2.25}$$

将式 (2.22) 代入式 (2.25) 得

$$\Delta dx = \left[\left(\frac{H_p}{E_c A_c \cos\varphi} + \alpha t\right)\frac{1}{\cos^2\varphi} - \frac{dy}{dx}\frac{dv}{dx}\right]dx \tag{2.26}$$

由于主缆的锚固点始终保持不变, 活载引起的主缆微元体长度在水平线上的投影 Δdx 在 L 上的积分为零, 有

$$\int_0^L \Delta dx = 0 \tag{2.27}$$

将式 (2.26) 代入到式 (2.27) 得

$$\frac{H_p}{E_c A_c}\int_0^L \frac{dx}{\cos^3\varphi} + \alpha t\int_0^L \frac{dx}{\cos^2\varphi} - \int_0^L \frac{dy}{dx}\frac{dv}{dx}dx = 0 \tag{2.28}$$

由于 $\int_0^L \frac{dy}{dx}\frac{dv}{dx}dx = \left[v\frac{dy}{dx}\right]_0^L - \int_0^L \frac{d^2y}{d^2x}v dx$, 将边界条件及式 (2.5) 代入式 (2.28), 可得

$$\int_0^L \frac{dy}{dx}\frac{dv}{dx}dx = \frac{8f}{L^2}\int_0^L v dx \tag{2.29}$$

由式 (2.28) 和式 (2.29) 得主缆的相容条件式:

$$H_p = \frac{A_c E_c}{L_p}\left(\frac{8f}{L^2}\int_0^L v dx - \alpha t L_t\right) \tag{2.30}$$

式中, $L_p = \int_0^L \frac{dx}{\cos^3\varphi} = L(1 + 8n^2 + 25.6n^4 + 1.5\xi^2 + 16\xi^2 n^2 + 0.5\xi^4)$; $L_t = \int_0^L \frac{dx}{\cos^2\varphi} = L\left(1 + \frac{16}{3}n^2 + \xi^2\right)$。

2.1.3　基于有限位移法的静力近似计算

随着计算机的迅速普及, 用有限位移法进行结构计算得到了发展。

1. 非线性有限元的基本解法

非线性有限元的基本解法包括荷载增量法、迭代法、混合法、动坐标的迭代法。

2. 非线性影响的计算方法

1) 结构大位移产生的非线性

结构大位移产生的几何非线性问题的基本解法有增量法、迭代法、混合法和动坐标迭代法。

2) 缆索自重垂度产生的非线性

缆索自重垂度产生的非线性问题用等效弹性模量法考虑，缆索等效弹性模量一般用式 (2.31) 的厄恩斯特公式计算：

$$E_i = \frac{E_0}{1 + \dfrac{r^2 L^2 E_0}{12\sigma^3}} = \frac{E_0}{1 + \dfrac{(wL)^2 E_0}{12T^3}} \tag{2.31}$$

式中，E_0 为缆索材料的弹性模量；E_i 为等效弹性模量；L 为缆索水平投影长度；w 为单位长度缆索自重；r 为缆索容重；σ 为缆索拉应力；T 为缆索张拉力。

3) 初始内力产生的非线性

在初态平衡，有

$$\begin{cases} \displaystyle\sum_{i=1}^{K}(T_{0i}\cos\alpha_{0i}) + P_{0x} = 0 \\ \displaystyle\sum_{i=1}^{K}(T_{0i}\sin\alpha_{0i}) + P_{0y} = 0 \end{cases} \tag{2.32}$$

式中，K 为刚度；T_{0i} 为相交于节点的第 i 根杆在初态时对节点的作用力；α_{0i} 为相交于节点的第 i 根杆在初态平衡时的夹角；P_{0x}、P_{0y} 分别为作用于节点沿 x 和 y 方向的初始荷载。

设定在外荷载 P 作用下，缆索结构产生变形，变形后节点满足新的平衡方程：

$$\begin{cases} \displaystyle\sum_{i=1}^{K}(T_i\cos\alpha_i) + P_{0x} + P_x = 0 \\ \displaystyle\sum_{i=1}^{K}(T_i\sin\alpha_i) + P_{0y} + P_y = 0 \end{cases} \tag{2.33}$$

式中，T_i 为结构变形后的杆件轴力；α_i 为结构变形后的杆件倾角；P_x、P_y 分别为荷载在 x、y 方向的分量。

2.2　主缆线形为非对称抛物线的主缆索长近似计算

采用积分的方法将抛物线弧微段积分,可得非对称悬索桥的有应力索长公式为

$$s = \int_0^L \sqrt{1 + y'^2}\,\mathrm{d}x \tag{2.34}$$

对式 (2.8) 求导,代入式 (2.34),整理得

$$s = \frac{L}{16n}\left[(\xi + 4n)\sqrt{(\xi + 4n)^2 + 1} - (\xi - 4n)\sqrt{(\xi - 4n)^2 + 1} \right.$$

$$\left. + \ln \frac{\xi + 4n + \sqrt{(\xi + 4n)^2 + 1}}{\xi - 4n - \sqrt{(\xi - 4n)^2 + 1}} \right] \tag{2.35}$$

式 (2.35) 比较复杂,不利于工程近似计算。因此,采用近似计算的方法时,对式 (2.34) 的被积函数按级数方式展开,近似计算取前两项,之后积分可得主缆线形为抛物线的索长近似公式为

$$s = L\left(1 + \frac{h^2}{2L^2} + \frac{8f^2}{3L^2}\right) \tag{2.36}$$

主缆弦长记为 l,则

$$l = \sqrt{L^2 + h^2} = L + \frac{h^2}{2L} - \frac{h^4}{8L^3} + \cdots \tag{2.37}$$

将式 (2.36)、式 (2.37) 进行对比分析,式 (2.36) 的前两项刚好是式 (2.37) 主缆弦长近似公式的前两项,第三项可以认为是悬索垂度产生的增量。因此,对式 (2.36) 进行修正,可得抛物线索长的近似计算公式为

$$s = l + \frac{8f^2}{3L} = L\sqrt{1 + \xi^2} + \frac{8f^2}{3L} \tag{2.38}$$

当悬索桥对称时,即主缆等高支承,$\xi = 0$,式 (2.38) 可简写为

$$s = L + \frac{8f^2}{3L} \tag{2.39}$$

主缆的弹性模量为 E,缆索无应力时截面面积为 A,假定缆索微段长 $\mathrm{d}s$,对应的无应力索长为 $\mathrm{d}s_0$,由胡克定律得

$$\mathrm{d}s = \left(1 + \frac{T}{EA}\right)\mathrm{d}s_0 \tag{2.40}$$

则无应力索长 ds_0 为

$$ds_0 = \frac{ds}{1 + T/EA} \tag{2.41}$$

由于 $T = H\sqrt{1 + y'^2}$，$ds = \sqrt{1 + y'^2}dx$，设 $\varepsilon = \dfrac{H}{EA}$，代入式 (2.41) 可得

$$ds_0 = \frac{\sqrt{1 + y'^2}dx}{1 + \varepsilon\sqrt{1 + y'^2}} \tag{2.42}$$

对式 (2.8) 求导数，可得

$$y'(x) = \frac{h}{L} + 4f(L - 2x) \tag{2.43}$$

将式 (2.43) 代入式 (2.42)，经过整理得到基于主缆线形为抛物线的无应力索长为

$$s_0(x) = \frac{x}{\varepsilon} + \frac{L}{8n\varepsilon^2}\left[\ln\frac{\varphi(x)}{\varphi(0)} - \frac{1}{\beta}\ln\frac{(\varepsilon\varphi(x) + 1 - \beta)(\varepsilon\varphi(0) + 1 + \beta)}{(\varepsilon\varphi(x) + 1 + \beta)(\varepsilon\varphi(0) + 1 - \beta)}\right] \tag{2.44}$$

式中，$\varphi(x) = y'(x) + \sqrt{1 + y'^2(x)}$；锚塞体楔形角 $\beta = \sqrt{1 - \varepsilon^2}$。

式 (2.44) 是非对称悬索桥主缆线形为抛物线的无应力索长，此式比较复杂，不便于快速计算，因此采取近似计算的方法。

将式 (2.41) 采用级数的方式展开，可得

$$ds_0 = \left[1 - \frac{T}{EA} + \left(\frac{T}{EA}\right)^2 + \cdots + \left(-\frac{T}{EA}\right)^n + \cdots\right]ds \tag{2.45}$$

在近似计算中忽略 $\dfrac{T}{EA}$ 的高阶项，可得

$$ds_0 = [1 - T/(EA)]ds \tag{2.46}$$

则索段的伸长量为

$$d\Delta s = dsT/(EA) \tag{2.47}$$

对式 (2.47) 积分，可得主缆的伸长量为

$$\Delta s = \varepsilon L\left(1 + 16\frac{n^2}{3} + \xi^2\right) \tag{2.48}$$

因此，主缆线形为抛物线的主缆无应力长度近似计算公式为

$$s_0 = s - \Delta s = L\sqrt{1 + \xi^2} + \frac{8f^2}{3L} - \varepsilon L\left(1 + 16\frac{n^2}{3} + \xi^2\right) \tag{2.49}$$

式 (2.44) 是主缆线形为抛物线的无应力索长精确解, 式 (2.49) 是该无应力索长的近似解。在实际工程中, 为了便于快速计算, 可采用近似计算方法。

2.3　主缆线形为非对称悬链线的主缆索长近似计算

2.3.1　基本方法

悬链线解析法是将主缆线形视为理想悬链线, 采用悬链线的力学公式进行解析计算, 该方法基于以下三条基本假定:

(1) 假定主缆为理想柔性材料, 既不可以受压也不可以受弯;

(2) 假定主缆的材料特性符合胡克定律, 即应力与应变的关系符合线性变化关系;

(3) 缆索只受沿弧长均匀分布的自重荷载 q, 且假定自重荷载恒定, 不随索长变化而改变。

在成桥状态时, 悬索桥的主缆所受的荷载有: 沿主缆几何弧长均布的自重荷载, 包括缠丝、防护套、涂装等施加的荷载; 通过吊索施加在主缆上局部区域的荷载, 这一部分荷载可作为集中荷载进行计算, 包括索夹自重、吊杆自重、锚头锚具自重、通过吊索传递至主缆上的加劲梁自重及二期铺装荷载 [1,2]。

缆索索段受力图如图 2.5(a) 所示, 缆索微段受力图如图 2.5(b) 所示。

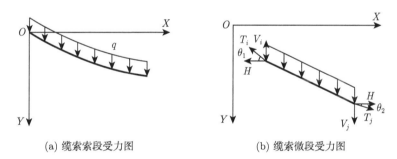

(a) 缆索索段受力图　　　　　　　　(b) 缆索微段受力图

图 2.5　索段分解受力图

H 为水平方向拉力; T_i 和 T_j 分别为 i 端和 j 端缆索张拉力; V_i 和 V_j 分别为 i 端和 j 端缆索竖向拉力; θ_1 和 θ_2 分别为 i 端和 j 端缆索与水平方向的夹角

2.3.2　近似计算

在图 2.5(a) 中取一个微段, 如图 2.5(b) 所示, 进行受力分解, 建立其平衡微分方程。

由 $\sum y = 0$, 得平衡方程:

$$V_j - V_i + q\mathrm{d}s = 0 \tag{2.50}$$

即

$$H \tan(\theta + \mathrm{d}\theta) - H \tan\theta + q\mathrm{d}s = 0 \tag{2.51}$$

$\mathrm{d}s = \sqrt{1 + y'^2}\mathrm{d}x$，$\tan\theta = \mathrm{d}y/\mathrm{d}x$，由此可得

$$\frac{y''}{\sqrt{1 + y'^2}} = -\frac{q}{H} \tag{2.52}$$

令 $c = -\dfrac{q}{H}$，积分可得

$$y' = \mathrm{sh}(cx + a) \tag{2.53}$$

再次积分得到悬链线方程：

$$y = \frac{1}{c}\mathrm{ch}(cx + a) + b \tag{2.54}$$

式中，a、b 为积分常数，可以由主缆分段的边界条件计算求出。

将边界 $x = 0$，$y = 0$，代入式 (2.54) 中可得

$$b = -\frac{1}{c}\mathrm{ch}a \tag{2.55}$$

将边界 $x = L$，$y = h$ 代入式 (2.54) 中可得

$$h = \frac{1}{c}[\mathrm{ch}(cL + a) + b] = \frac{1}{c}[\mathrm{ch}(cL + a) - \mathrm{ch}a] \tag{2.56}$$

整理可得

$$a = \mathrm{sh}^{-1}\left[\frac{hc}{2\mathrm{sh}\left(\dfrac{cL}{2}\right)}\right] - \frac{cL}{2} \tag{2.57}$$

主缆线形为悬链线索段有应力索长为

$$s = \int \mathrm{d}s = \int_0^l \sqrt{1 + y'^2}\mathrm{d}x \tag{2.58}$$

$$1 + y'^2 = 1 + \mathrm{sh}^2(cx + a) = \mathrm{ch}^2(cx + a) \tag{2.59}$$

若代入结构非对称敏感性参数 $\xi = h/L$，则

$$s = \int_0^l \mathrm{ch}(cx + a)\mathrm{d}x = \sqrt{(\xi L)^2 + 4\left(\frac{H}{q}\right)^2 \mathrm{sh}^2\left(\frac{qL}{2H}\right)} \tag{2.60}$$

将式 (2.54) 代入式 (2.42)，整理计算可得

$$s_0(x) = \frac{x}{\varepsilon} - \frac{1}{c\varepsilon\beta}\left[\ln\frac{\delta(x)-\beta}{\delta(x)+\beta} - \ln\frac{\delta(0)-\beta}{\delta(0)+\beta}\right] \tag{2.61}$$

式中，$\delta(x) = \varepsilon e^{cx+a} + 1$。

索段弹性伸长量为

$$\Delta s = \int \frac{T}{EA}\mathrm{d}s \tag{2.62}$$

其中，

$$T = \frac{H}{\cos\theta} = H\sqrt{1+y'^2} = H\mathrm{ch}(cx+a) \tag{2.63}$$

则

$$\Delta s = \frac{1}{EA}\int H\mathrm{ch}(cx+a)\mathrm{ch}(cx+a)\mathrm{d}x = \frac{H}{2EA}\left[1 + \frac{\mathrm{sh}(2cL+2a)-\mathrm{sh}(2a)}{2c}\right] \tag{2.64}$$

同理，式 (2.64) 的近似计算表达式为

$$\Delta s = \frac{H}{2EA}\left\{L + \frac{H}{q}\left[\mathrm{sh}\left(\frac{qL}{2H}\right) + \left(\frac{qh}{H}\right)^2\mathrm{ch}\left(\frac{qL}{2H}\right)\middle/\mathrm{sh}\left(\frac{qL}{2H}\right)\right]\right\} \tag{2.65}$$

因此，主缆线形为悬链线的缆索无应力长度近似计算表达式为

$$\begin{aligned}
s_0 = s - \Delta s =& \sqrt{(\xi L)^2 + 4\left(\frac{H}{q}\right)^2\mathrm{sh}^2\left(\frac{qL}{2H}\right)} \\
&- \frac{H}{2EA}\left\{L + \frac{H}{q}\left[\mathrm{sh}\left(\frac{qL}{2H}\right) + \left(\frac{qh}{H}\right)^2\mathrm{ch}\left(\frac{qL}{2H}\right)\middle/\mathrm{sh}\left(\frac{qL}{2H}\right)\right]\right\}
\end{aligned} \tag{2.66}$$

主缆在多个集中荷载作用下的受力示意图见图 2.6，推导主缆整体的平衡方程，分析主缆在多个集中荷载作用下的受力情形，其水平向平衡方程及竖直向平衡方程分别为

$$H_1 = H_2 \tag{2.67}$$

$$V_1 = q\sum s_i + \sum p_i + H_2\tan\theta_2 \tag{2.68}$$

相容方程为

$$\sum h_i = h = \xi L \tag{2.69}$$

$$H \left. \frac{\mathrm{d}y_i}{\mathrm{d}x_i} \right|_{x_i=L_i} - H \left. \frac{\mathrm{d}y_{i+1}}{\mathrm{d}x_{i+1}} \right|_{x_{i+1}=0} = p_i \qquad (2.70)$$

即

$$H\left[\mathrm{sh}(cL_i + a_i) - \mathrm{sh}a_{i+1}\right] = p_i \qquad (2.71)$$

式中，s_i 为第 i 段主缆的索长；p_i 为第 i 段主缆的集中荷载；h_i 为第 i 段主缆矢高；y_i 为第 i 段主缆的线形函数；x_i 为任意位置水平方向距离；L_i 为第 i 段主缆水平距离；H_i 和 V_i 为第 i 段悬索参数；$a_i = \mathrm{sh}^{-1}(V_i/H_i)$。

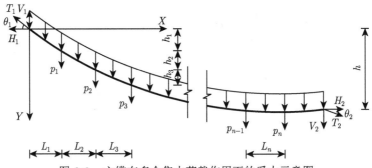

图 2.6　主缆在多个集中荷载作用下的受力示意图

根据平衡方程与变形兼容条件，可以继续推导建立相应的迭代计算方程。

用主缆线形为抛物线近似方法先确定初始值，即 $H = qL^2/8f$，$s = L(1 + 8f^2/3L^2)$，$V = sq + \sum p_i$。

由 H 和 V 确定第一段悬索段的参数，即 $a_1 = \mathrm{sh}^{-1}(V/H)$，$b_1 = -\mathrm{ch}a_1/c$，$h_1 = \mathrm{ch}(cL_1 + a_1)/c + b_1$，则

$$s_1 = [\mathrm{sh}(cL_1 + a_1) - \mathrm{sh}a_1]/c \qquad (2.72)$$

根据平衡条件推出：

$$a_{i+1} = \mathrm{sh}^{-1}\left[\mathrm{sh}(cL_i + a_i) - p_i/H\right] \qquad (2.73)$$

$$b_{i+1} = -\mathrm{ch}a_{i+1}/c \qquad (2.74)$$

$$h_{i+1} = \mathrm{ch}(cL_{i+1} + a_{i+1})/c + b_{i+1} \qquad (2.75)$$

$$s_{i+1} = [\mathrm{sh}(cL_{i+1} + a_{i+1}) - \mathrm{sh}a_{i+1}]/c \qquad (2.76)$$

上述迭代流程如图 2.7 所示。

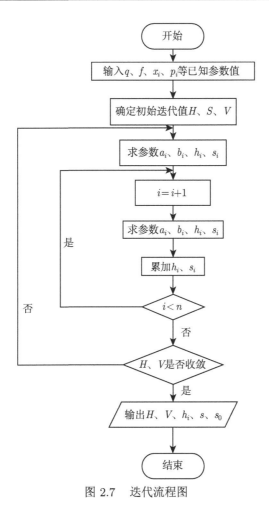

图 2.7　迭代流程图

因为 h_i 是 H、V 的函数，所以可得到

$$\Delta h_i = \frac{\partial h_i}{\partial H} \Delta H + \frac{\partial h_i}{\partial V} \Delta V \tag{2.77}$$

则

$$\sum \Delta h_i = \sum \frac{\partial h_i}{\partial H} \Delta H + \sum \frac{\partial h_i}{\partial V} \Delta V \tag{2.78}$$

由于

$$\sum (h_i + \Delta h_i) = h \tag{2.79}$$

则

$$\sum \Delta h_i = h - \sum h_i \tag{2.80}$$

所以

$$\Delta H = \frac{h - \sum h_i - \sum \dfrac{\partial h_i}{\partial V} \Delta V}{\sum \dfrac{\partial h_i}{\partial H}} \tag{2.81}$$

式 (2.81) 中，

$$\Delta V = V - \sum s_i q - \sum p_i \tag{2.82}$$

$\dfrac{\partial h_i}{\partial H}$ 与 $\dfrac{\partial h_i}{\partial V}$ 可按以下方法计算得到，只要在迭代过程中该修正值能较好地使计算结果不断逼近真值，即可满足要求。假定索段为一个直线段受力，图示见图 2.8，则可根据直线的静力平衡条件推导出 $\dfrac{\partial h_i}{\partial H}$ 与 $\dfrac{\partial h_i}{\partial V}$ 的计算式。

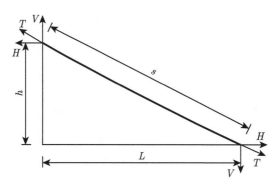

图 2.8 假定的直线索段受力图示

由图 2.8 可知：

$$s = \sqrt{L^2 + h^2} \tag{2.83}$$

$$T = \sqrt{H^2 + V^2} \tag{2.84}$$

$$L = s\frac{H}{T} \tag{2.85}$$

$$h = s\frac{V}{T} \tag{2.86}$$

求偏导数：

$$\frac{\partial h_i}{\partial H} = \frac{\partial h_i}{\partial T}\frac{\partial T}{\partial H} = \left(-\frac{s_i V}{T^2}\right)\left(\frac{H}{T}\right) = -s_i \frac{h_i T}{s_i} \frac{H}{T^3} = -\frac{h_i}{H}\left(\frac{H}{T}\right)^2$$

$$= -\frac{h_i}{H}\left(\frac{L_i}{s_i}\right)^2 = -\frac{L_i^2}{L_i^2 + h_i^2}\frac{h_i}{H} \tag{2.87}$$

$$\frac{\partial h_i}{\partial V} = \frac{\partial h_i}{\partial T}\frac{\partial T}{\partial V} = s_i\left[\frac{T - V(V/T)}{T^2}\right] = \frac{s_i}{T}\left(\frac{H}{T}\right)^2 = s_i\frac{L_i}{s_iH}\left(\frac{H}{T}\right)^2$$

$$= \frac{L_i}{H}\left(\frac{L_i}{s_i}\right)^2 = \frac{L_i^2}{L_i^2 + h_i^2}\frac{L_i}{H} \tag{2.88}$$

得到索力水平方向分量的修正值为

$$\Delta H = \frac{h - \sum h_i - \sum \dfrac{L_i}{H}\left(\dfrac{L_i}{s_i}\right)^2\left(V - \sum s_iq - \sum p_i\right)}{-\sum \dfrac{h_i}{H}\left(\dfrac{L_i}{s_i}\right)^2} \tag{2.89}$$

2.4　基于能量法的主索鞍顶推近似计算

2.4.1　基于能量法的最大容许偏位计算

悬索桥主塔可简化成等截面的悬臂梁，主塔受到水平力 H(水平方向不平衡索力)、垂直力 N(上部结构挤压力) 和墩身自重 q 的共同作用，计算图如图 2.9 所示。

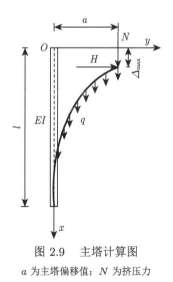

图 2.9　主塔计算图

a 为主塔偏移值；N 为挤压力

设主塔纵向偏位的近似函数为

$$y = a\cos\frac{\pi x}{2l} \tag{2.90}$$

式 (2.90) 满足边界条件，a 为待定的主塔偏位值。

该结构的总势能 Π 可表示为

$$\Pi = \frac{EI}{2} \int_0^l (y'')^2 \mathrm{d}x - \frac{1}{2} N \int_0^l y'^2 \mathrm{d}x - q \int_0^l q(x) \left(\frac{\partial y}{\partial x}\right)^2 \mathrm{d}x - Ha \tag{2.91}$$

$$\int_0^l \Delta(x) \mathrm{d}x \approx \frac{l}{3} \Delta_{\max} \tag{2.92}$$

$$\Delta_{\max} \approx \frac{1}{2} \int_0^l y'^2 \mathrm{d}x \tag{2.93}$$

式中，$\Delta_{\max}$ 为弯曲变形后塔顶的最大竖向位移；$\Delta(x)$ 为以 $\Delta_{\max}$ 为幅值的按曲线变化的竖向位移函数。

将式 (2.92) 和式 (2.93) 代入式 (2.91) 可得

$$\Pi = \frac{EIl}{4} \left(\frac{\pi}{2l}\right)^4 a^2 - \frac{Nl}{4} \left(\frac{\pi}{2l}\right)^2 a^2 - \frac{ql^2}{12} \left(\frac{\pi}{2l}\right)^2 a^2 - Ha \tag{2.94}$$

式中，E 为主塔的弹性模量；I 为主塔的截面惯性矩；l 为主塔的高度；q 为荷载集度，$q = S \cdot \gamma$，γ 为缆索容重。

将式 (2.94) 取驻值

$$\frac{\partial \Pi}{\partial a} = \frac{EIl}{2} \left(\frac{\pi}{2l}\right)^4 a - \frac{Nl}{2} \left(\frac{\pi}{2l}\right)^2 a - \frac{ql^2}{6} \left(\frac{\pi}{2l}\right)^2 a - H = 0 \tag{2.95}$$

主塔塔顶最大容许偏位的近似计算公式为

$$a = \frac{H}{\frac{l}{8} \left[\frac{EI}{4} \left(\frac{\pi}{l}\right)^4 - \left(N + \frac{ql}{3}\right) \left(\frac{\pi}{l}\right)^2\right]} P - \Delta \tag{2.96}$$

若

$$K = \frac{l}{8} \left[\frac{EI}{4} \left(\frac{\pi}{l}\right)^4 - \left(N + \frac{ql}{3}\right) \left(\frac{\pi}{l}\right)^2\right] \tag{2.97}$$

K 可以定义为计入主索鞍垂直力影响后的主塔抗推刚度。

如果令式 (2.97) 中的 $N = q = 0$ 时，可得到不计效应的主塔抗推刚度：

$$K = \frac{EI\pi^4}{32l^3} = 3.044 \frac{EI}{l^3} \tag{2.98}$$

式 (2.98) 相当接近于一般桥墩抗推刚度的解析解，即 $K = 3EI/l^3$。

悬索桥主塔塔顶最大容许偏位通过能量法推导的式 (2.96) 确定。单独对主塔进行受力分析，作用在其上的主要荷载为塔身的自重，以及主缆提供的竖向分力和不平衡水平缆力。由式 (2.96) 分析可知，由于在加劲梁不断吊装过程中，作用于主塔的竖向分力是不断变化的，因此各个施工阶段索塔的最大容许偏位也是不同的。随着加劲梁的不断吊装，主塔的竖向荷载逐渐增大，主塔的最大容许偏位也相应地逐渐增大 [3]。

2.4.2　主索鞍顶推方案优化计算

1. 主索鞍预偏量

按主索鞍两侧的索力差在给定的投影方向等于零或等于给定值来确定预偏量，应用此原则通过有限元软件对施工主要阶段进行模拟分析，确定普立大桥主索鞍预偏量，主索鞍理论及实测预偏量如表 2.1 所示 [4,5]。

表 2.1　主索鞍的理论及实测预偏量

指标		普立岸	宣威岸
主索鞍理论预偏量/m		−0.730	0.708
主索鞍实测预偏量/m	左侧	−0.700	0.700
	右侧	−0.707	0.699

注：向小桩号偏移为负，向大桩号偏移为正，主索鞍均向边跨方向预偏。

2. 主索鞍顶推的优化方法

文献 [6] 从塔底应力角度进行分析，提出了以塔底靠近边跨侧的拉应力不超限为指标确定主索鞍顶推量和顶推阶段的方法；文献 [7] 从塔顶位移角度进行分析，提出了根据各个施工阶段的主塔塔顶容许偏位来确定主索鞍顶推阶段和顶推量的方法。本书在文献 [6] 和文献 [7] 的基础上，确定的主索鞍顶推优化原则如下：主鞍座顶推前后，留有一定的安全储备，确保塔顶偏位不超过文献 [5] 建议的 70% 塔顶最大容许偏位控制值；中边跨的水平方向索力差应不使主塔塔底截面拉应力超过控制值，且保证主索鞍两侧 1.65 倍的索力差应不大于主缆在鞍座中的静摩擦力，以保证主缆在鞍座中不产生滑动现象。通过以控制塔顶偏位为主和以控制塔底应力为辅的双控原则优化主索鞍顶推方案，可建立确定主索鞍顶推的优化模型，如式 (2.99) 所示：

$$
\begin{cases}
a(x) \leqslant 0.7[a]_{\max} \\
\sigma[H(x)] \leqslant 0.7\sigma_{\mathrm{t}} \\
1.65H(x) \leqslant f_{\mathrm{a}}
\end{cases}
\tag{2.99}
$$

式中，$a(x)$ 为主塔塔顶位移函数；$[a]_{\max}$ 为主塔塔顶最大容许偏位；$H(x)$ 为主索鞍两侧水平方向索力差函数；$\sigma[H(x)]$ 为索力差产生的主塔塔底拉应力函数；σ_{t}

为混凝土抗拉强度设计值；f_a 为主索鞍的静摩擦力。

将悬索桥主索鞍顶推问题转化为有约束问题的数学模型，顶推位移优化算法流程如图 2.10 所示。

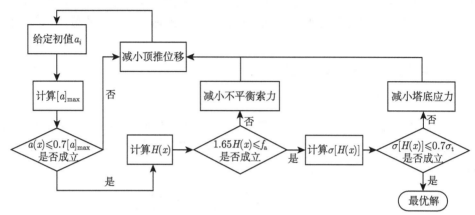

图 2.10　顶推位移优化算法流程图

从流程图可以得出优化主索鞍的具体步骤如下。

步骤 1：按能量法推导的公式计算主塔塔顶的最大容许偏位，取不大于 70% 最大容许偏位值为顶推位移量。

步骤 2：计算主塔两侧不平衡索力，按边界条件检验主缆是否在主索鞍产生滑动现象。

步骤 3：计算塔底应力，按边界条件验算主塔塔底应力是否满足要求。

每顶推 1 次，重复上述步骤，直到满足要求后确定主索鞍每次的顶推量。

2.5　算例验证

2.5.1　依托工程

云南普立大桥为非对称支承的非对称悬索桥，跨径布置为 166m+628m+166m，上部结构采用抗风性能较好的扁平流线型钢箱梁，加劲梁泊松比为 0.3。设计主缆矢跨比为 1/10，主缆横桥向中心间距为 26m，吊索顺桥向标准间距为 12m。普立大桥立面如图 2.11 所示。索塔采用钢筋混凝土塔柱结构，外形为门式框架。塔体包括塔顶、上塔柱、中塔柱和下塔柱，塔柱之间设 3 道横梁。塔柱采用矩形空心薄壁截面。由于地形的限制，两主塔是非对称布置的，左侧桥塔顶点高程为 1887.343m，右侧桥塔顶点高程为 1897.705m，主缆采用非对称支承的形式，索塔的支承点高差是 10.362m，如图 2.12 所示。结构非对称敏感性参数为 ξ，即非对称支承的高差与主跨跨径的比值 $(\xi = h/L)$，该桥的主缆支承点高差与主跨跨径的比值 ξ 为 0.017。

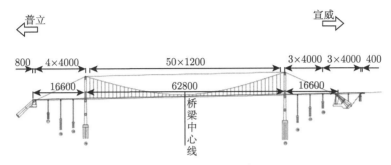

图 2.11　普立大桥立面图 (单位：cm)

图 2.12　非对称普立大桥示意图

2.5.2　非对称对锚跨和边跨有应力索长和无应力索长的影响

为了分析结构非对称敏感性参数 ξ 对锚跨和边跨有应力索长和无应力索长的影响，采用有限元分析方法，使结构非对称敏感性参数 ξ 在 0~0.0318 变化，即主缆非对称支承的高差在 0~20m 变化，每 5m 取一组数值，提取左右锚跨和边跨的主缆曲线有应力索长和无应力索长，左右锚跨、左右边跨主缆有应力索长及无应力索长计算表如表 2.2 和表 2.3 所示。从表 2.2 和表 2.3 中分析可知，当非对称敏感性参数 ξ 在 0~0.0318 变化时，即主缆非对称支承的高差在 0~20m 变化时，非对称悬索桥左右锚跨的有应力索长基本保持不变，左右边跨的无应力索长随结构非对称敏感性参数 ξ 的变化有所变化，但在毫米数量级变化，变化量非常微小，可以忽略不计。由此可知，非对称悬索桥锚跨和边跨的主缆有应力索长和无应力索长基本不受结构非对称敏感性参数的影响。

表 2.2　左锚跨和边跨主缆有应力索长及无应力索长计算表

结构非对称敏感性参数	左锚跨		左边跨	
	有应力索长/m	无应力索长/m	有应力索长/m	无应力索长/m
0.0000	29.994	29.918	182.303	181.837
0.0080	29.994	29.918	182.305	181.839
0.0159	29.994	29.918	182.307	181.841
0.0239	29.994	29.918	182.309	181.843
0.0318	29.994	29.918	182.312	181.845

表 2.3　右锚跨和边跨主缆有应力索长及无应力索长计算表

结构非对称敏感性参数	右锚跨		右边跨	
	有应力索长/m	无应力索长/m	有应力索长/m	无应力索长/m
0.0000	25.781	25.716	180.809	180.350
0.0080	25.781	25.716	180.807	180.348
0.0159	25.781	25.716	180.805	180.346
0.0239	25.781	25.716	180.803	180.344
0.0318	25.781	25.716	180.801	180.342

2.5.3　非对称对中跨主缆有应力索长和无应力索长的影响

　　为分析结构非对称敏感性参数对中跨主缆有应力索长和无应力索长的影响，采用有限元法和近似求解法两种方法计算了不同结构非对称敏感性参数下的中跨主缆有应力索长和无应力索长，如图 2.13 和图 2.14 所示。

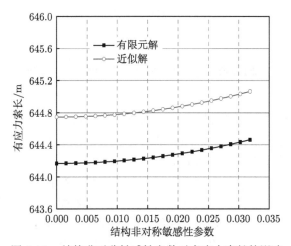

图 2.13　结构非对称敏感性参数对有应力索长的影响

　　由图 2.13 和图 2.14 分析可知，非对称悬索桥的主缆有应力索长和无应力索长随结构非对称敏感性参数是非线性变化的，即随着结构非对称敏感性参数的增大，

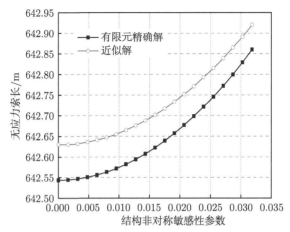

图 2.14　结构非对称敏感性参数对无应力索长的影响

中跨主缆的有应力索长和无应力索长前期增长缓慢，后期增长迅速，有指数型发展的趋势。以抛物线为主缆线形的主缆有应力索长和无应力索长近似解普遍大于有限元精确解，这是因为在近似计算索长的公式中忽略了数值为负的高阶项，在近似计算主缆伸长量时，忽略的是正值。当 $\xi = 0$ 时，即悬索桥为对称结构时，主缆无应力索长的近似解和有限元精确解的偏差是 0.087m；当 $\xi = 0.0318$ 时，主缆无应力索长的近似解和有限元精确解的偏差是 0.06m。近似计算和理论计算的相对误差是 0.1%，因此在实际工程中可以用近似公式计算主缆有应力索长和无应力索长。

通过分析结构非对称敏感性参数与中跨主缆有应力索长和无应力索长的关系，发现中跨主缆的有应力索长和无应力索长与结构非对称敏感性参数呈现指数型关系。研究得到的规律可以指导分析非对称悬索桥的中跨主缆有应力索长和无应力索长，为施工计算提供方便。

2.5.4　非对称悬索桥主索鞍顶推计算

1. 主塔塔顶最大容许偏位

依托工程的索塔高塔肢高 153.5m，矮塔肢高 138.5m。在计算裸塔塔顶最大容许位移时，主塔高取高塔肢高和矮塔肢高的平均值。垂直力在裸塔中主要是指主索鞍的重量，实桥计算参数如表 2.4 所示。

表 2.4　实桥计算参数

参数	混凝土弹性模量 $E/(\mathrm{kN\cdot m^{-2}})$	截面惯性矩 $I/\mathrm{m^4}$	主塔面积 $S/\mathrm{m^2}$	塔高 l/m	混凝土容重 $\gamma/(\mathrm{kN\cdot m^{-3}})$	水平力 H/kN	垂直力 N/kN
取值	3.45×10^7	3.24×10^2	41.86	146	26	1350	731

主塔自重集度为

$$q = S \cdot \gamma = 41.86\text{m}^2 \times 26\text{kN/m}^3 = 1088\text{kN/m}$$

将表 2.4 中的参数代入式 (2.96)，可得 $a = 0.129\text{m}$。若不考虑 $P\text{-}\Delta$ 效应，则 $a = 32l^3H/EI\pi^4 = 0.123\text{m}$。

2. 结果对比分析

有限元法计算的墩顶水平偏位与推导公式计算的墩顶水平偏位如表 2.5 所示。

表 2.5　不同方法计算的墩顶水平偏位

墩顶水平偏位	不计 $P\text{-}\Delta$ 效应	考虑 $P\text{-}\Delta$ 效应	
		瑞利–里茨法	有限元法
a/m	0.123	0.129	0.133

由表 2.5 分析可知，在计算墩顶水平偏位时，考虑 $P\text{-}\Delta$ 效应和不考虑 $P\text{-}\Delta$ 效应偏差是 4.6%，推导的公式和有限元法计算的结果相差 3.1%，说明由瑞利–里茨法推导的公式计算裸塔的最大水平位移方便可行，计算误差很小，精度能够满足实际工程的要求。

3. 顶推优化方案

拟定普立大桥的主要施工顶推阶段如表 2.6 所示。

表 2.6　主要施工顶推阶段

施工阶段	施工内容	施工阶段	施工内容
1	裸塔	13~19	吊装 6~9′ 号钢箱梁
2	索夹、锚杯、吊杆安装	20	第四次顶推
3	吊装 1 号钢箱梁	21~31	吊装 10~15′ 号钢箱梁
4	第一次顶推	32	第五次顶推
5~6	吊装 2、2′、3 号钢箱梁	33~52	吊装 16~27′ 号钢箱梁
7	第二次顶推	53	第六次顶推
8~11	吊装 3′ ~ 5′ 号钢箱梁	54	成桥
12	第三次顶推	55	第七次顶推

根据主索鞍顶推的优化原则，拟定优化的普立大桥顶推量和顶推力，如表 2.7 所示。宣威岸主索鞍顶推方案如图 2.15 所示，普立岸主索鞍顶推方案如图 2.16 所示。

表 2.7　悬索桥主索鞍顶推优化方案

顶推阶段	宣威岸主索鞍		普立岸主索鞍		顶推时间
	顶推量/mm	顶推力/kN	顶推量/mm	顶推力/kN	
第一次顶推	88.1	550.3	89.1	3.3	中跨第 1 片钢箱梁 (1 号) 吊装完毕后
第二次顶推	96.5	671.2	97.9	4.5	中跨第 4 片钢箱梁 (3 号) 吊装完毕后
第三次顶推	97.4	873.5	99.7	861.4	中跨第 9 片钢箱梁 (5 号) 吊装完毕后
第四次顶推	100.9	1175.6	104.2	1158.9	中跨第 17 片钢箱梁 (9′ 号) 吊装完毕后
第五次顶推	102.6	1570.7	106.5	1548.5	中跨第 29 片钢箱梁 (15′ 号) 吊装完毕后
第六次顶推	103.6	2076.2	107.1	2049.4	中跨第 53 片钢箱梁 (27′ 号) 吊装完毕后
第七次顶推	110.9	2683.5	95.5	2648.8	桥面铺装完成后

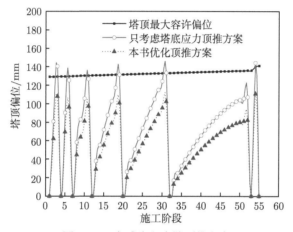

图 2.15　宣威岸主索鞍顶推方案

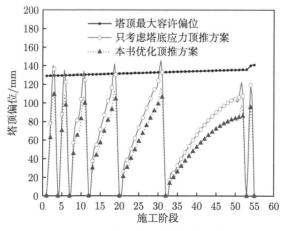

图 2.16　普立岸主索鞍顶推方案

由表 2.7、图 2.15 和图 2.16 分析可知，控制塔顶偏位和塔底应力优化的顶推方案更符合实际主索鞍顶推的要求。分析可知，按塔底拉应力不超过 70% 混凝土轴心抗拉强度控制原则、只考虑塔底应力的顶推方案，在有些施工工况中不满足顶偏位不超过 70% 塔顶最大容许偏位，甚至个别工况出现塔顶偏位超过塔顶最大容许偏位的情况，会造成塔顶偏位过大，因此本书提出的同时考虑塔顶偏位和塔底应力的优化主索鞍顶推方案更具有优越性。

在固结且不顶推、本书优化顶推方案、考虑 P-Δ 效应和不考虑 P-Δ 效应四种工况下分析主塔的塔顶偏位，宣威岸和普立岸的塔顶偏位分别如图 2.17 和图 2.18 所示。

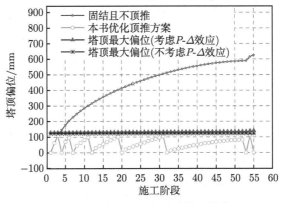

图 2.17　各工况下宣威岸塔顶偏位

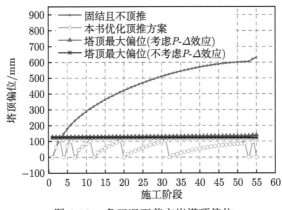

图 2.18　各工况下普立岸塔顶偏位

由图 2.17 和图 2.18 分析可知，在主索鞍固结且不顶推的工况下，随着加劲梁的吊装，中边跨不平衡力越来越大，导致主塔塔顶向中跨方向的偏位越来越大，超过塔顶最大容许偏位时会危及主塔的安全，所以通过人工多次顶推主索鞍以抵消中边跨不平衡缆力来保证主塔的安全；考虑 $P\text{-}\Delta$ 效应，在裸塔状态下通过公式计算塔顶最大位移是 0.129m，此时主塔塔顶容许偏位最小，随着加劲梁的吊装，作用于主塔的竖向分力越来越大，塔顶最大偏位随之增大，二次铺装完成后主塔塔顶最大容许偏位增大到 0.161m，主塔塔顶最大容许偏位增加了 19.9%，不考虑 $P\text{-}\Delta$ 效应和考虑 $P\text{-}\Delta$ 效应分析结果偏差是 4.6%；由于主塔塔顶最大容许偏位随加劲梁的不断吊装而逐渐增大，所以主索鞍的顶推量适当增加，相应减少顶推次数。随着加劲梁的不断吊装，顶推的时间间隔越来越长，中间间隔时间较短。

宣威岸塔底应力变化图如图 2.19 所示，普立岸塔底应力变化图如图 2.20 所示。由图 2.19 和图 2.20 分析可知，在主索鞍固结且不顶推的情况下，主索鞍塔底应力随着施工阶段越来越大，超过混凝土抗拉强度标准值时塔底混凝土开裂，会危及主塔的安全，所以在施工过程中需要人工多次顶推主索鞍来减小塔底的应力，保证主塔塔底拉应力不超限；在本书优化顶推方案下，以塔底最大拉应力不超过 70% 混凝土轴心抗拉强度为控制原则，从图中可以看出塔底应力在整个施工阶段中都小于 70%C50 混凝土抗拉强度标准值，塔底应力满足要求。

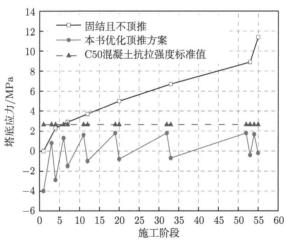

图 2.19　宣威岸塔底应力变化图

综上所述，推导的公式计算结果与有限元法计算结果相差 3.4%，主塔考虑和不考虑 $P\text{-}\Delta$ 效应偏差是 4.6%，主塔塔顶的最大容许偏位随着加劲梁的不断吊装而逐渐增大，增幅可以达到 19.9%，同时可增加主索鞍顶推量和顶推时间间隔，减少顶推次数，从而解决悬索桥主索鞍顶推问题，使主塔受力处于最优状态。

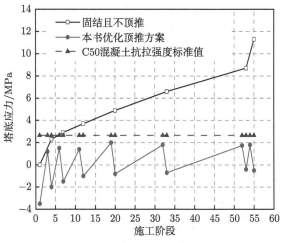

图 2.20　普立岸塔底应力变化图

2.6　本 章 小 结

本章推导了主缆线形基于抛物线理论和悬链线理论的非对称悬索桥静力近似计算公式；分析了结构非对称敏感性参数对锚跨、边跨及中跨主缆有应力索长和无应力索长的影响；研究了非对称悬索桥主索鞍顶推的近似计算方法；基于能量原理，应用瑞利–里茨法推导了主塔塔顶最大容许偏位计算公式。本章得到的具体结论如下。

(1) 结构非对称敏感性参数 ξ 在 0～0.0318 变化，对悬索桥锚跨和边跨的主缆索长和无应力索长基本没有影响，但对中跨有应力索长和无应力索长有较大的影响。

(2) 采用主缆线形为抛物线的近似方法和有限元精确方法，分别计算了非对称悬索桥的主缆有应力索长和无应力索长，其随结构非对称敏感性参数变化是非线性变化的，有指数型发展的趋势。

(3) 通过进一步分析结构非对称敏感性参数与中跨主缆有应力索长和无应力索长的关系，中跨主缆的有应力索长和无应力索长随结构非对称敏感性参数变化呈指数型关系，研究规律可以指导分析非对称悬索桥的中跨主缆有应力索长和无应力索长，为施工计算提供方便。

(4) 在裸塔状态下，基于能量法推导的公式计算出的塔顶最大偏位与有限元法计算结果之间相差 3.4%，说明推导的实用公式计算精度较高，能满足工程上对精度的要求。

(5) 在计算塔顶最大偏位时，考虑和不考虑 $P\text{-}\Delta$ 效应的偏差是 4.6%，偏差很小, 若粗略分析计算塔顶最大容许偏位, 可以忽略 $P\text{-}\Delta$ 效应。

(6) 在裸塔状态下, 塔顶的最大容许偏位是最小的, 随着加劲梁不断吊装, 主塔承受的垂直力越来越大, 导致主塔塔顶的最大容许偏位逐渐增大, 增幅可以达到 19.9%。

(7) 分析优化主索鞍顶推方案可知, 刚开始顶推较密, 由于主塔塔顶最大容许偏位随施工阶段逐渐增大, 每次相应的顶推量可以适当增加, 从而减少顶推的次数, 有利于施工。

参 考 文 献

[1] 梁玉雄. 混凝土自锚式悬索桥线形影响因素分析[D]. 西安: 长安大学, 2012.

[2] 谢丹. 悬索桥不等高索塔对于主缆性态的影响分析[D]. 西安: 长安大学, 2015.

[3] 杨国俊, 郝宪武, 李子青, 等. 基于能量法的悬索桥主索鞍顶推计算方法[J]. 北京工业大学学报, 2016, 42(4): 547-553.

[4] 许汉铮. 大跨径悬索桥施工控制系统研究[D]. 西安: 长安大学, 2005.

[5] 陈军, 霍剑雄. 山区悬索桥主索鞍预偏量计算方法探讨[J]. 黑龙江科技信息, 2010, 13(21): 254.

[6] 齐东春, 王昌将, 沈锐利, 等. 悬索桥施工中鞍座顶推的研究[J]. 中国工程科学, 2010, 12(7): 68-73.

[7] 孙胜江, 姜军. 悬索桥索塔容许偏位及主索鞍顶推分析[J]. 公路, 2007, 52(10): 54-57.

第 3 章　锚碇非对称的悬索桥力学性能分析

3.1　悬索桥隧道式锚碇概述

当悬索桥为地锚式锚碇类型时，受桥址地形限制，很多情况下选择锚碇非对称类型，如图 3.1 所示。在地质条件好的一侧采用隧道式锚碇，在地质条件差的一侧采用重力式锚碇。两种类型锚碇有各自的特点和适用范围，隧道式锚碇与重力式锚碇相比，可以充分利用锚碇区岩体的地质条件，且工程量相对较小。如果锚碇区地质条件好，隧道式锚碇是一种性价比非常高且对围岩环境扰动较小的最佳锚碇方式，简称隧道锚。隧道锚的突出优势体现在避免大规模开挖锚碇区岩体、保护山体自然环境、节约工程造价等方面。在很多情况下，锚碇区围岩的地质条件限制了隧道锚的使用。在设计中，当隧道锚碇区岩体裂隙较少、完整性较好时，可以考虑使用隧道锚。迄今为止，国内外研究大型隧道锚的文献并不是很多，对于隧道锚围岩在前锚室、锚塞体及后锚室开挖过程中和在主缆缆力作用下的变形、应变、荷载传递、破坏模式的分析研究不是很清晰，束缚着大型隧道锚设计和施工方法的进一步发展，限制了隧道锚式悬索桥在公路建设中的广泛使用。因此，隧道锚的作用机理及更精细的数值模拟需要进一步研究。此外，大多数隧道锚研究采用数值模拟的方法，理论分析方法具有一定的参考价值，但是在实际工程中，理论分析和工程实际有一定的差距。隧道锚长期监测试验是认识隧道锚围岩工作性能状态、岩体变形破坏特征并且指导隧道锚稳定性分析和安全施工的基础。

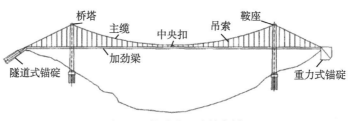

图 3.1　锚碇非对称悬索桥

重力式锚碇是使用最早、最普遍的锚碇类型，且有大量研究此类锚碇的文献，而研究隧道锚的文献较少。本书研究隧道锚长度计算公式，并且以实际工程为背景，验证隧道锚长度计算公式的正确性。使用力学近似计算及数值模拟等研究方法，对隧道锚工作机理、施工阶段锚塞体和围岩的应力及变形进行研究，近似计算锚塞体长度及承载力。研究施工过程中各阶段锚塞体与围岩的变形及应力，分析隧道锚主缆缆力与岩体变形的关系，为工程设计与施工提供理论指导和计算方法；对隧道锚承载力进行深入研究，提出两种计算隧道锚承载力的方法，并且根据工程实例，验证公式的正确性；对隧道锚的动力响应进行研究，并且提出切实可行的减振控制措施。

3.2　隧道式锚碇锚塞体长度计算

目前，隧道锚的锚塞体长度设计计算尚无统一的方法。这是因为从力学角度分析，隧道锚的锚塞体一方面受到附近岩体的约束作用，另一方面受到主缆缆力的作用，岩体破坏形式复杂。设计者最关心的是如何迅速、准确地拟定隧道锚的锚塞体尺寸，这也是隧道锚设计的关键问题之一。虽然目前有大型的计算通用软件和性能优良的计算机，但是由于锚碇区岩体性能的复杂性和差异性，采用数值模拟方法分析计算往往是比较复杂的，因此，研究简便且满足工程精度的隧道锚锚塞体长度估算实用公式，对隧道锚的初步设计是十分必要且有实际意义的。

本节通过力的平衡条件建立锚塞体周围剪应力的分布规律，以最大剪应力为强度控制条件，推导锚塞体长度的近似计算公式，并给出相应参数的合理建议值。

3.2.1　锚塞体长度近似计算公式的推导

研究锚塞体周围剪应力的分布规律是确定锚塞体长度近似计算公式的关键。本小节建立锚塞体长度近似计算公式，并作如下基本假定：

(1) 鉴于锚塞体截面沿其长度的变化很小，为方便计算，假定锚塞体截面为等截面；

(2) 在锚杆拉拔试验的轴力分布变化规律中已考虑初始应力场的影响，应用到隧道锚时，作为近似计算公式，可以不计锚塞体围岩的初始应力场；

(3) 在分析初始应力场时，为了计算简化且偏安全考虑，略去锚塞体的自重作用作为初始应力场的一部分。

取锚塞体一个微段，锚塞体微段受力分析图与沿锚塞体的剪力分布图如图 3.2 所示，岩体剪应力沿锚塞体长度的分布规律可通过水平方向力的平衡推导，如式 (3.1)~ 式 (3.3) 所示：

$$N(x) + \mathrm{d}N - N(x) + \tau(x)U(x) = 0 \tag{3.1}$$

$$N(x) = P/[1 + (x/L_\mathrm{m})^2/C] \tag{3.2}$$

式中，N 为锚塞体的轴力；$\mathrm{d}N$ 为锚塞体微段 $\mathrm{d}x$ 上增加的轴力。由锚杆拉拔试验可知，沿锚塞体分布的剪应力函数为 [1]

$$\tau(x) = \frac{2PL_{\mathrm{m}}^2 x}{U(x)C(L_{\mathrm{m}}^2 + x^2/C)^2} \tag{3.3}$$

式中，P 为大缆缆力；L_{m} 为锚塞体最小长度；$U(x)$ 为 x 处锚塞体截面的周长；C 为经验常数，一般取 0.10~0.12。

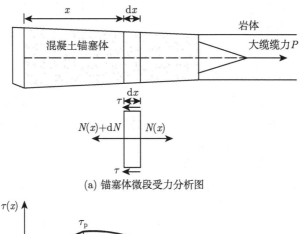

(a) 锚塞体微段受力分析图

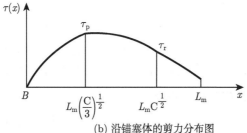

(b) 沿锚塞体的剪力分布图

图 3.2　锚塞体微段受力分析图与沿锚塞体的剪力分布图

由式 (3.3) 可确定如下的剪应力分布特征：

当 $x = 0$ 时，$\tau_B = 0$(零点)，B 为图 3.2 中原点；

当 $x = L_{\mathrm{m}}\sqrt{C/3}$ 时，$\tau_{\mathrm{p}} = \dfrac{3\sqrt{3}P}{8\sqrt{C}U_{\mathrm{p}}L_{\mathrm{m}}}$(峰值点)，$U_{\mathrm{p}}$ 为该处锚塞体截面的周长；

当 $x = L_{\mathrm{m}}\sqrt{C}$ 时，$\tau_{\mathrm{r}} = \dfrac{P}{2U_{\mathrm{r}}L_{\mathrm{m}}\sqrt{C}}$(拐点)，$U_{\mathrm{r}}$ 为该处锚塞体截面的周长。

由图 3.2 可知，极值点出现在 $x = 0.19L_{\mathrm{m}}$ 处，即 C 取 0.11，距后锚面约 1/5 锚塞体长度的位置，拐点出现在 $x = 0.33L_{\mathrm{m}}$ 处。

分析剪应力沿锚塞体的分布规律可知，由于剪应力的分布是非均匀的，存在一个最大剪应力，保证锚塞体在整个施加缆力过程中始终保持安全状态，采用控制最大剪应力准则建立平衡条件，即峰值剪应力乘以一定的安全系数 K 后不超过锚塞体与岩体抗剪强度的推荐值 $[\tau]$：

$$K\tau_{\mathrm{p}} \leqslant [\tau] \tag{3.4}$$

将峰值剪应力 τ_{p} 代入式 (3.4)，可得隧道锚的锚塞体最小长度近似计算公式：

$$L_{\mathrm{m}} \geqslant \frac{3\sqrt{3}PK}{8\sqrt{C}U_{\mathrm{p}}[\tau]} \tag{3.5}$$

3.2.2 工程验证

背景桥为普立大桥，主桥全长 960m，主跨跨径为 628m，主缆设计荷载为 101202kN，采用与水平面呈 23.7° 的角度进入。采用锚碇非对称类型，宣威侧采用重力式锚碇，普立侧采用隧道式锚碇。隧道锚主要有锚塞体、散索鞍支墩基础、前锚室、后锚室等组成部分。隧道锚的锚塞体中轴线与水平面夹角为 42°，轴线总长度为 68m，从垂直山体表面到锚洞底部总深度为 82.3m。后端部两个锚塞体最外边缘总宽为 39.15m，两个锚塞体之间间距为 12.85~21.00m。前锚室长为 30m，锚塞体长为 35m，后锚室轴线长为 3m。为了锚塞体与岩体有更好的黏结效果，并提高抗拔力，锚塞体和前锚室采用倾斜且变截面形式，锚塞体上缘为半圆形，下缘为矩形。大缆合力线间距为 26.0m，锚塞体断面为城门洞形，其前锚面高和宽均为 9.5m，后锚面高和宽均为 13m，隧道锚及锚塞体横断面如图 3.3~图 3.6 所示。

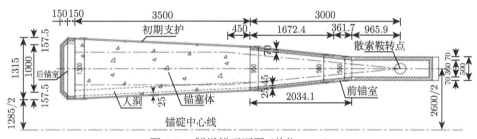

图 3.3　隧道锚平面图 (单位：cm)

在数值模拟分析中，作用于锚塞体的荷载有以下三种。

(1) 锚塞体结构及衬砌混凝土等结构的自重。

(2) 施加于锚塞体的预应力荷载。依据设计资料，每侧锚塞体布置 59 束预应力钢绞线，其中 27 束规格为 13-ϕ15.24mm 的预应力钢绞线，32 束规格为 27-ϕ15.24mm 的预应力钢绞线。将预应力荷载按锚固面的范围转化为面荷载施加在锚塞体的两端，锚塞体前后两端为变截面，前锚面荷载作用面积为 80.566m²，后锚面荷载作用面积为 150.866m²，锚下控制的有效预加应力按 1209MPa(0.65 倍混凝土抗拉强度) 计算，则前锚面的换算面荷载为 2552.5kPa，后锚面的换算面荷载为 1363.1kPa。

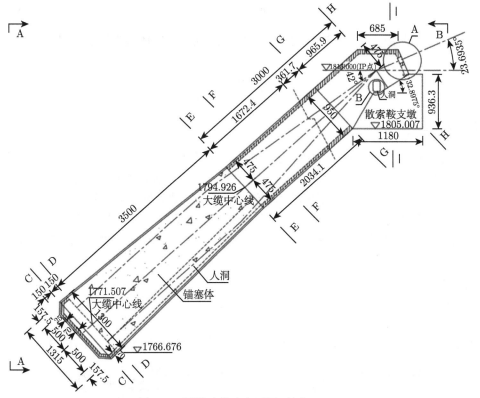

图 3.4　隧道式锚碇立面图 (单位：cm)

A ~ H 为控制截面

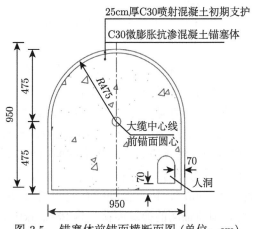

图 3.5　锚塞体前锚面横断面图 (单位：cm)

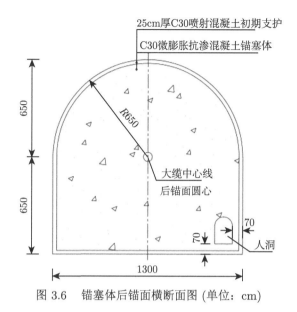

25cm厚C30喷射混凝土初期支护

C30微膨胀抗渗混凝土锚塞体

大缆中心线
后锚面圆心

人洞

图 3.6　锚塞体后锚面横断面图 (单位：cm)

(3) 设计缆力。背景桥的每侧设计缆力为 P=101202kN，实测的缆力值为 80842kN。该桥采用前锚式锚碇，将缆力荷载等效于面荷载施加在前锚面上，等效转化的设计面荷载为 1256.14kPa。

以背景桥为例，采用式 (3.5) 估算最小锚塞体近似长度。

岩体抗剪强度推荐值 $[\tau]$=1780kPa，锚固处主缆的设计缆力为 101202kN，参数 C 为 0.11。由于设计缆力在实际工程中考虑了安全储备这一因素，考虑极限状态下的锚塞体承载力，偏安全的安全系数 K 取值为 10。

按照前锚面的锚塞体截面平均周长 U_{p1}=33.9m 计算，可得

$$L_m \geqslant \frac{3\sqrt{3}PK}{8\sqrt{C}U_p[\tau]} = \frac{3\sqrt{3} \times 101202\text{kN} \times 10}{8\sqrt{0.11} \times 33.9\text{m} \times 1780\text{kPa}} \approx 32.845\text{m}$$

按照后锚面的锚塞体截面平均周长 U_{p2}=46.4 m 计算，可得

$$L_m \geqslant \frac{3\sqrt{3}PK}{8\sqrt{C}U_p[\tau]} = \frac{3\sqrt{3} \times 101202\text{kN} \times 10}{8\sqrt{0.11} \times 46.4\text{m} \times 1780\text{kPa}} \approx 23.996\text{m}$$

考虑大桥现阶段地勘工作存在一定的误差及岩体的复杂性，安全起见，确定背景桥的锚塞体设计长度为 35.0m，前锚室设计长度为 30.0m，后锚室设计长度为 3.0m，经验算锚塞体长度满足最小长度要求。

3.2.3　正方形、圆形及城门洞形截面锚塞体长度计算公式推导

本小节在 3.2.1 小节的基础上，考虑变截面因素，分别推导不同截面形式的锚塞体长度解析解。由 3.2.1 小节可知，在给定截面周长后可以确定锚塞体长度，可以通过前后锚面周长确定其最大、最小长度，U_p 的取值实际可以考虑为锚塞体长度的函数。我国现有隧道锚式悬索桥锚碇截面形式多为城门洞形，下面分别从正方形、圆形及城门洞形截面考虑锚塞体长度。正方形截面的锚塞体长度数学模型图如图 3.7 所示。

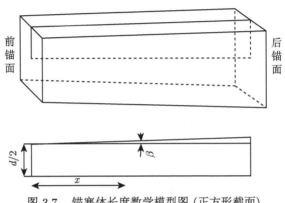

图 3.7　锚塞体长度数学模型图 (正方形截面)

截面周长为

$$U(x) = 8\left(\frac{d}{2} + x\tan\beta\right) \tag{3.6}$$

式中，x 为锚塞体长度；d 为锚塞体前锚面边长；β 为锚塞体侧边扩展角。

由 3.2.1 小节可得

$$\tan\beta x^2 + \frac{d}{2}x \geqslant \frac{3\sqrt{3}PK}{64\sqrt{C}[\tau]} \tag{3.7}$$

一元二次方程解即为锚塞体长度的最小值：

$$L_m = \frac{-d + \sqrt{d^2 + \dfrac{3\sqrt{3}\tan\beta PK}{4\sqrt{C}[\tau]}}}{4\tan\beta} \tag{3.8}$$

圆形截面按照同面积原则，将正方形截面换算为圆形截面：

$$U(x) = 2\pi\left(\sqrt{\frac{d^2}{\pi}} + x\tan\beta\right) \tag{3.9}$$

$$\tan\beta x^2 + \sqrt{\frac{d^2}{\pi}}x \geqslant \frac{3\sqrt{3}PK}{16\pi\sqrt{C}[\tau]} \tag{3.10}$$

解式 (3.10)，得到圆形截面锚塞体最小长度：

$$L_{\mathrm{m}} = \frac{-2d\sqrt{\dfrac{1}{\pi}} + \sqrt{\dfrac{4d\sqrt{C}[\tau] + 3\sqrt{3}\tan\beta PK}{\pi\sqrt{C}[\tau]}}}{4\tan\beta} \tag{3.11}$$

城门洞形截面的前锚面可看作半径为 R 的半圆与边长为 $2R$ 的正方形截面，其锚塞体长度数学模型图如图 3.8 所示。

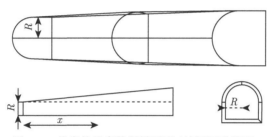

图 3.8　锚塞体长度数学模型图 (城门洞形截面)

按照同面积原则：

$$R = d\sqrt{\frac{2}{\pi + 8}} \tag{3.12}$$

$$U(x) = 4R + 4(R + x\tan\beta) + \pi(R + x\tan\beta) \tag{3.13}$$

整理可得

$$\tan\beta(4 + \pi)x^2 + d\sqrt{2(8 + \pi)}x \geqslant \frac{3\sqrt{3}PK}{8\sqrt{C}[\tau]} \tag{3.14}$$

解式 (3.14)，得到城门洞形截面锚塞体最小长度：

$$L_{\mathrm{m}} = \frac{-d\sqrt{2(8 + \pi)} + \sqrt{2d^2(8 + \pi) + \dfrac{3\sqrt{3}(4 + \pi)\tan\beta PK}{2\sqrt{C}[\tau]}}}{2\tan\beta(4 + \pi)} \tag{3.15}$$

3.2.4　锚塞体长度计算公式验证

以湖北四渡河大桥、重庆鹅公岩大桥、云南普立大桥三座代表桥梁对长度计算公式进行验证。在前锚面面积一定的情况下，根据式 (3.11) 和式 (3.15) 分别计算三座桥梁不同截面形式下锚塞体最小长度，不同截面形式下锚塞体最小长度如

图 3.9 所示，城门洞形截面锚塞体在满足峰值剪应力条件下所需要的长度是最小的。因此，城门洞形截面相较于其他截面承载能力更强，这与实际工程情况更为符合。由前文可知，隧道锚承载能力一大部分来源于锚碇围岩界面摩阻力，当截面面积一定时，截面周长越长，同一微段锚碇围岩接触面面积越大，提供的界面摩阻力也越大，因此整体达到所需承载力的长度也就越小。

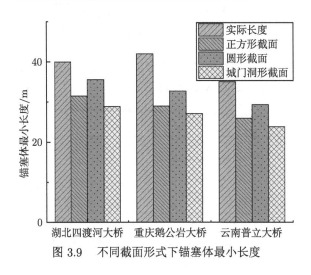

图 3.9   不同截面形式下锚塞体最小长度

3.3   隧道式锚碇应力和位移分析

3.3.1   FLAC3D 计算模型

根据地质勘察资料，对工程地质特性进行分类整理，建立数值模型。采用有限差分软件 FLAC3D 对岩体及锚塞体进行数值分析。FLAC3D 软件提供了 12 种岩体本构关系，其中 null 模型用于岩体的开挖；3 种弹性本构模型，包括各向同性弹性模型、横观各向同性弹性模型及正交各向同性弹性模型；9 个塑性本构模型，包括德鲁克–普拉格模型、莫尔–库仑塑性模型、双线性应变硬化模型、软化遍布节理模型、应变硬化模型、应变软化模型、遍布节理模型、修正剑桥模型和霍克–布朗模型。FLAC3D 中的本构模型如表 3.1 所示，数值分析中岩体采用莫尔–库仑塑性模型。

依据设计资料，建立的数值模型为：锚塞体长度 35m，前锚室长 30m，散索鞍支墩距前锚面的距离为 20.341m，均采用变截面形式，主缆中心索股与水平线的夹角为 42°，锚塞体断面采用变截面形式。普立侧指向宣威侧方向规定为 X 轴正向，即 X 轴为顺桥向；竖直方向规定为 Z 轴，向上为正；Y 轴与 X、Z 轴构成右手坐标系，即 Y 轴为横桥向方向。

表 3.1 FLAC3D 中的本构模型

本构模型	代表性材料	可能应用范畴
开挖模型 (null 模型)	空区	洞穴、开挖及回填模拟
各向同性弹性模型	均质、各向同性、连续介质线性应力应变关系	制造材料 (如钢)、加载低于极限强度、安全系数计算
正交各向同性弹性模型	具有 3 个相互正交轴方向上弹性介质	加载低于极限强度
横观各向同性弹性模型	显现为各向异性弹性薄层	加载低于极限强度
德鲁克–普拉格模型	叠合结构材料 限制应用的材料：具有低摩擦角的软土介质	同隐式有限元程序通用的模型
莫尔–库仑塑性模型	松散和黏结的颗粒材料：土质、岩石和混凝土	一般岩土力学 (如边坡稳定性和地下开挖)
应变硬化模型/应变软化模型	应变硬化或软化的非线性颗粒介质	研究峰后破坏特性 (如渐进坍落、矿柱屈服、冒落)
遍布节理模型	显现为强度各向异性的薄层叠合结构材料	在密集层理地层中的开挖
双线性应变硬化模型/软化遍布节理模型	表现为非线性硬化或软化的层状材料	研究层状材料的峰后破坏特性
修正剑桥模型	变形和剪切强度是体积变量函数的材料	土体介质中的岩土结构

3.3.2 初始应力场

岩体的初始应力主要是岩体自身重力和地质构造运动产生的。本书将岩体看作弹塑性理想材料，只考虑自重应力产生的初始应力。常用的建立初始应力场的方法有应力函数法和 FLAC3D 中的分析方法。

1. 应力函数法

应力函数法的基本思想是基于力法的基本原理，依据实测点应力建立实际模型的应力场，基本思路如下：

(1) 一般情况下，选取 ϕ_1、ϕ_2、ϕ_3 3 个应力函数；

(2) 用应力函数表达 6 个应力分量；

(3) 用回归的方法分析实测点应力，并得到相应的回归系数；

(4) 作为初始条件，建模输入并应用于整个计算模型。

应力函数法需要建立的方程如下。

微分方程：

$$\begin{cases} \dfrac{\partial \sigma_x}{\partial x} + \dfrac{\partial \tau_{xy}}{\partial y} + \dfrac{\partial \tau_{xy}}{\partial z} = 0 \\ \dfrac{\partial \tau_{xy}}{\partial x} + \dfrac{\partial \sigma_y}{\partial y} + \dfrac{\partial \tau_{ys}}{\partial z} = 0 \\ \dfrac{\partial \tau_{sx}}{\partial x} + \dfrac{\partial \tau_{sy}}{\partial y} + \dfrac{\partial \sigma_s}{\partial z} - \rho g = 0 \end{cases} \quad (3.16)$$

式中，ρ 为围岩的密度；g 为重力加速度。

协调方程：

$$\begin{cases} (1+\mu)\nabla^2\sigma_x + \dfrac{\partial^2\Theta}{\partial x^2} = 0 \\[2mm] (1+\mu)\nabla^2\sigma_y + \dfrac{\partial^2\Theta}{\partial y^2} = 0 \\[2mm] (1+\mu)\nabla^2\sigma_s + \dfrac{\partial^2\Theta}{\partial z^2} = 0 \\[2mm] (1+\mu)\nabla^2\tau_{xy} + \dfrac{\partial^2\Theta}{\partial x\partial y} = 0 \\[2mm] (1+\mu)\nabla^2\tau_{ys} + \dfrac{\partial^2\Theta}{\partial y\partial s} = 0 \\[2mm] (1+\mu)\nabla^2\tau_{sx} + \dfrac{\partial^2\Theta}{\partial s\partial x} = 0 \end{cases} \tag{3.17}$$

式中，μ 为泊松比；

Θ 为第一应力不变量，有

$$\Theta = \sigma_x + \sigma_y + \sigma_z \tag{3.18}$$

∇^2 为拉普拉斯算子，有

$$\nabla^2 = \frac{\partial^2}{\partial x^2} + \frac{\partial^2}{\partial y^2} + \frac{\partial^2}{\partial z^2} \tag{3.19}$$

由式 (3-16) 可知，该方程组是线性非齐次微分方程组，得到的通解有两部分，包含非齐次方程的特解和齐次微分方程的通解，同时方程组的特解有多组：

$$\begin{cases} \sigma_x = \sigma_y = \sigma_s = \tau_{xy} = \tau_{ys} = 0 \\ \tau_{sx} = \rho g h \end{cases} \tag{3.20}$$

为求解齐次微分方程组的通解，引入应力函数 $\phi_1(x,y,z)$、$\phi_2(x,y,z)$、$\phi_3(x,y,z)$，若应力函数为坐标的四次多项式，应力则为坐标的二次式，可以满足拟合现场实测地应力变化的需要。

实际工程表明，应力函数的高次项才有实用价值，一次及以下项对应力计算无意义，因此可以假定设应力函数的表达式为

$$\begin{aligned} \phi_1 =&\, a_1x^2 + a_2y^2 + a_3z^2 + a_4xy + a_5yz + a_6zx + a_7x^3 + a_8y^3 + a_9z^3 + a_{10}xyz \\ &+ a_{11}x^2y + a_{12}x^2z + a_{13}xy^2 + a_{14}y^2z + a_{15}z^2x + a_{16}yz^2 + a_{17}x^4 + a_{18}y^4 \\ &+ a_{19}z^4 + a_{20}xy^3 + a_{21}xz^3 + a_{22}x^3y + a_{23}yz^3 + a_{24}x^3z + a_{25}y^3z + a_{26}x^2y^2 \end{aligned}$$

$$+ a_{27}x^2z^2 + a_{28}y^2z^2 + a_{29}x^2yz + a_{30}y^2xz + a_{31}z^2xy \tag{3.21}$$

$$
\begin{aligned}
\phi_2 =& b_1x^2 + b_2y^2 + b_3z^2 + b_4xy + b_5yz + b_6zx + b_7x^3 + b_8y^3 + b_9z^3 + b_{10}xyz \\
&+ b_{11}x^2y + b_{12}x^2z + b_{13}xy^2 + b_{14}y^2z + b_{15}z^2x + b_{16}yz^2 + b_{17}x^4 + b_{18}y^4 \\
&+ b_{19}z^4 + b_{20}xy^3 + b_{21}xz^3 + b_{22}x^3y + b_{23}yz^3 + b_{24}x^3z + b_{25}y^3z + b_{26}x^2y^2 \\
&+ b_{27}x^2z^2 + b_{28}y^2z^2 + b_{29}x^2yz + b_{30}y^2xz + b_{31}z^2xy
\end{aligned}
\tag{3.22}
$$

$$
\begin{aligned}
\phi_3 =& c_1x^2 + c_2y^2 + c_3z^2 + c_4xy + c_5yz + c_6zx + c_7x^3 + c_8y^3 + c_9z^3 + c_{10}xyz \\
&+ c_{11}x^2y + c_{12}x^2z + c_{13}xy^2 + c_{14}y^2z + c_{15}z^2x + c_{16}yz^2 + c_{17}x^4 + c_{18}y^4 \\
&+ c_{19}z^4 + c_{20}xy^3 + c_{21}xz^3 + c_{22}x^3y + c_{23}yz^3 + c_{24}x^3z + c_{25}y^3z + c_{26}x^2y^2 \\
&+ c_{27}x^2z^2 + c_{28}y^2z^2 + c_{29}x^2yz + c_{30}y^2xz + c_{31}z^2xy
\end{aligned}
\tag{3.23}
$$

式中，$a_1 \sim a_{31}$ 为应力函数 ϕ_1 的待定常数；$b_1 \sim b_{31}$ 为应力函数 ϕ_2 的待定常数；$c_1 \sim c_{31}$ 为应力函数 ϕ_3 的待定常数。应力分量的应力函数表达为

$$
\begin{cases}
\sigma_x = \dfrac{\partial^2 \phi_3}{\partial y^2} + \dfrac{\partial^2 \phi_2}{\partial z^2} \\[2mm]
\sigma_y = \dfrac{\partial^2 \phi_1}{\partial z^2} + \dfrac{\partial^2 \phi_3}{\partial x^2} \\[2mm]
\sigma_s = \dfrac{\partial^2 \phi_2}{\partial x^2} + \dfrac{\partial^2 \phi_1}{\partial y^2} \\[2mm]
\tau_{xy} = -\dfrac{\partial^2 \phi_3}{\partial x \partial y} \\[2mm]
\tau_{ys} = -\dfrac{\partial^2 \phi_1}{\partial y \partial z} \\[2mm]
\tau_{sx} = -\dfrac{\partial^2 \phi_2}{\partial z \partial x}
\end{cases}
\tag{3.24}
$$

将式 (3.21)~式 (3.23) 代入式 (3.24) 可得

$$\sigma_x = \alpha_1 + \alpha_2x + \alpha_3y + \alpha_4z + \alpha_5x^2 + \alpha_6y^2 + \alpha_7z^2 + \alpha_8xy + \alpha_9yz + \alpha_{10}zx \tag{3.25}$$

$$\sigma_y = \alpha_1' + \alpha_2'x + \alpha_3'y + \alpha_4'z + \alpha_5'x^2 + \alpha_6'y^2 + \alpha_7'z^2 + \alpha_8'xy + \alpha_9'yz + \alpha_{10}'zx \tag{3.26}$$

$$\sigma_s = \alpha_1'' + \alpha_2''x + \alpha_3''y + \alpha_4''z + \alpha_5''x^2 + \alpha_6''y^2 + \alpha_7''z^2 + \alpha_8''xy + \alpha_9''yz + \alpha_{10}''zx \tag{3.27}$$

$$\tau_{xy} = -(\beta_1 + \beta_2x + \beta_3y + \beta_4z + \beta_5x^2 + \beta_6y^2 + \beta_7z^2 + \beta_8xy + \beta_9yz + \beta_{10}zx) \tag{3.28}$$

$$\tau_{ys} = -(\beta_1' + \beta_2'x + \beta_3'y + \beta_4'z + \beta_5'x^2 + \beta_6'y^2 + \beta_7'z^2 + \beta_8'xy + \beta_9'yz + \beta_{10}'zx) \quad (3.29)$$

$$\tau_{sx} = -(\beta_1'' + \beta_2''x + \beta_3''y + \beta_4''z + \beta_5''x^2 + \beta_6''y^2 + \beta_7''z^2 + \beta_8''xy + \beta_9''yz + \beta_{10}''zx) \quad (3.30)$$

式 (3.25) 系数矩阵为

$$
\begin{bmatrix}
\alpha_1 = 2(c_2 + b_3) & \alpha_2 = 2(c_{13} + b_{15}) & \alpha_3 = 2(3c_8 + b_{16}) \\
\alpha_4 = 2(c_{14} + 3b_9) & \alpha_5 = 2(c_{26} + b_{27}) & \alpha_6 = 2(6c_{18} + b_{28}) \\
\alpha_7 = 2(c_{28} + 6b_{19}) & \alpha_8 = 2(3c_{20} + b_{31}) & \alpha_9 = 2(3c_{25} + 3b_{23}) \\
\alpha_{10} = 2(c_{30} + 3b_{21})
\end{bmatrix}
\quad (3.31)
$$

式 (3.26) 系数矩阵为

$$
\begin{bmatrix}
\alpha_1' = 2(a_3 + c_1) & \alpha_2' = 2(a_{15} + 3c_{17}) & \alpha_3' = 2(a_{16} + c_{11}) \\
\alpha_4' = 2(3a_9 + c_{12}) & \alpha_5' = 2(a_{27} + 6c_{17}) & \alpha_6' = 2(a_{28} + c_{26}) \\
\alpha_7' = 2(6a_{19} + c_{27}) & \alpha_8' = 2(a_{31} + 3c_{22}) & \alpha_9' = 2(3a_{23} + c_{29}) \\
\alpha_{10}' = 2(3a_{21} + 3c_{24})
\end{bmatrix}
\quad (3.32)
$$

式 (3.27) 系数矩阵为

$$
\begin{bmatrix}
\alpha_1'' = 2(a_2 + b_1) & \alpha_2'' = 2(a_{13} + 3b_7) & \alpha_3'' = 2(3a_8 + b_{11}) \\
\alpha_4'' = 2(a_{14} + b_{12}) & \alpha_5'' = 2(a_{26} + 6b_{17}) & \alpha_6'' = 2(6a_{18} + b_{26}) \\
\alpha_7'' = 2(a_{28} + b_{27}) & \alpha_8'' = 2(3a_{20} + 3b_{22}) & \alpha_9'' = 2(3a_{25} + b_{29}) \\
\alpha_{10}'' = 2(a_{30} + 3b_{24})
\end{bmatrix}
\quad (3.33)
$$

式 (3.28) 系数为

$$
\begin{bmatrix}
\beta_1 = c_4 & \beta_2 = 2c_{11} & \beta_3 = 2c_{13} \\
\beta_4 = 2c_{10} & \beta_5 = 3c_{22} & \beta_6 = 3c_{20} \\
\beta_7 = c_{31} & \beta_8 = 4c_{26} & \beta_9 = 2c_{30} \\
\beta_{10} = 2c_{29}
\end{bmatrix}
\quad (3.34)
$$

式 (3.29) 系数为

$$
\begin{bmatrix}
\beta_1' = a_5 & \beta_2' = a_{10} & \beta_3' = 2a_{24} \\
\beta_4' = 2a_{16} & \beta_5' = a_{29} & \beta_6' = 3c_{25} \\
\beta_7' = 3a_{23} & \beta_8' = 2a_{30} & \beta_9' = 4a_{28} \\
\beta_{10}' = 2a_{31}
\end{bmatrix}
\quad (3.35)
$$

式 (3.30) 系数为

$$
\begin{bmatrix}
\beta_1'' = b_6 & \beta_2'' = 2b_{12} & \beta_3'' = b_{10} \\
\beta_4'' = 2b_{15} & \beta_5'' = 3b_{24} & \beta_6'' = b_{30} \\
\beta_7'' = 3b_{21} & \beta_8'' = 2b_{29} & \beta_9'' = 2b_{31} \\
\beta_{10}'' = 4b_{27}
\end{bmatrix}
\tag{3.36}
$$

联立式 (3.25)~式 (3.30)，将结果代入协调方程 [式 (3.17)]，这样式 (3.25)~式 (3.30) 中的 6 个未知多项式系数可以消去。α、α'、α'' 如果作为单一未知系数，则剔除相关的系数 (如 $\alpha_2 = \beta_3 + \beta_4''$) 后，可得到独立的未知系数共 42 个，联立方程组可求得结果。

接下来进行回归分析，分析的样本点包括两部分，现场采集的实测点应力和自由表面边界点的应力，假设自由表面边界点处的方向余弦分别为 (l,m,n)，则其切向应力和法向应力都应为 0，即

$$
\begin{cases}
X_{\mathrm{s}} = \sigma_x l + \tau_{xy} m + \tau_{xs} n = 0 \\
Y_{\mathrm{s}} = \tau_{yx} l + \sigma_y m + \tau_{ys} n = 0 \\
Z_{\mathrm{s}} = \tau_{sx} l + \tau_{ys} m + \sigma_s n = 0
\end{cases}
\tag{3.37}
$$

式中，X_{s}、Y_{s} 和 Z_{s} 分别为实测点在 x、y 和 z 方向的应力。将式 (3.25)~ 式 (3.30) 代入式 (3.37) 可得表达式为多项式形式。

每一点的应力已用 6 个分量表述，自由表面上点的应力需满足式 (3.37)，则任意测点处的回归方程广义表达式可为

$$
\sum_{k=1}^{n} \beta_{ki} f_k(x_i, y_i, z_i) = \sigma_i
\tag{3.38}
$$

式中，β_{ki} 为回归方程的独立未知系数 $(k = 1, 2, \cdots, n)$，$n=42$；$f_k(x_i, y_i, z_i)$ 为测点坐标的函数 $(k = 1, 2, \cdots, n)$；(x_i, y_i, z_i) 为测点坐标；σ_i 为实测的测点应力 (自由表面上为 0)$(i = 1, 2, \cdots, m$，$m = 6 \times j + 3 \times p$，$j$ 为测点数，p 为自由表面上点数)。

2. FLAC3D 分析法

有限差分软件 FLAC3D 中生成岩体初始应力场的方法很多，最常用、最普遍的主要有弹性求解法、改变参数的弹塑性求解法和分阶段弹塑性求解法。

由于隧道式锚碇区无法获得有效的实测应力资料，无法采用应力函数法建立初始应力场，本书后续开挖、回填等计算时采用的是莫尔-库仑模型。以云南普立

大桥为背景工程，采用 FLAC3D 软件提供的第三种分阶段弹塑性求解法求解岩体的初始应力场。分阶段弹塑性求解法直接采用 Slove elastic 命令来进行弹塑性模型的初始地应力场求解。

在 FLAC3D 中激活山体的全部单元，分析受自重影响的自重应力场，同时在分析时清空位移场。初始应力场的位移云图和应力云图如图 3.10~ 图 3.15 所示。在自重作用下，岩体的竖向最大位移发生在岩体最顶部，竖向最大位移约为

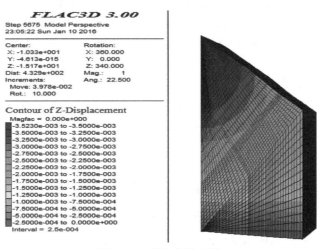

图 3.10　竖向位移云图

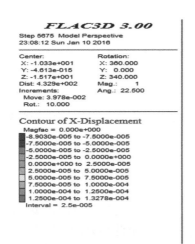

图 3.11　顺桥向位移云图

3.5mm，顺桥向最大位移约为 0.13mm。应力以压应力为主，竖向最大压应力发生在岩体最底部，竖向最大压应力约为 3.5MPa，顺桥向最大压应力约为 1.7MPa，最大第一主应力约为 1.6MPa，最大第三主应力约为 3.5MPa。从应力云图可以看出，整个锚碇区的围岩处在低应力场中，普立大桥锚碇区的初始应力层状呈现，随着岩体深度的增加围岩应力不断增大。

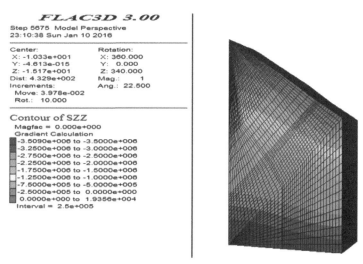

图 3.12　竖向应力云图

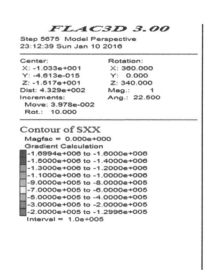

图 3.13　顺桥向应力云图

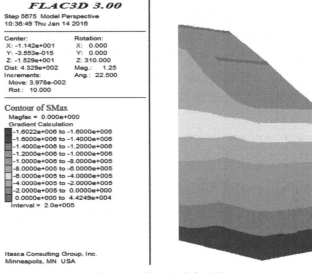

图 3.14　第一主应力云图

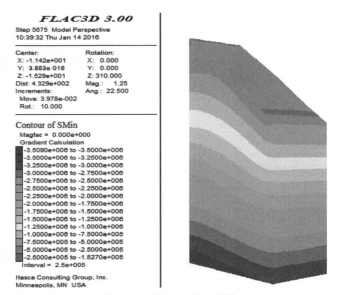

图 3.15　第三主应力云图

3.3.3　开挖分析

1. 前锚室岩体的开挖

前锚室岩体开挖后竖向位移和顺桥向位移云图分别如图 3.16 和图 3.17 所示。从图中可以看出，锚塞体围岩整体变形比较小，前锚室岩体开挖后锚洞周围岩体拱顶有下沉的趋势，下沉的变形量级为毫米级，顺桥向的位移很小，最大变形约为 0.14mm，竖向的最大位移为 3.5mm 左右。从图 3.18 和图 3.19 可以看出，前锚室岩体开挖后，前锚室周边岩体的应力状态发生了比较明显的变化，开挖区附近的岩体不同程度地出现了拉应力，不过拉应力很小，开挖区周围岩体出现的最大竖向拉应力约为 0.06MPa，顺桥向出现的最大拉应力约为 0.15MPa，其他区域围岩基本呈低压应力状态。

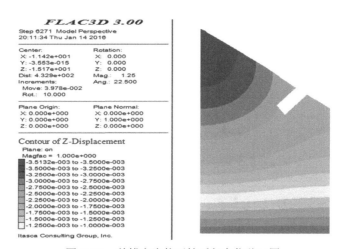

图 3.16   前锚室岩体开挖后竖向位移云图

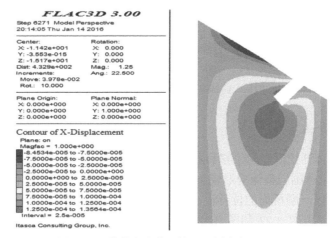

图 3.17   前锚室岩体开挖后顺桥向位移云图

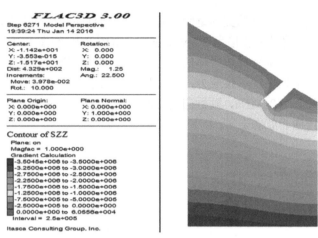

图 3.18　前锚室岩体开挖后竖向应力云图

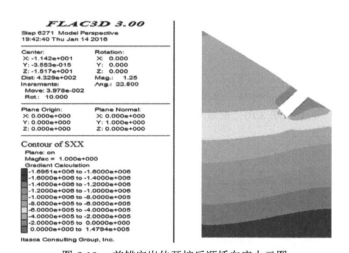

图 3.19　前锚室岩体开挖后顺桥向应力云图

2. 锚塞体岩体开挖

锚塞体岩体开挖后竖向位移和顺桥向位移云图分别如图 3.20 和图 3.21 所示。由图可知，锚塞体围岩整体变形较小，锚塞体开挖后锚洞拱顶岩体有沉降迹象，沉降量级为毫米级，顺桥向的位移很小，最大位移约为 0.18mm，竖向最大变形为 3.47mm 左右。由图 3.22 和图 3.23 可知，前锚室岩体开挖后，前锚室周边岩体的应力状态出现了较大的变化，从应力云图看出开挖区附近的岩体出现了拉应力，不过拉应力很小，开挖区围岩出现的最大竖向拉应力约为 0.03MPa，顺桥向出现的最大拉应力约为 0.05MPa，其他区域围岩基本呈低压应力状态。

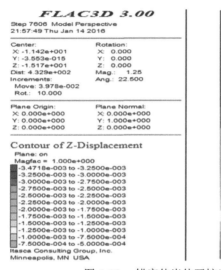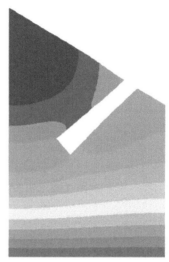

图 3.20　锚塞体岩体开挖后竖向位移云图

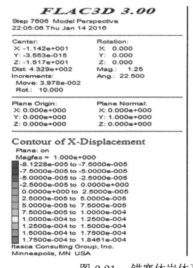

图 3.21　锚塞体岩体开挖后顺桥向位移云图

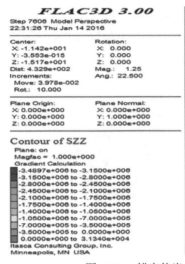

图 3.22　锚塞体岩体开挖后竖向应力云图

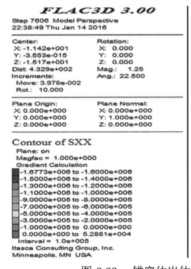

图 3.23　锚塞体岩体开挖后顺桥向应力云图

3. 后锚室岩体开挖

后锚室沿轴线长度为 3m，后锚室岩体开挖后竖向位移和顺桥向位移云图分别如图 3.24 和图 3.25 所示。从图中可以看出，后锚室围岩整体变形不大，后锚室岩体开挖后洞周围岩拱顶有沉降的趋势，但沉降的变形很小，顺桥向的最大位移约为 0.18mm，竖向的最大位移约为 3.47mm。从图 3.26 和图 3.27 中可以看出，后锚室岩体开挖后，周边岩体的应力状态变化较为明显，开挖区附近的岩体不同程度地出现了拉应力，且拉应力很小，开挖区围岩出现的最大竖向拉应力约为 0.03MPa，顺桥向出现的最大拉应力约为 0.05MPa，其他区域围岩压应力在一个很低的水平。

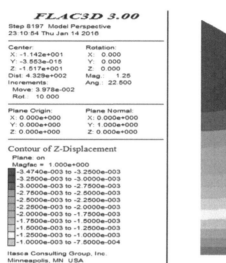
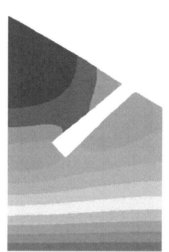

图 3.24　后锚室岩体开挖后竖向位移云图

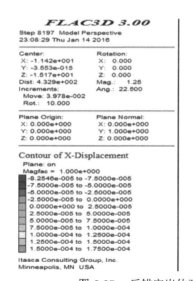

图 3.25　后锚室岩体开挖后顺桥向位移云图

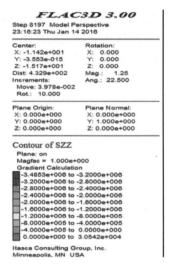

图 3.26　后锚室岩体开挖后竖向应力云图

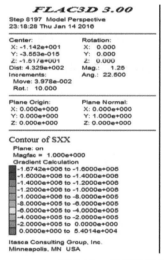

图 3.27　后锚室岩体开挖后顺桥向应力云图

3.3.4　锚塞体浇筑分析

锚塞体回填后，从图 3.28 和图 3.29 可得，由于锚塞体混凝土本身自重的作用，锚洞顶部围岩出现下沉变形的迹象，下沉最大位移为 1mm 左右。锚塞体混凝土回填对顺桥向和横桥向位移影响可以忽略不计，因此锚塞体混凝土回填对周边岩体的位移变形影响不是很大。

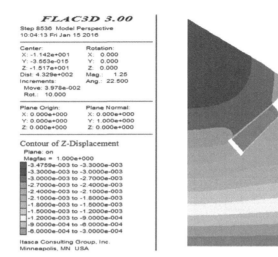

图 3.28　锚塞体回填后竖向位移云图

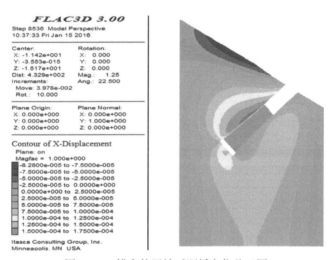

图 3.29　锚塞体回填后顺桥向位移云图

如图 3.30 和图 3.31 所示，锚塞体回填后周围岩体竖向和顺桥向的应力基本呈低压应力状态，锚塞体顶部不同程度出现拉应力，不过拉应力较小，竖向最大拉应力只有约 0.2MPa，顺桥向最大拉应力只有约 0.08MPa，竖向最大拉应力主要出现在锚塞体后锚面附近，隧道锚碇周边岩体竖向压应力为 0.6~3.5MPa，隧道锚碇周边岩体顺桥向压应力为 0.2~1.7MPa。

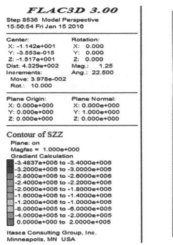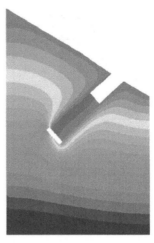

图 3.30　锚塞体回填后竖向应力云图

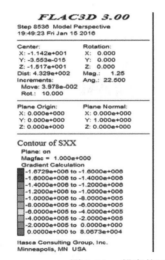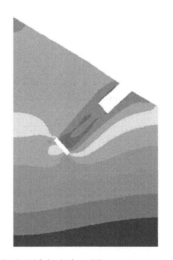

图 3.31　锚塞体回填后顺桥向应力云图

3.3.5　锚塞体施加预应力分析

在锚塞体内布置预应力钢束的目的是增加其混凝土的总体刚度和抗拉强度。为方便计算，将锚塞体上的钢束预应力荷载转换成面荷载，施加于锚塞体前锚面，锚塞体施加预应力后岩体竖向和顺桥向的位移云图分别如图 3.32 和图 3.33 所示。锚塞体顺桥向位移显著增大，背向桥跨方向，锚塞体混凝土回填后自身顺桥向的位移几乎为 0，施加预应力后锚塞体顺桥向最大位移为 0.8mm；锚塞体混凝土回填后自身竖向的位移几乎为 0，施加预应力后锚塞体竖向最大位移为 3.99mm，变形最大发生在锚塞体前锚面处，锚塞体竖向位移增长速率大于顺桥向位移增长速率，横桥向位移基本无变化。

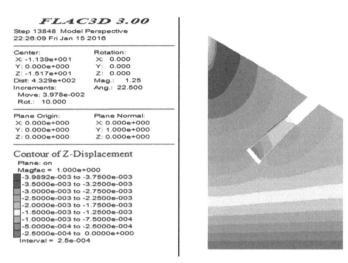

图 3.32　锚塞体施加预应力后岩体竖向位移云图

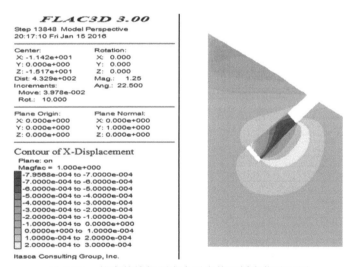

图 3.33　锚塞体施加预应力后岩体顺桥向位移云图

锚塞体施加预应力后，岩体竖向和顺桥向的应力云图分别如图 3.34 和图 3.35 所示。施加预应力后，锚塞体锚面上不同程度地出现应力集中现象，最大竖向压应力约为 3.4MPa，锚塞体和岩体之间的接触面上产生拉应力，但拉应力并不大，最大拉应力在 0.5MPa 左右；顺桥向岩体最大压应约力约为 2.9MPa。

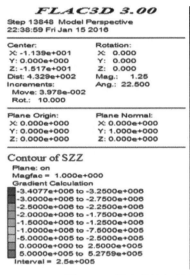

图 3.34　锚塞体施加预应力后岩体竖向应力云图

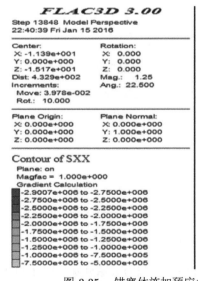

图 3.35　锚塞体施加预应力后岩体顺桥向应力云图

3.3.6　接触面分析

如图 3.36 所示，相互接触的两个物体，根据作用和反作用原理，对于接触面上的点，相互作用力 F^A 和 F^B 始终有如下关系：

$$F^A = F^B \tag{3.39}$$

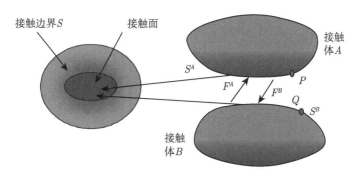

图 3.36　相互接触的两个物体

依据法向接触不可贯入性的条件，设 g 为 P 点与 Q 点间的距离 (P、Q 分别为边界 S^A 和 S^B 上的点)，则应满足：

$$g \geqslant 0 \tag{3.40}$$

当忽略接触面的黏附作用时，法向接触力只可能为压力：

$$F^A = -F^B \geqslant 0 \tag{3.41}$$

当忽略摩擦的情况时，

$$F_t^A = 0 \tag{3.42}$$

当需计入摩擦的情况，工程分析中应用最为广泛的是莫尔–库仑模型，此模型认为切向接触力小于等于它的极限值 μF_n^A：

$$F_t^A \leqslant \mu F_n^A \tag{3.43}$$

式中，F_t^A 为切向接触力；F_n^A 为法向接触力。

当相互接触的两物体之间的接触面处于弹性阶段，$t + \Delta t$ 时刻接触面的法向力及切向力通过式 (3.44) 和式 (3.45) 得到：

$$F_{\mathrm{n}}^{(t+\Delta t)} = K_{\mathrm{n}} u_{\mathrm{n}} A + \sigma_{\mathrm{n}} A \tag{3.44}$$

$$F_{\mathrm{si}}^{(t+\Delta t)} = F_{\mathrm{si}}^{(t)} + K_{\mathrm{s}} \Delta u_{\mathrm{si}}^{(t+0.5\Delta t)} A + \sigma_{\mathrm{si}} A \tag{3.45}$$

式中，$F_{\mathrm{n}}^{(t+\Delta t)}$ 为 $t + \Delta t$ 时刻的法向力矢量；$F_{\mathrm{si}}^{(t+\Delta t)}$ 为 $t + \Delta t$ 时刻的切向力矢量；u_{n} 为接触面节点贯入到目标面的绝对位移；Δu_{si} 为相对剪切位移增量矢量；σ_{n} 为岩体接触面应力初始化引起的附加法向应力；σ_{si} 为岩体接触面应力初始化引起的附加切向应力；K_{s} 为接触面单元的切向刚度；K_{n} 为接触面单元的法向刚度；A 为接触面节点代表面积。

接触面单元原理如图 3.37 所示，依据莫尔-库仑抗剪切强度准则，可以得到接触面发生相对滑动时所需要的切向力 $F_{\mathrm{s_{max}}}$ 为

$$F_{\mathrm{s_{max}}} = c_{\mathrm{if}} A + \tan \varphi_{\mathrm{if}} (F_{\mathrm{n}} - uA) \tag{3.46}$$

式中，c_{if} 为接触面的黏结力；φ_{if} 为接触面的摩擦角；u 为孔压。

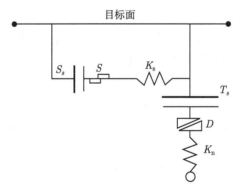

图 3.37　接触面单元原理示意图

S_s-抗剪强度；S-滑块；T_s-抗拉强度；D-膨胀角

当接触面上的切向力小于最大切向力 $(|F_{\mathrm{s}}| < F_{\mathrm{s_{max}}})$ 时，接触面处于弹性阶段；当接触面上的切向力等于最大切向力 $(|F_{\mathrm{s}}| = F_{\mathrm{s_{max}}})$ 时，接触面进入塑性阶段。在滑动过程中，剪切力保持不变 $(|F_{\mathrm{s}}| = F_{\mathrm{s_{max}}})$，但剪切位移会导致有效法向应力增加。

$$\sigma_{\mathrm{n}}' = \sigma_{\mathrm{n}} + \frac{|F_{\mathrm{s}}|_{\mathrm{o}} - F_{\mathrm{s_{max}}}}{AK_{\mathrm{s}}} \tan \varphi K_{\mathrm{n}} \tag{3.47}$$

式中，φ 为接触面的摩擦角；$|F_{\mathrm{s}}|_{\mathrm{o}}$ 为修正前的剪力大小。

采用数值模拟的方法建立数值模型，普立大桥的锚塞体模型和锚塞体与围岩的接触面模型分别如图 3.38 和图 3.39 所示。

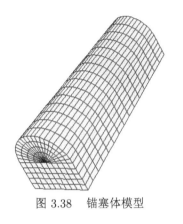 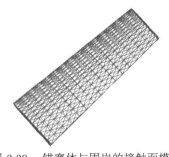

图 3.38　锚塞体模型　　　　　　　　图 3.39　锚塞体与围岩的接触面模型

为了分析施加缆力后锚塞体与岩体接触面上位移和应力的变化情况，提取接触界面上的相对法向位移、相对剪切位移、相对法向应力和相对剪切应力。锚塞体与围岩接触界面上的相对法向位移和相对剪切位移云图分别如图 3.40 和图 3.41 所示，由图可知，锚塞体表面有不同程度的相对法向位移，尤其锚塞体拱顶表面的位移很明显。最大相对法向位移出现在锚塞体前锚面拱顶处，最大相对法向位移约为 0.72mm，这是因为缆力以面力的形式施加在前锚面上，且缆力方向与水平面有

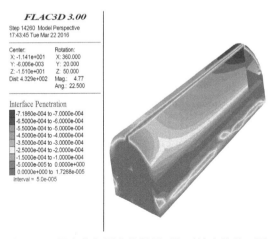

图 3.40　锚塞体与围岩接触界面相对法向位移云图

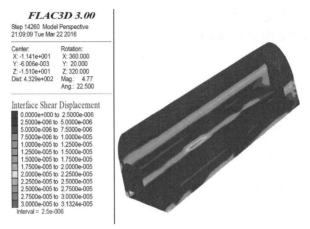

图 3.41　锚塞体与围岩接触界面相对剪切位移云图

42° 的夹角，锚塞体前端拱顶处位移最大。锚塞体与围岩接触界面上的相对剪切位移沿表面分布不均匀，且相对剪切位移很小，锚塞体两侧面相对剪切位移比较大，最大相对剪切位移约为 0.03mm。

锚塞体与围岩接触界面上的相对法向应力和相对剪切应力云图分别如图 3.42 和图 3.43 所示。由图可知，接触界面上的相对法向应力沿锚塞体表面分布不均，锚塞体底面相对法向应力最大，最大相对法向应力约为 2.1MPa。锚塞体与围岩接触界面上的相对剪切应力沿锚塞体不均匀分布，锚塞体侧面和底面相对剪切应力较大。

图 3.42　锚塞体与围岩接触界面相对法向应力云图

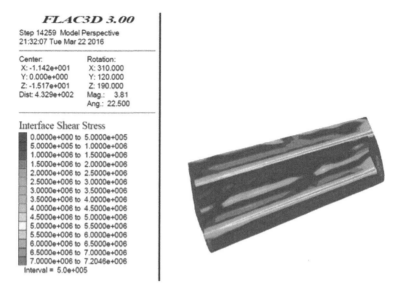

图 3.43　锚塞体与围岩接触界面相对剪切应力云图

3.3.7　不同主缆缆力下的岩体位移分析

当锚塞体施加主缆设计荷载时, 锚塞体位移的方向主要是沿主缆向外, 顺桥向和竖向位移增加比较明显, 横桥向位移接近于零。锚塞体前端、顶端接触软弱面及其附近的岩体发生比较明显的位移, 锚塞体上的预应力和缆力主要作用使锚碇周边接触软弱层和附近围岩的位移发生改变, 并重新整合。锚塞体上施加设计的主缆缆力后, 岩体最大位移仍发生在锚碇及其附近的岩体中, 最大位移为 0.23mm。

当锚塞体施加 2 倍设计缆力时, 岩体位移的方向仍沿主缆向外, 随着主缆荷载的增加, 岩体的位移逐渐增加, 锚塞体前锚面的位移增加较明显。同理, 当锚塞体施加 3 倍设计缆力、4 倍设计缆力、5 倍设计缆力等时, 岩体顺桥向的位移逐渐增加, 最大值出现在锚塞体的前端部位。在整个加载过程中, 随着缆力的增大, 应力集中区由锚塞体前锚面附近向后锚面逐渐扩展, 但应力集中范围不大。不同缆力下岩体的顺桥向位移如图 3.44 所示。由图 3.44 可知, 随着缆力增加, 岩体顺桥向位移逐渐增加, 变化斜率也逐渐增加, 说明随着缆力增加岩体的顺桥向位移是非线性变化的。当锚塞体施加的缆力达到 7.5 倍设计缆力时, 岩体的顺桥向位移净增加量是设计缆力位移的 2.83 倍。

采用 MATLAB 编程的方法拟合主缆的设计缆力倍数和顺桥向岩体的位移, 表明顺桥向岩体位移随设计缆力倍数呈指数型增长, 两者的拟合曲线如式 (3.48) 所示:

$$y = -0.317 + 0.509\mathrm{e}^{\frac{x}{11.16}} \tag{3.48}$$

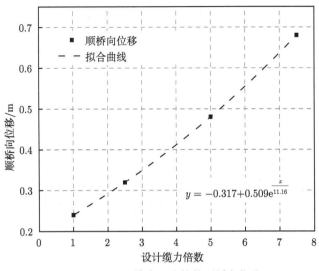

图 3.44　不同缆力下岩体的顺桥向位移

3.4　隧道式锚碇夹持效应及承载能力分析

针对隧道锚的承载力，廖明进等[1]对隧道锚的锚碇体侧壁界面破坏和倒圆锥台破坏、下等截面和变截面形式的承载力分别进行受力平衡分析，对比得到两种破坏形式下承载力放大系数。肖世国等[2]采用明德林应力解析计算悬索桥隧道锚的侧摩阻力，基于弹性理论，考虑前锚端、后锚端边界条件，建立了锚碇侧摩阻力的计算表达式。汪海滨等[3]在现场模型试验的基础上，结合隧道锚的四种可能破坏形式，利用强度理论建立了四种隧道锚的力学模型，讨论了隧道锚的承载力公式，并利用算例进行了验证。肖本职等[4]利用岩体参数试验、实地结构模型张拉试验、有限元数值分析及灰色模型预测等方法，研究了隧道锚围岩的承载力并进行了验证。张奇华等[5]通过在破坏面上建立力的平衡关系，提出了隧道锚围岩抗拔力计算模式，体现了夹持效应及破坏面上的复杂应力变化。王东英等[6-8]基于夹持效应和隧道锚承载的阶段性特征，根据简化力学模型，利用明德林应力解推导了隧道锚的承载力估值公式，并综合考虑隧道锚传力构件的承载能力和隧道锚本身的抗拔力，反推出了隧道锚能承受的主缆拉拔力最大值，进而对整个隧道锚系统中各部分的安全性进行评价；采用应力积分法、塑性屈服区体积–荷载曲线和位移–荷载曲线求解了隧道锚的抗拔安全系数，并将 3 种方法的计算结果与规范法的结果对比，利用实际工程进行了验证。王中豪等[9]利用人工智能机器建立了承载能力非线性映像 PSO-LSSVM 模型，将收集到的隧道锚工程案例作为输入样本对模型进行了训练，获得了核函数参数和惩罚系数的最优组合，并将该模型应用于某大桥隧道锚承载能力预测，利用数值模拟和现场试验验证了预测值。白福波 [10] 基于侧向预压增量法推导了基坑侧壁抗剪应力强度增量与主应力增量之间的函数式。王邓崞等 [11] 采用附加应力法对预应力锚杆的稳定性进行了分析和计算。Li 等 [12] 对不同形状的锚塞体进行了抗拔试验研究，得到相比圆柱形锚塞体，圆锥形锚塞体具有更高的抗拔承载力。孔纲强等 [13] 针对扩底楔形桩楔形角对桩侧摩阻力的影响进行了理论分析计算，一定程度上揭示了楔形效应对承载能力的贡献。

3.4.1　基于莫尔–库仑准则的隧道式锚碇夹持效应研究

本小节在已有研究的基础上，将隧道锚的受力过程分为四个阶段，并总结了四种承载力，即初始承载力、峰值承载力、临界承载力和残余承载力，对城门洞形锚塞体所受四个方向的约束应力分别进行计算，基于莫尔–库仑准则分别对隧道锚的前三种承载力公式进行推导。

1. 隧道锚承载阶段分析

按文献 [14] 将隧道锚的承载阶段分为如下四个阶段。

(1) 克服自重阶段：当主缆的缆力不足以平衡锚塞体的自重时，主要由锚塞体的自重来平衡主缆的拉力。

(2) 锚–岩协同工作阶段：主缆的缆力克服自重之后，锚塞体与围岩之间会产生附加应力，从而产生夹持效应 [15]，此时锚塞体与围岩共同抵抗主缆传来的拉拔力。

(3) 带裂缝承载阶段：当主缆的缆力达到一定值之后，锚塞体后锚面与围岩胶结面出现剪切破坏而产生裂缝，并随着缆力的增大逐渐向前锚面呈倒锥形发展。此时，后锚面开始逐渐失去承载能力并逐渐向前锚面发展。虽然此阶段围岩会产生裂缝，但隧道锚整体趋于稳定。

(4) 破坏阶段：当主缆的缆力达到了隧道锚可承受的最大荷载后，虽然隧道锚未达到完全破坏，但承载能力已经不足以平衡缆力，隧道锚整体失稳，且随着缆力的继续增加，破坏面越来越大并逐渐贯通，承载力也逐渐降低，直至将锚塞体从围岩内完全拉出。

根据隧道锚的承载阶段，将隧道锚自重效应被完全克服时的主缆缆力定义为初始承载力 P_1；将隧道锚进入阶段 (3) 所需的最小缆力定义为峰值承载力 P_2；在阶段 (3) 中，将隧道锚在整体稳定时能承受的最大缆力，即隧道锚进入阶段 (4) 所需的最小缆力定义为临界承载力 P_3；当锚塞体被完全拔出时，隧道锚完全由锚塞体的自重抵抗缆力，此时残余承载力 $P_4=G$，G 为锚塞体自重。

2. 隧道锚承载力研究

1) 初始承载力

对于横截面为城门洞形的锚塞体，在施加缆力之前，锚塞体主要承受其上部和侧面的土压力。同时，由于锚塞体的自重，隧道锚会有一个向下滑动的趋势并对其下侧土体产生挤压力。锚塞体与围岩之间的黏结足以平衡锚塞体的自重，故锚塞体与围岩不会产生相对滑动，且其黏结力未完全发挥作用。将发挥作用的黏结力称为工作应力，工作应力的方向是沿锚塞体表面向上的，随着锚塞体的自重逐渐被克服而逐渐减小，直至锚塞体自重完全被克服后变为 0。综上，在克服自重阶段，主缆的缆力主要平衡锚塞体自重及周围岩体给予锚塞体的挤压力向锚塞体轴线的分力。

隧道锚的横截面采用城门洞形截面，相比于矩形截面，拱顶处避免了应力集中，相比于圆形截面又减少了混凝土的用量，但受力模式相比圆形截面和矩形截面复杂，因为其上下左右四个表面承受的力的形式不同。本小节将对锚塞体上下左右四个表面受力分别进行研究，同时分别研究上表面圆形截面承受的土的正向挤压力和侧向挤压力。隧道锚锚塞体微段受力分析示意图见图 3.45。

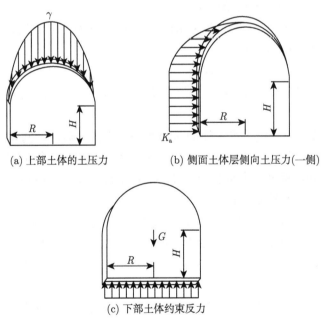

(a) 上部土体的土压力　　　　　　(b) 侧面土体层侧向土压力(一侧)

(c) 下部土体约束反力

图 3.45　隧道锚锚塞体微段受力分析示意图

在计算上部土体对锚塞体的土压力时，峰值点出现在拱顶处，越靠近拱肩其竖向分力越小，故其土压力分布图形接近于椭圆形。在纵向截面上，《建筑地基基

础设计规范》(GB 50007—2011)[16] 中主动土压力 E_a 的计算表达式为

$$E_a = \frac{1}{2}\varphi_c\gamma_r H^2 K_a \tag{3.49}$$

式中，φ_c 为主动土压力系数，由于锚塞体长度大于 8m，取 1.2；γ_r 为填土的重度 (kN/m³)；H 为挡土结构的高度 (m)；K_a 为主动土压力系数，根据土坡与水平面的夹角和锚塞体的楔形角 β，按规范 [16] 中附录 L 确定。

由于隧道锚的土坡形状不规则，且锚塞体与水平面有一定的夹角，本小节为简化计算，将重力加速度方向调整为沿锚洞的深度方向，此时填土的重度就变为 $\gamma_r/\sin\theta$。锚塞体主动土压力计算图示见图 3.46。

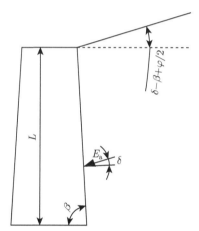

图 3.46 锚塞体主动土压力计算图示

设锚塞体的长度为 L，锚碇入射角为 θ，上侧土体对锚塞体拱顶处作用的主动土压力为

$$E_{au} = \frac{1}{2}\frac{\gamma_r}{\sin\theta}\varphi_c K_a L^2 \tag{3.50}$$

由于土压力的作用位置为深度的三分之二处，且与挡土物的夹角为 δ，根据规范规定 $\delta = \varphi/2$，其中 φ 为锚塞体与围岩胶结面的内摩擦角。土压力与水平面间的夹角为 $\delta - \beta + \varphi/2$，本书假设坡面与水平面的夹角也为 $\delta - \beta + \varphi/2$，且坡面以上的土体不对锚塞体产生土压力。因此，锚塞体后锚面拱顶处的正应力 σ_u 为

$$\sigma_u = \frac{\gamma_r}{\sin\theta}\varphi_c K_a L\cos\delta \tag{3.51}$$

上部土体对锚塞体的挤压力 N_u 为

$$R = \frac{R_2 - R_1}{L}\Delta z + R_1 \tag{3.52}$$

$$N_u = \iint\limits_{\substack{-R \leqslant \Delta y \leqslant R \\ 0 \leqslant \Delta z \leqslant L}} \sqrt{\left(1 - \frac{\Delta y^2}{R^2}\right)\left[(2R + \sigma_u)\sigma_u\right]\Delta z \mathrm{d}\sigma}$$

$$= \frac{1}{3}\frac{\gamma_r}{\sin\theta}\frac{\pi}{4}K_a\varphi_c L^2 \cos\delta(2R_2 + R_1) \tag{3.53}$$

式中，R_1 为前锚面圆弧半径；R_2 为后锚面圆弧半径；Δy 和 Δz 分别为 y 方向和 z 方向微元。

计算侧向土体对锚塞体土压力的方法与前述方法相同，侧向土压力需乘以侧压力系数 K。设前后锚面底部矩形的高分别为 H_1 和 H_2，两侧主动土压力之和 E_{as}、后锚面拱肩处最大正应力 σ_s、两侧土体对锚塞体的挤压力之和 N_s 分别为

$$E_{as} = K\frac{\gamma_r}{\sin\theta}\varphi_c K_a L^2 \tag{3.54}$$

$$\sigma_s = K\frac{\gamma_r}{\sin\theta}\varphi_c K_a L \cos\delta \tag{3.55}$$

$$N_s = \frac{K\gamma_r\left(H_2 + \dfrac{\pi}{4}R_2\right)}{3\sin\theta}K_a\varphi_c L^2 \cos\delta\left(\frac{R_1 + H_1}{R_2 + H_2} + 2\right) \tag{3.56}$$

锚塞体对下部岩体的挤压力可直接通过锚塞体的自重 G 计算，锚塞体的自重为

$$G = \frac{1}{3}L\gamma_{pb} \cdot \left[\frac{2(H_1 R_1) + \dfrac{\pi}{2}\left(R_1^2 + R_2 H^2\right) +}{\sqrt{\left(2H_1 R_1 + \dfrac{\pi}{2}R_1^2\right)\left(2H_2 R_2 + \dfrac{\pi}{2}R_2^2\right)}}\right] \tag{3.57}$$

式中，γ_{pb} 为锚塞体天然重度。锚塞体对下部岩体的挤压力 N_d 和底部压应力 σ_d 分别为

$$N_d = G \cdot \cos(\beta - \theta) \tag{3.58}$$

$$\sigma_d = \frac{G \cdot \cos(\beta - \theta)}{(R_1 + R_2)\sqrt{(R_2 - R_1)^2 + L^2}} \tag{3.59}$$

隧道锚的初始承载力 P_1 为

$$P_1 = (N_u + N_s + N_d) \cdot \cos\beta + G\sin\theta \tag{3.60}$$

2) 峰值承载力和临界承载力

(1) 莫尔–库仑准则中极限抗剪强度的确定。根据莫尔–库仑准则，土的抗剪强度包络表达式为

$$\tau = \sigma\tan\varphi + c \tag{3.61}$$

式中，c 为黏结力；φ 为内摩擦角。

根据非线性莫尔–库仑理论，土体抗剪强度包络表达式为

$$\tau = c \cdot \left(1 + \frac{\sigma}{\sigma_\mathrm{t}}\right)^{\frac{1}{m}} \tag{3.62}$$

式中，σ_t 为抗拉强度；m 为非线性系数。

与线性莫尔–库仑准则相比，本小节将非线性莫尔–库仑准则看作是黏结力随法向应力增加而衰减的过程。当 σ 达到一定值时，c 衰减为 0，τ 达到极限抗剪强度 $[\tau]$。因此，极限抗剪强度平衡方程为

$$c \cdot \left(1 + \frac{\sigma}{\sigma_\mathrm{t}}\right)^{\frac{1}{m}} = \sigma \cdot \tan\varphi \tag{3.63}$$

式中，变量 σ 和 m 可表示为

$$m = \frac{\ln\left(1 + \dfrac{\sigma}{\sigma_\mathrm{t}}\right)}{\ln\left(\dfrac{\sigma \cdot \tan\varphi}{c}\right)} \tag{3.64}$$

当 $c \geqslant \sigma_\mathrm{t}\tan\varphi$ 时，$m \geqslant 1$，法向应力的最大值 σ_m 和最小值 σ_n 为

$$\begin{cases} \sigma_\mathrm{m} = \dfrac{c \cdot \sigma_\mathrm{t}}{\sigma_\mathrm{t} \cdot \tan\varphi - c} \\ \sigma_\mathrm{n} = \dfrac{c}{\tan\varphi} \end{cases} \tag{3.65}$$

当 $c \geqslant \sigma_\mathrm{t}\tan\varphi$ 时，$\sigma \geqslant 0$，线性莫尔–库仑准则计算的值大于非线性莫尔–库仑准则计算的值。因此，m 和 σ_m 的最小值满足：

$$m_\mathrm{min} = \frac{c}{\sigma_\mathrm{t}\tan\varphi} = \frac{\ln\left(1 + \dfrac{\sigma_\mathrm{m}}{\sigma_\mathrm{t}}\right)}{\ln\left(\dfrac{\sigma_\mathrm{m} \cdot \tan\varphi}{c}\right)} \tag{3.66}$$

取 m 的均值作为计算非线性系数，其表达式为

$$\overline{m} = \frac{\displaystyle\int_{\sigma_\mathrm{n}}^{\sigma_\mathrm{m}} \frac{\ln\left(1 + \dfrac{\sigma}{\sigma_\mathrm{t}}\right)}{\ln\left(\dfrac{\sigma \cdot \tan\varphi}{c}\right)} \, \mathrm{d}\sigma}{\sigma_\mathrm{m} - \sigma_\mathrm{n}} \tag{3.67}$$

为避免计算的 $\overline{m}$ 值趋于无穷大, 可采用梯形公式计算式 (3.67)。为了保证精度, 建议步长不大于 $(\sigma_m - \sigma_n)/5000$, 取值可扩大为 $1.0002\sigma_n$。

将 $\overline{m}$ 代入式 (3.63) 进行迭代。根据压缩映像原理, 将 σ 的初值设为 σ_n 进行迭代, 然后计算非线性莫尔–库仑准则中的理论极限法向应力 σ_0。极限抗剪强度为

$$[\tau] = \sigma_0 \cdot \tan\varphi \tag{3.68}$$

因此, 根据线性莫尔–库仑准则可以计算出有效应力为

$$[\sigma] = \frac{[\tau] - c}{\tan\varphi} \tag{3.69}$$

(2) 峰值承载力。以文献 [17] 研究隧道锚的四种破坏模式为基础, 以锚碇体侧壁界面破坏为主要破坏模式, 对峰值承载力进行推导。

隧道锚的破坏路径随着索力的增大逐渐向上发展, 这说明隧道锚的后锚面初步损坏, 而锚塞体的顶部没有损坏。因此, 在计算隧道锚的峰值承载力时, 不能用莫尔–库仑准则计算前锚面与围岩胶结面处的剪应力。基于非线性莫尔–库仑准则, 线性莫尔–库仑准则简化为

$$\tau = \begin{cases} c + \sigma\tan\varphi & (0 \leqslant \sigma < [\sigma]) \\ [\tau] & (\sigma \geqslant [\sigma]) \end{cases} \tag{3.70}$$

切应力计算图如图 3.47 所示, τ 为峰值承载力作用下, 锚塞体与围岩胶结面剪切应力随正应力的变化函数。由于法向应力是线性的, 因此本节视为直线计算。根据法向应力与抗剪强度的关系, 可得

$$\tau = \frac{[\tau]}{[\sigma]} \cdot \sigma \tag{3.71}$$

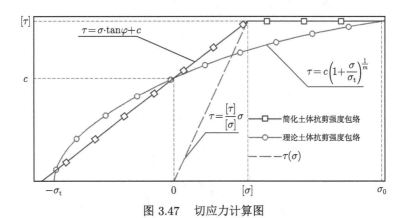

图 3.47　切应力计算图

隧道锚进入锚–岩协同工作阶段之后，锚塞体与围岩胶结面会产生附加应力。采用明德林应力解计算其附加应力的大小，该方法能够计算半无限空间内任意一点的附加应力值，但在承载力计算中，施加的荷载 P 是一个未确定的值，因此明德林应力解并不能计算隧道锚达到破坏时所需的缆力大小。根据附加应力沿锚塞体轴线的大小变化趋势研究，附加应力的最大值大约出现在距离后锚面 $L/3$ 处，前锚面的附加应力值约为 0，后锚面的附加应力值约与 $L/2$ 处的附加应力值相等，分布接近于对数正态分布。本小节为了简化计算，将分布曲线简化为直线。锚塞体与围岩胶结面所受的正应力可分为挤压作用产生的正应力和附加应力两部分。隧道锚前锚面切应力计算图示见图 3.48，图中 σ_F 表示附加应力，σ_N 表示挤压应力。

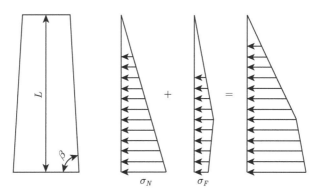

图 3.48　隧道锚前锚面切应力计算图示

从图 3.48 中可以看出，隧道锚锚塞体下锚面的 $\sigma_F = 2\sigma_{F_{\max}}/3$，$\sigma_{F_{\max}}$ 表示附加应力最大值；在距离前锚面 $2L/3$ 深处时，$\sigma_F = \sigma_{F_{\max}}$。隧道锚的正应力随着深度方向变化的函数 $\sigma(\Delta z)$ 为

$$\sigma(\Delta z) = \begin{cases} \dfrac{3\sigma_{F_{\max}} + 2\sigma_N}{2L}\Delta z, \ 0 < \Delta z < \dfrac{2}{3}L \\ \dfrac{\sigma_N - \sigma_{F_{\max}}}{L}\Delta z + \dfrac{5}{3}\sigma_{F_{\max}}, \ \dfrac{2}{3}L \leqslant \Delta z < L \end{cases} \tag{3.72}$$

当隧道锚的底部正应力达到了容许正应力 $[\sigma]$ 时，认为隧道锚发生了破坏。因此，后锚面附加应力的最大容许值为

$$\frac{2}{3}\sigma_{F_{\max}} = [\sigma] - \sigma_N \tag{3.73}$$

假设附加应力产生的挤压力为 N_F，且四个面的值相等，则计算方法与计算围岩挤压力的方法相同。由于岩体挤压力产生的最大法向应力位于后锚面拱顶处，

取 $\sigma_{F\max} = \sigma_{u}$，因此附加应力产生的挤压力为

$$
\begin{cases}
N_F = \dfrac{L\left(N_1 + 3N_2 + \sqrt{N_1 N_2}\right) + 2\sigma_{F\max} L\left[(2+\pi)R_1 + 2H_1\right]}{9} \\[4mm]
N_1 = \dfrac{2}{3}\sigma_{F\max} \cdot \left[(2+\pi)R_2 + 2H_2\right] \\[4mm]
N_2 = \dfrac{1}{3}\sigma_{F\max} \cdot \left[(2+\pi)(2R_1 + R_2) + 2(2H_2 + H_2)\right]
\end{cases} \tag{3.74}
$$

式中，N_1、N_2 为简化计算引入的参数，由此可以计算出上圆表面和侧面的剪切力 T_u 及 T_s。由于克服了自重，后锚面存在应力的问题。附加应力引起的剪切力 T_d 和挤压力 N_F 可以用同样的方法计算。峰值承载力 P_2 为

$$
P_2 = (N_u + N_s + N_F)\cos\beta + \frac{[\tau]\cdot(N_u + N_s + N_F)}{[\sigma]}\sin\beta + P_1 \tag{3.75}
$$

(3) 临界承载力。要确定隧道锚的临界承载力，须根据其理论上能承受的最大缆力来计算承载力的衰减函数，并计算与函数 $P_k = P_x$ 的交点，其中 P_k 为理论上能承受的缆力，P_x 为缆力。设锚塞体的表面积为 A，隧道锚在未产生裂缝时所能承受的最大缆力 $P_{k\max}$ 为

$$
P_{k\max} = \left[(N_s + N_u + N_F)\tan\varphi + cA\right]\sin\beta + (N_s + N_u + N_F)\cos\beta + P_1 \tag{3.76}
$$

$$
A = \left[\left(1 + \frac{\pi}{2}\right)(R_1 + R_2) + (H_1 + H_2)\right]\cdot\sqrt{(R_2 - R_1)^2 + L^2} \tag{3.77}
$$

当 $P_x \leqslant P_2$ 时，$P_k = P_{k\max}$。缆力大于峰值承载力后，后锚面开始产生裂缝，产生裂缝处失去承载能力并逐渐向上发展。由于锚塞体各个表面的正应力不同，其产生裂缝的时间也不同，本小节将曲线后半段简化为抛物线计算，当 $P_x = P_{k\max}$ 时衰减至 G。当裂缝发展至 $2L/3$ 时，隧道锚临界承载力计算图示见图 3.49。临界承载力 P_3 为 P_k 与 P_x 的交点。抛物线的方程为

$$
P_k = -\frac{P_{k\max} - G}{(P_{k\max} - P_1)^2}(P_x - P_2)^2 + P_{k\max} \tag{3.78}
$$

根据压缩映像原理，将 P_k 初值设置为 $P_{k\max}$ 进行迭代，结果收敛时取 P_3。

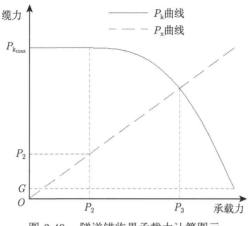

图 3.49　隧道锚临界承载力计算图示

3. 夹持效应

1) 夹持效应指标

在隧道锚承载阶段 (2)、阶段 (3)、阶段 (4) 中，锚塞体与围岩间会存在夹持效应。在阶段 (2) 中夹持效应发挥的作用是最大的，其主要原因是当隧道锚承载进入阶段 (3)，锚塞体底部与围岩的胶结面就会发生破坏，虽然此时锚塞体底部与围岩的胶结面依然可以抵抗一部分缆力，但锚塞体对围岩的反作用力不会继续提升，附加应力的增大速度开始减缓。为了验证该理论，本小节利用 ABAQUS 建立普立大桥隧道锚有限元模型。后锚面拱顶与围岩胶结面处的应力变化如图 3.50 所示，通过分析不同荷载作用下后锚面拱顶与围岩胶结面处的应力变化来验证该理论。

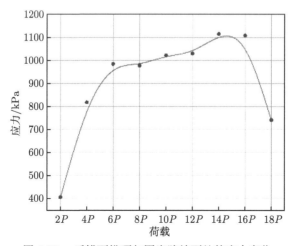

图 3.50　后锚面拱顶与围岩胶结面处的应力变化

由图 3.50 可知, 当荷载为 $2P \sim 8P(P$ 为设计缆力) 时, 应力的增长速率较快; 荷载达到 $8P$ 后, 应力的增长速率变得缓慢, 直至 $15P$ 应力开始呈现减小趋势。说明荷载达到 $15P$ 后, 后锚面拱顶与围岩的胶结面已无法受荷。由此可验证阶段 (2) 中夹持效应发挥的作用最大。

因此, 本书将隧道锚承载阶段 (2) 作为主要研究对象, 对夹持效应进行研究。夹持效应中最主要的参数是附加应力, 附加应力的大小直接决定了夹持效应发挥的作用大小。由于不同围岩条件下的承载能力不固定, 通过附加应力的大小判断夹持效应发挥的作用大小是不合理的。本小节将夹持效应系数作为夹持效应指标之一, 夹持效应系数 ξ 的表达式为

$$\xi = \frac{P_{ce}}{P_{uce}} \tag{3.79}$$

式中, P_{ce} 为考虑夹持效应的隧道锚承载力; P_{uce} 为不考虑夹持效应的隧道锚承载力。

夹持效应系数可以表征夹持效应发挥作用的普遍规律, 但无法表征某一特定地质条件下隧道锚的夹持效应。本书以隧道锚进入阶段 (3) 所需的最小缆力作为夹持效应的另一指标。定义该缆力为隧道锚的峰值承载力 P_2, P_2 可以表征不同地质条件下隧道锚的夹持效应, 但不能反映夹持效应发挥作用的普遍规律。

综上所述, 为了更充分考虑隧道锚的夹持效应发挥的作用大小, 以夹持效应系数和峰值承载力作为夹持效应指标。

2) 夹持效应系数

夹持效应系数可根据不同的依据进行定义。最直观的方法定义为考虑夹持效应的峰值承载力 P_{ce2} 与不考虑夹持效应的峰值承载力 P_{uce2} 的比值, 定义该夹持效应系数为峰值夹持效应系数 ξ_p:

$$\xi_p = \frac{P_{ce2}}{P_{uce2}} \tag{3.80}$$

除此之外, 也可定义为隧道锚承载某一状态下的夹持效应系数, 最直观的状态为位移状态。设围岩最大位移 d 状态下的夹持效应系数为 ξ_d, 考虑夹持效应时达到 d 位移的缆力为 P_{ced}, 不考虑夹持效应时达到 d 位移的缆力为 P_{uced}, 则

$$\xi_d = \frac{P_{ced}}{P_{uced}} \tag{3.81}$$

3) 峰值承载力计算式

考虑夹持效应时, 有

$$P_{ce2} = P_2 \tag{3.82}$$

当不考虑夹持效应时，峰值承载力 P_{uce2} 可以根据同样的方法进行计算。为保证等截面锚塞体与倒楔形锚塞体的特性相差不多，取等截面的锚塞体截面尺寸为

$$
\begin{cases}
R_0 = \dfrac{R_1 + R_2}{2} \\
H_0 = \dfrac{H_1 + H_2}{2}
\end{cases}
\tag{3.83}
$$

当没有附加应力作用时，容许的剪切强度可直接由最大正应力确定：

$$
[\tau]_{uce} = \sigma_u \tan \varphi + c
\tag{3.84}
$$

此时，不考虑夹持效应的峰值承载力 P_{uce2} 为

$$
P_{uce2} = P_{uce1} + \frac{[\tau]_{uce2} \cdot (N_u + N_s)}{\sigma_u}
\tag{3.85}
$$

式中，P_{uce1} 为等截面锚塞体的自重效应，大小为 $G \cdot \sin \theta$。

4. 算例验证

为了验证所得峰值承载力及夹持效应系数的准确性，采用 ABAQUS 建立普立大桥的隧道锚有限元模型，对其应力及塑性区的变化趋势进行分析，确定峰值承载力的大小。取普立大桥前后锚面的平均尺寸建立等截面柱体锚塞体的隧道锚模型，用相同方法确定其峰值承载力，并将两者计算结果的比值与理论公式计算的结果对比。

普立大桥隧道锚的尺寸参数如图 3.51 所示，由于距隧道锚较远的土体对隧道锚的影响有限，本书以隧道锚周围 50m 立方体区域内的围岩为主要研究对象。根据本书对土压力的假定，远离锚塞体的土体土压力更多地由前锚室的支护结构承担，为简化计算，本书将实际边坡简化为与隧道锚垂直的直面。

锚塞体与围岩胶结面的黏结力 $c=1000\text{kPa}$，内摩擦角 $\varphi=37°$，围岩的容重 $\gamma_r = 25\text{kN/m}^3$，主动土压力系数 $K_a=0.45$。经过所得公式计算，考虑夹持效应的普立大桥隧道锚的峰值承载力 $P_{ce2}=816224\text{kN}$，约为 $8.07P$（$P=101202\text{kN}$）；不考虑夹持效应的峰值承载力 $P_{uce2}=563238\text{kN}$，约为 $5.57P$。因此，通过公式计算所得的夹持效应系数约为 1.449。

根据参数建立普立大桥的隧道锚有限元模型。根据前文，可判断峰值承载力为 $8P$ 左右。为更好地判断模型的准确性，对锚塞体拱顶的应力进行分析，通过其变化规律分析模型的准确性。锚塞体拱顶与围岩胶结面的应力分布如图 3.52 所示。

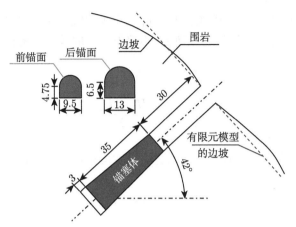

图 3.51　普立大桥隧道锚尺寸参数 (单位：m)

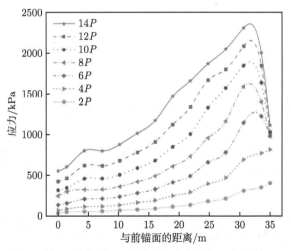

图 3.52　锚塞体拱顶与围岩胶结面的应力分布

　　从图 3.52 中的变化趋势可以看出，随着荷载的增大，各处应力大多呈增大的趋势，符合隧道锚的力学特性。应力的最大值并非出现在后锚面，前锚面的应力也不为 0，主要原因是本书将原本的附加应力分布规律简化为直线，而实际附加应力的分布规律为曲线，且前锚面的附加应力接近 0 而不是 0，同时前锚室也会抵抗一小部分缆力，从而造成误差。当荷载达到 8P 后，应力的峰值点出现的位置不再发生较大变化，其主要原因是隧道锚进入带裂缝工作阶段后，土压应力已经被克服，应力增大的幅度会随之减缓，虽然附加应力呈继续增大的趋势，但会随着隧道锚的逐渐破坏而重新分布。由于后锚面的附加应力增幅不明显，附加应力的最大值点理论上会向后移动，靠近后锚面处的土压应力较大，不会发生变化，总应力的最大值点不会向前后发生大幅度移动。锚塞体拱顶与围岩胶结面的最大应力分布如图 3.53 所示。图中最大应力的变化趋势可以证明上述结论：在荷载达到 8P 后应力增大的速率开始减小，可以证明峰值承载力为 8P 左右。

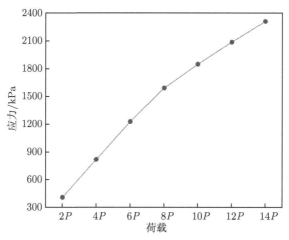

图 3.53　锚塞体拱顶与围岩胶结面的最大应力分布

　　除应力变化外，从围岩塑性区的变化也可看出隧道锚是否进入不同阶段。在有限元模型中，从锚塞体拱顶处进行切片 (图 3.54)。不同荷载下普立大桥隧道锚围岩的塑性区变化如图 3.55 所示。当荷载为 $4P \sim 8P$ 时，塑性区面积逐渐增大；当荷载为 $8P \sim 14P$ 时，塑性区不再继续向上发展，向两侧缓慢发展。这是因为模型是在锚塞体侧壁界面破坏的基础上建立的，在锚塞体与围岩胶结面发生塑性变形后，塑性区不会继续以先前的速率向上发展。推测峰值承载力约为 8P，与公式得到的 8.07P 相差较小。综上所述，公式的准确性可以得到验证。

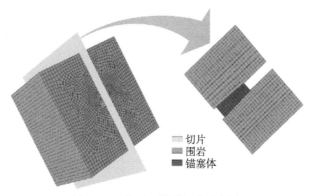

切片
围岩
锚塞体

图 3.54　有限元模型切片示意图

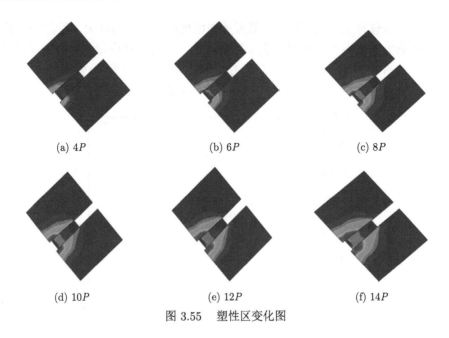

(a) 4P　　　　　　　　　　　(b) 6P　　　　　　　　　　　(c) 8P

(d) 10P　　　　　　　　　　　(e) 12P　　　　　　　　　　　(f) 14P

图 3.55　　塑性区变化图

为了得到不考虑夹持效应的隧道锚峰值承载力,取等截面锚塞体,$R_0 = H_0 = 5.625\mathrm{m}$,其余采用相同的尺寸和材料参数建立有限元模型。在不考虑夹持效应时,等截面锚塞体拱顶与围岩胶结面的应力分布如图 3.56 所示。从图 3.56 中可以看出,当荷载达到 5.5P 后,应力最大值点开始向前锚面移动。当等截面锚塞体与围岩间没有附加应力,在其进入锚–岩协同工作阶段之前只有土压力作用,土压力的分布为自前锚面向后锚面逐渐增加;当其受力进入到锚–岩协同工作阶

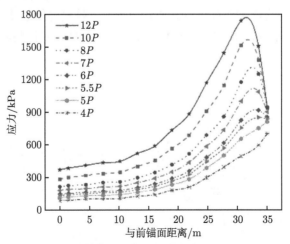

图 3.56　　等截面锚塞体拱顶与围岩胶结面的应力分布

段之后，后锚面开始出现裂缝并逐渐向上发展，产生裂缝的位置并不能抵抗与未产生裂缝的位置相当的应力。等截面锚塞体后锚面拱顶应力与最大应力对比如图 3.57 所示。图 3.57 中后锚面拱顶应力和最大应力随荷载的变化趋势对比可以验证上述结论，从而也可推断峰值承载力约为 $5.5P$。从图 3.58 的塑性区变化可以看出，当荷载达到 $5.5P$ 之后，塑性区不再向上发展而是缓慢向两侧发展，其原理与变截面隧道锚相似，由此推断峰值承载力约为 $5.5P$。上述计算结果与公式所得的 $5.57P$ 之间误差较小。有限元法所得的夹持效应系数约为 1.454，与公式计算所得的 1.449 之间误差较小。综上所述，所得公式具有较好的准确性。

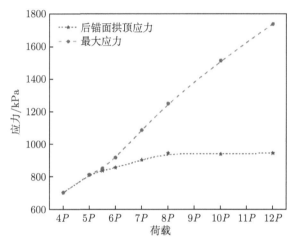

图 3.57　等截面锚塞体后锚面拱顶应力与最大应力对比

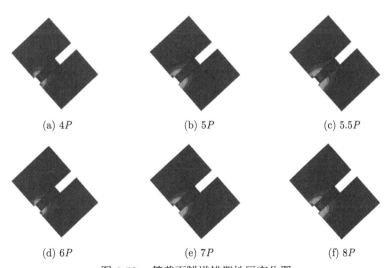

(a) $4P$　　　　　　　　(b) $5P$　　　　　　　　(c) $5.5P$

(d) $6P$　　　　　　　　(e) $7P$　　　　　　　　(f) $8P$

图 3.58　等截面隧道锚塑性区变化图

为了进一步验证所得公式的适用性，利用所得公式计算四座具有代表性的悬索桥隧道锚的夹持效应系数和峰值承载力，将所得峰值承载力与现有的测试结果 [4,9,18-20] 进行对比。由于文献 [1] 中的楔形效应放大系数与本书夹持效应系数的定义相似，将所得夹持效应系数与文献 [1] 的结果进行对比，以此来验证所得结果的适用性。四座悬索桥隧道锚夹持效应指标计算表见表 3.2。

表 3.2　四座悬索桥隧道锚夹持效应指标计算表

桥梁名称	尺寸参数				材料参数					夹持效应指标	
	A_1/m^2	A_2/m^2	L/m	$\theta/(°)$	c/kPa	$\varphi/(°)$	$\sigma_\mathrm{t}/\mathrm{MPa}$	K_a	$\gamma_\mathrm{r}/(\mathrm{kN/m}^3)$	$P_{\mathrm{ce}2}$	ξ_p
普立大桥	80.57	150.80	35	42	1000	37	1.20	0.45	25	816.22	1.45
鹅公岩大桥	98.42	162.69	42	26	500	30	0.90	0.35	25	794.81	1.57
坝陵河大桥	97.27	477.68	40	45	1500	46	1.50	0.51	25	6042.78	4.19
金沙江大桥	147.96	376.99	40	42	650	35	0.88	0.36	26	1324.39	1.65

从表 3.2 可知，四座悬索桥的夹持效应指标计算结果合理。图 3.59 和图 3.60 分别为所得的峰值承载力和夹持效应系数与现有研究结果的对比，可以看出公式所得的夹持效应指标与现有研究结果之间的误差较小，由此可以证明所得公式具有良好的适用性。

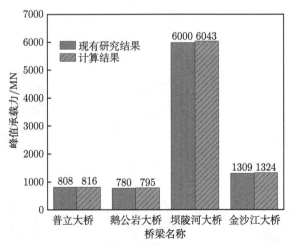

图 3.59　峰值承载力计算结果与现有研究结果对比

根据已有的研究结果，隧道锚的承载能力会随着围岩的力学参数、锚塞体长度、锚碇倾角等因素的变化而出现不同程度的变化。选取锚碇形式时，并不只是因为隧道锚具有良好的承载性能，还因为其相比于重力式锚碇节省了混凝土的用量，减少了占用土地的面积，降低了造价。如果在实际工程中通过增大截面尺寸或提高锚塞体长度等方式来提升承载力，就违背了隧道锚节约资源和保护环境的目的。

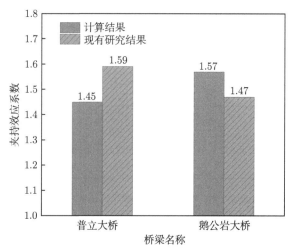

图 3.60 夹持效应系数计算结果与现有研究结果对比

在某一特定场地中，夹持效应系数是反映隧道锚夹持效应发挥作用大小最直观的指标。研究影响夹持效应系数的因素可以直观地反映随着各个尺寸参数变化夹持效应发挥作用的大小，并在此基础上对隧道锚的设计进行优化。本书除了提出用峰值承载力定义夹持效应系数外，还提出根据不同位移状态定义夹持效应系数。通过分析不同位移下的夹持效应系数得出如图 3.61 所示的结果。从图中可以看出，随着位移增大，夹持效应系数也增大，将所得数据通过线性回归分析处理后得出二者之间的相关性，$R^2 = 0.963 \approx 1$，因此夹持效应系数与位移的相关性较大。随着荷载的增大，位移呈增大的趋势 (图 3.62)，$R^2 = 0.961 \approx 1$。当承载力不变时，夹持效应系数也会随着荷载的增大而增大。由此可以推断，当荷载一定时，适当降低承载力有助于夹持效应发挥作用。

综上所述，不可以一味地通过提高隧道锚的尺寸参数来提升承载力，适当地降低承载力有助于夹持效应发挥作用。夹持效应发挥作用较大时，隧道锚的经济性较好，该研究有助于提升隧道锚节约资源和保护环境的效果。

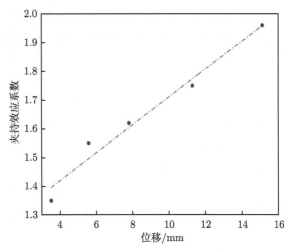

图 3.61　不同位移下夹持效应系数变化趋势

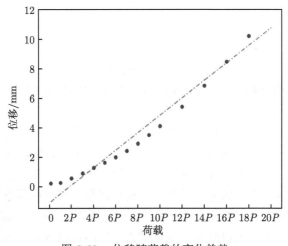

图 3.62　位移随荷载的变化趋势

3.4.2　基于解析法的悬索桥隧道式锚碇承载力及破坏过程研究

本小节依托实际工程，从破坏形式和截面形式进行锚碇承载力推导，对锚碇实际受力情况进行数值模拟，包括锚塞体与岩体轴向位移等，分析隧道锚主缆缆力与锚岩变形的关系。

1. 隧道锚承载力计算公式推导

1) 倒锥形破坏形式极限承载力计算公式推导

隧道锚在发生倒锥形破坏时，破裂面呈不规则喇叭状，为简化承载力公式推导，需要找到一个合理且简单的线形进行模拟。在文献 [10] 和文献 [21] 基础上，假设锚碇破坏面与地表夹角为 θ，实际隧道锚截面形状近似于城门洞形，此处截面形状按照正方形考虑，假设前锚面边长为 a，锚碇扩展角为 α，锚碇长度为 L，岩体内摩擦角为 φ，得到后锚面边长为 $a+2L\tan\alpha$，由点斜式可得到破裂面 (右侧) 在 z-x 坐标轴上的线形函数表达式：

$$z = \tan\theta\left(x - \frac{a}{2} - L\tan\alpha\right) \tag{3.86}$$

倒锥形破坏形式下的锚碇受力图如图 3.63 所示。取锚塞体一微段进行受力分析，从受力角度来看，微段在破裂面受到的正应力 σ_N 可用微段处土压力与侧向土压力表示：

$$\sigma_N = \Delta Q\cos\theta + K\Delta Q\sin\theta \tag{3.87}$$

式中，$\Delta Q = \gamma(H - z)$，为微段线土压力；K 为侧压力系数。

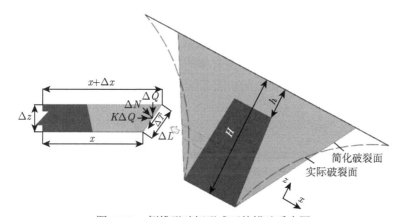

图 3.63　倒锥形破坏形式下的锚碇受力图

根据莫尔–库仑准则，可得到切应力：

$$\tau_T = \sigma_N\tan\varphi + c \tag{3.88}$$

分别将正应力和切应力乘以面积，得到微段法向力 ΔN 和切向力 ΔT：

$$\begin{cases} \Delta N = 8\sigma_N\Delta L\left(x + \dfrac{\Delta x}{2}\right) \\[2mm] \Delta T = 8\tau_T\Delta L\left(x + \dfrac{\Delta x}{2}\right) \end{cases} \tag{3.89}$$

式中，$\Delta L = \Delta z / \sin \theta$，为微段沿破裂面长度，$\Delta z$ 为倒锥形破坏下，锚碇沿 z 方向的微元体长度；Δx 为随着 Δz 的增加，锚碇体系沿 x 向增加的长度。

对微段整体进行受力分析，有

$$\Delta P = \Delta T \sin \theta - \Delta N \cos \theta + \Delta G \tag{3.90}$$

将式 (3.89) 代入式 (3.90)，取极限积分，整理可得

$$
\begin{aligned}
P = {} & 8\gamma \int_0^L \left(\frac{z}{\tan \theta} + \frac{a}{2} + L \tan \alpha \right) \\
& \cdot \left[(H - z)(\cos \theta + K \sin \theta)(\tan \varphi - \cot \theta) + \frac{c}{\gamma} \right] \mathrm{d}z + G
\end{aligned}
\tag{3.91}
$$

此时计算竖直放置时锚碇承载力，应该考虑前锚室处无围岩，因此实际承载力应为

$$P_{\mathrm{u}} = \sin \beta (P - \gamma h a^2) \tag{3.92}$$

式中，β 为锚碇倾斜角；h 为前锚室轴向长度。

2) 矩形和城门洞形截面界面破坏极限承载力计算公式推导

界面破坏下的锚塞体会受到周围岩体的挤压力作用，这种力属于一种附加应力，考虑附加应力下的锚碇受力图如图 3.64 所示，应用明德林应力解对其进行进一步推导。

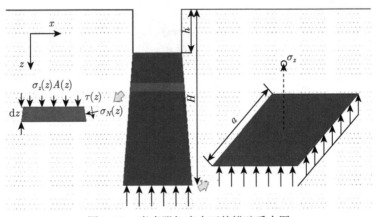

图 3.64　考虑附加应力下的锚碇受力图

(1) 矩形荷载下锚碇附加应力。假设散索鞍将主缆荷载均匀分布在后锚面，后锚面边长为 a，均布荷载为 p，深度为 H，锚塞体埋深为 h，锚塞体长度为 L，可

以得到锚碇轴向应力 $\sigma_z(z)$ [22]:

$$\sigma_z(z) = \frac{-p}{4\pi(1-\mu)}\left\{(1-\mu)\left(\tan^{-1}\frac{a^2}{z_1R_1}+\tan^{-1}\frac{a^2}{z_2R_2}\right)+\frac{a^2z_1\left(R_1^2+z_1^2\right)}{2r_1^4R_1}\right.$$

$$\left.+\frac{a^2[H+(3-4\mu)z]\left(R_2^2+z_2^2\right)}{2r_2^4R_2}+\frac{2a^2Hzz_2\left(2R_2^2+r_2^2\right)}{R_2^3r_2^4}\right\} \tag{3.93}$$

式中，$z_1=z-H$；$z_2=z+H$；$R_1^2=2a^2+z_1^2$；$R_2^2=2a^2+z_2^2$；$r_1^2=a^2+z_1^2$；$r_2^2=a^2+z_2^2$；z 为计算点距地表深度；μ 为周围土体泊松比。

取微段进行受力分析，假设轴力在截面处均匀分布，可得到平衡方程：

$$N(z)+\mathrm{d}N(z)=N(z)+\sigma_N(z)\sin\alpha U(z)\mathrm{d}z+\tau(z)\cos\alpha U(z)\mathrm{d}z \tag{3.94}$$

式中，$\sigma_N(z)$ 为 z 截面处附加应力；$\tau(z)$ 为 z 截面处附加摩阻力；$N(z)=\sigma_z(z)A(z)$，为 z 截面轴力；$A(z)=[a-2(H-z)\tan\alpha]^2$，为 z 截面面积；$U(z)=4[a-2(H-z)\tan\alpha]$，为 z 截面周长。

根据莫尔–库仑准则，存在以下关系：

$$\tau(z)=\sigma_N(z)\tan\varphi+c \tag{3.95}$$

将式 (3.94) 代入式 (3.95) 并化简，可得到附加应力表达式为

$$\sigma_N(z)=\frac{4\sigma_z(z)\tan\alpha[a+2\tan\alpha(z-H)]+[\sigma_z(z)]'A(z)-c\cos\alpha U(z)}{U(z)(\sin\alpha+\tan\alpha\cos\alpha)} \tag{3.96}$$

式中，

$$[\sigma_z(z)]'$$
$$=\frac{-p}{4\pi(1-\mu)}\left((\mu-1)\left[\frac{a^2\left(R_1^2+z_1^2\right)}{a^2R_1+z_1^2R_1^3}+\frac{a^2\left(R_2^2+z_2^2\right)}{a^2R_2+z_2^2R_2^3}\right]\right.$$

$$+\frac{a^2\left[\left(2a^2+6z_1^2\right)r_1^4R_1-z_1\left(4z_1r_1^2R_1+\dfrac{z_1r_1^4}{R_1}\right)\left(R_1^2+z_1^2\right)\right]}{2\left(r_1^4R_1\right)^2}$$

$$+\frac{a^2\left[(3-4\mu)(R_2^2+z_2^2)+4z_2[H+z(3-4\mu)]r_2^4R_2-\left(4z_2r_2^2R_2+\dfrac{z_2r_2^4}{R_2}\right)[H+(3-4\mu)z]\right]}{2\left(r_2^4R_2\right)^2}$$

$$\left.+\frac{2a^2H\left\{[(2z+H)\left(5a^2+3z_2^2\right)+6zz_2^2]R_2^3r_2^4-\left(3z_2R_2r_2^4+4z_2r_2^2R_2^3\right)[2z_2\left(2R_2^2+r_2^2\right)]\right\}}{\left(r_2^4R_2^3\right)^2}\right)$$
$$\tag{3.97}$$

推导城门洞形荷载下锚碇附加应力。假设其他条件不变，截面形式变为城门洞形，可看作面积为 $a \times b$ 的矩形和半径为 $a/2$ 的半圆形。城门洞形截面下明德林应力解的计算坐标系见图 3.65，城门洞形荷载作用范围是对称的，可将矩形部分看作两个面积为 $b \times a/2$ 的小矩形，代入式 (3.96) 即可得到矩形部分附加应力。对半无限空间内一点受集中荷载作用的明德林应力解在极坐标下进行积分，可得到半圆形荷载下的附加应力。将半圆形荷载下的附加应力与两矩形荷载下的附加应力叠加，即可得到城门洞形荷载下的附加应力：

$$
\sigma_z(z) = \frac{p}{8(1-\mu)} \left(\frac{(1-2\mu)z_1}{2} \left\{ \left[\frac{1}{z_2} - \frac{1}{\sqrt{\left(\frac{a}{2}\right)^2 + z_2^2}} \right] \right. \right.
$$

$$
\left. - \left[\frac{|z_1|}{z_1} - \frac{1}{\sqrt{\left(\frac{a}{2}\right)^2 + z_1^2}} \right] \right\} + \frac{z_1^3}{2} \left\{ \frac{|z_1^3|}{z_1^3} - \frac{1}{\left[\left(\frac{a}{2}\right)^2 + z_1^2 \right]^{\frac{3}{2}}} \right\}
$$

$$
+ \frac{(3-4\mu)zz_2^2 - 3Hz_2(5z-H)}{2} \left\{ \frac{|z_1^3|}{z_1^3} - \frac{1}{\left[\left(\frac{a}{2}\right)^2 + z_2^2 \right]^{\frac{3}{2}}} \right\}
$$

$$
\left. + 3zz_2 \left\{ \frac{1}{z_2^5} - \frac{1}{\left[\left(\frac{a}{2}\right)^2 + z_2^2 \right]^{\frac{5}{2}}} \right\} \right) \tag{3.98}
$$

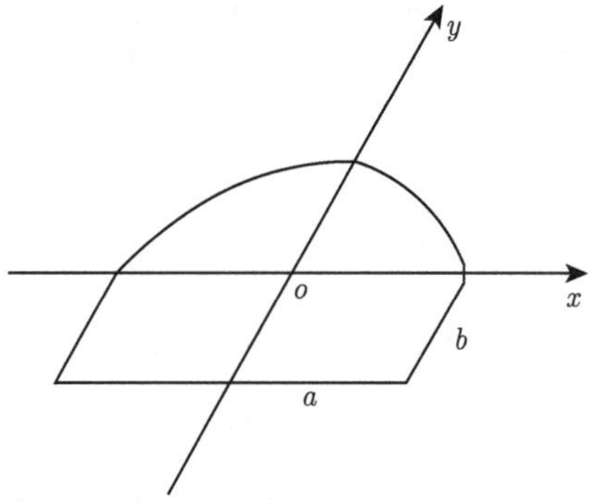

图 3.65   城门洞形截面下明德林应力解的计算坐标系

(2) 锚碇自重应力。自重应力的计算应包括两方面，锚碇自重及周围土体给予锚碇的法向应力和侧向摩阻力。由于锚碇扩展角一般很小，经试算，法向应力在锚碇轴向处分量很小，扩展角影响不大，因此计算时按照等截面考虑。考虑自重应力下的锚碇受力图如图 3.66 所示。由于受到锚碇自重影响，其法向应力和摩阻力相比其他面更大一些，偏于安全考虑，将 BC 面法向应力和摩阻力按照 AD 面考虑，可得到微段受力平衡方程：

$$\Delta P_G = 4a\Delta z(\sigma_G \tan\varphi + c) + \Delta G \sin\beta \tag{3.99}$$

式中，$\sigma_G = \Delta Q \cos\beta + K\Delta Q \sin\beta$，$\Delta Q = \gamma z \sin\beta$，为微段土压力。两边取极限积分可得

$$P_G = 2a'L\gamma \tan\varphi \sin\beta(K\sin\beta + \cos\beta)(L + 2h) + 4a'cL + G\sin\beta \tag{3.100}$$

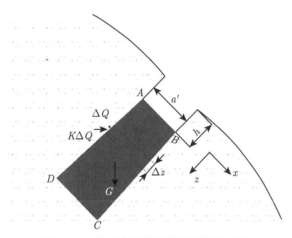

图 3.66　考虑自重应力下的锚碇受力图

(3) 锚碇界面破坏极限承载能力计算公式。锚碇轴力分布室内试验值与理论值对比图如图 3.67 所示，可以看出锚碇轴向应力从后锚面至前锚面是递减的，且衰减速度很快，前锚面 (锚碇轴向长度为 0 处) 应力基本为 0，这一规律与文献 [23] 试验得到轴力图接近，计算数值上与试验结果相比偏大。一方面是因为进行公式推导时没有考虑锚碇倾斜角与变截面影响，另一方面是因为明德林应力解公式计算角点处应力，此处假定的同一截面处轴力相等与实际情况也会出现偏差。在实际工程中，使用明德林应力解进行求解是非常复杂的，因此通常采用峰值剪应力控制法来求解最大承载力。根据文献 [8] 计算结果，得到的附加应力沿锚碇长度呈先增后减的变化，峰值点一般出现在距后锚面 $L/3$ 处，按照此处计算的锚碇附

加应力也符合式 (3.101) 的规律：

$$\sigma_{\mathrm{p}}(z') = \begin{cases} \dfrac{3\,[\sigma_{\mathrm{p}}]}{2L} z', & z' \leqslant \dfrac{2L}{3} \\[3mm] 3\,[\sigma_{\mathrm{p}}] - \dfrac{3\,[\sigma_{\mathrm{p}}]}{L} z', & z' > \dfrac{2L}{3} \end{cases} \tag{3.101}$$

式中，$[\sigma_{\mathrm{p}}] = \dfrac{[\tau_{\mathrm{f}}] - c - \sigma_G \tan\varphi}{\tan\varphi}$，$[\tau_{\mathrm{f}}]$ 为围岩锚碇界面容许强度；z' 为以锚碇前锚面为坐标零点的竖向距离。

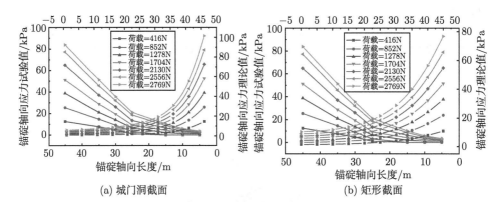

图 3.67　锚碇轴力分布的室内试验值与理论值对比

锚碇围岩界面附加应力产生的法向应力与摩阻力分别为

$$N = \int_0^L \sigma_{\mathrm{p}}(z')U(z')\mathrm{d}z' \tag{3.102}$$

$$T = N \tan\varphi \tag{3.103}$$

式中，$U(z') = 4(a' + 2z'\tan\alpha)$，$a'$ 为前锚面边长。

因此，由附加应力提供的承载力为

$$P_{\mathrm{a}} = (\sin\alpha + \tan\varphi\cos\alpha) \cdot \frac{[\sigma_{\mathrm{p}}]L(60\tan\alpha L + 90a')}{27} \tag{3.104}$$

锚碇围岩界面破坏形式下的极限承载力为

$$\begin{aligned} P_{\mathrm{s}} = &(\sin\alpha + \tan\varphi\cos\alpha)\frac{[\sigma_{\mathrm{p}}]L(60\tan\alpha L + 90a')}{27} \\ &+ 2a'L\gamma\tan\varphi\sin\beta(K\sin\beta + \cos\beta)(L + 2h) + 4a'cL + G\sin\beta \end{aligned} \tag{3.105}$$

2. 工程应用及验证

1) 锚碇承载力计算

以云南普立大桥作为背景桥进行承载力计算，分别得到两种破坏形式下的极限承载力。破裂面处按照线性考虑，代入各参数可得倒锥形破坏承载力 $P_u = 4404200$kN，约为设计承载力的 44 倍，通过现场试验得到该种破坏模式下的极限承载能力在 $50P$ 以上，理论推导得到承载力为 $44P$，与本书计算结果基本相同。

由锚碇自重产生的抵抗力 $P_G = 1944400$kN，由拉拔荷载引起的附加应力 $P_a = 392610$ kN，这种破坏形式下的锚碇承载力 $P_s = 2337000$ kN，此时锚碇承载力约设计承载力的 23 倍。倒锥形破坏形式的极限承载力计算表见表 3.3，计算结果与现有文献结果对比图如图 3.68 所示。由表 3.3 和图 3.68 可以看出，与现有试验所得隧道锚极限承载力对比，推导公式计算结果基本吻合。

表 3.3　倒锥形破坏形式的极限承载力计算表

名称	计算参数							承载力计算结果		
	内摩擦角 $\varphi/(°)$	等效前锚面边长 a/m	锚碇长度 L/m	岩体内黏结力 c/kPa	后锚面深度 H/m	侧压力系数 K	锚碇倾斜角 $\beta/(°)$	原设计承载力 P/kN	极限承载力计算值 P_u/kN	安全系数 n
四渡河大桥	24	10.14	40	1300	70	0.5	35	220000	5196900	24.0
鹅公岩大桥	27	9.30	42	450	92	0.5	26	130000	3405500	26.0
普立大桥	37	8.00	35	1100	60	0.5	42	101202	4404200	43.5
金沙江大桥	27	11.60	45	400	95	0.5	35	310419	5021900	16.0

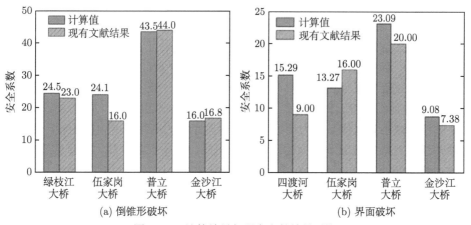

图 3.68　计算结果与现有文献结果对比

分析计算结果可知，云南普立大桥隧道式锚碇发生界面破坏时，克服锚岩接触面黏结力所需要的力为 1232000 kN，约占承载力的 53%，是承载力的主要来源；锚岩接触面摩阻力提供的承载力占比为 43%，其中拉拔力产生附加应力贡献的承载力约为 400000 kN，占总承载力的 17%，4% 的承载力由锚塞体自重提供。发生倒锥形破坏所需要的拉拔力非常大，一方面是因为此处考虑整个破裂面发生剪切破坏并且完全贯通，需要克服破裂面黏结力的拉拔力非常大，并且破坏面面积大，其法向力及切向力也会相应地提高；另一方面是因为发生界面破坏时仅需考虑锚塞体本身重量，而倒锥形破坏不仅考虑锚塞体本身重量，而且破裂面内岩体自重也是其承载力重要来源之一。

2) 锚碇承载力影响因素分析

为了进一步研究各参数对隧道锚承载力的影响，另外计算四座实桥界面破坏形式的极限承载力，如表 3.4 所示。

表 3.4　　界面破坏形式的极限承载力计算表

名称	计算参数							承载力计算结果		
	内摩擦角 $\varphi/(°)$	等效前锚面边长 a'/m	锚碇长度 L/m	岩体内黏结力 c/kPa	锚塞体扩展角 $\alpha/(°)$	侧压力系数 K	锚碇倾斜角 $\beta/(°)$	原设计承载力 P/kN	极限承载力计算值 P_u/kN	安全系数 n
四渡河大桥	24	10.14	40	1300	5	0.5	35	220000	3364200	15.29
鹅公岩大桥	27	9.30	42	450	5	0.5	26	130000	1725500	13.27
普立大桥	37	8.00	35	1100	5	0.5	42	101202	2337000	23.09
金沙江大桥	27	11.60	45	400	5	0.5	35	310419	2821500	9.08

从表 3.3 倒锥形破坏形式的极限承载力计算结果可以看出，各桥安全系数存在较大差异，但极限承载力基本介于 $4×10^6 \sim 5×10^6$ kN，这是因为各桥锚址地质条件不同，锚碇发生倒锥形破坏时破裂角难以确定，表 3.3 所用破裂角均按照文献 [20] 试验所得计算，这就使得各桥破裂面内岩体体积接近。从图 3.69 可以看出，破裂角减小和岩体黏结力增加都会使极限承载力有所提高，但相较于黏结力，破裂角变化对锚碇极限承载力的影响更为明显，各桥极限承载力由于破裂角选取一致而相差较小。分析表 3.4、图 3.69 和图 3.70 可知，对于四座悬索桥，除去金沙江大桥锚岩接触面黏结力较小，其余各桥各参数极限承载力影响因素排序为黏结力 > 界面摩阻力 > 附加应力 > 锚塞体自重沿轴向分量。附加应力本质是通过影响界面摩阻力来提高承载力，但其来源为拉拔荷载，因此单独考虑。从上述计算结果可以看出，无论哪一种破坏形式，破坏面处的黏结力都是承载力的主要来源。

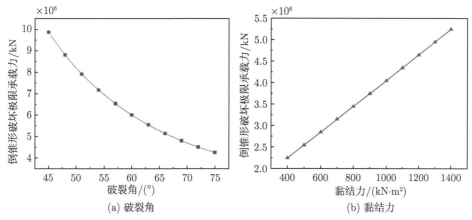

(a) 破裂角　　　　　　　　　(b) 黏结力

图 3.69　普立大桥倒锥形破坏极限承载力主要影响因素

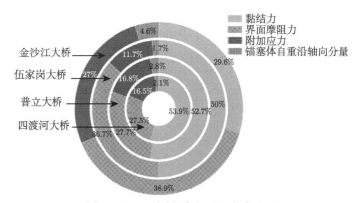

图 3.70　界面破坏各部分承载力占比

3. 隧道锚超载工作过程研究

1) 不同主缆缆力下的锚塞体塑性区延展分析

采用 FLAC3D 进行三维数值模拟分析,锚塞体及围岩均采用莫尔–库仑模型,模型尺寸为 210m×240m×230m,边界采用底面三向约束,侧面法向约束,顶面自由。

设计荷载 101202kN($1P$) 为初始荷载,以 $1P$ 为荷载梯度进行加载。不同荷载作用下锚碇及围岩塑性区分布如图 3.71 所示。荷载在 $13P$ 前基本无塑性区产生。$13P \sim 19P$ 时,塑性区分布较为分散,主要集中于锚碇中轴线以上拱顶部位,后锚面附近多于前锚面。此时岩锚充分发挥其协同作用,在拉拔荷载作用下,岩体内微小裂缝被压密,承载力随荷载增加逐渐提高。这一阶段锚塞体与围岩靠近拉拔力部分已经进入塑性区。继续增加荷载至 $19P$，塑性区迅速增加，扩散至整个拱顶部位，说明此时塑性区延展至锚岩接触面，并随着荷载作用开始迅速扩大，直至塑性区贯通整个锚岩接触面，锚碇丧失全部承载能力，此时荷载介于 $21P \sim 24P$，与表 3.4 计算结果接近。同时，可以看出隧道锚发生两种破坏的界限并不明显，拱顶处破裂面呈现倒锥形，锚塞体底部破坏面则是沿着锚岩接触面，真实破坏情况可能是两种破坏形式的结合。

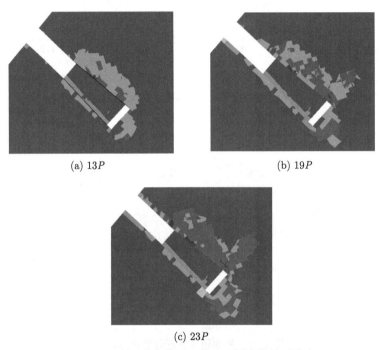

(a) $13P$　　　　　　　　　　　　　　　　(b) $19P$

(c) $23P$

图 3.71　　不同荷载作用下锚碇及围岩塑性区分布

2) 不同主缆缆力下的锚岩位移曲线

全阶段不同缆力下锚碇轴向位移如图 3.72 所示。整体来看，轴向位移随缆力增加而逐渐增加。锚塞体位移与缆力基本呈线性关系，这是因为锚塞体相较于围岩内黏结力和抗压强度更大，在不同缆力作用下基本处于弹性阶段。

对比云南普立大桥理论结果、塑性区与位移曲线，可以发现隧道锚工作过程有明显的三个阶段。隧道锚承载阶段图如图 3.73 所示，阶段 Ⅰ 为锚岩协同工作阶段，围岩在拉拔荷载产生的挤压作用下，内部微小裂缝逐渐压密，锚岩接触面塑性区开始部分发展；当拉拔荷载达到一定值 $(15P \sim 19P)$ 时，达到阶段 Ⅱ，拉拔荷载的切向力逐渐克服围岩抗剪强度，塑性区发展迅速，并逐渐延伸至整个接触面，锚岩整体位移开始显著增加，隧道锚仍可以继续承载，该阶段为围岩塑性阶

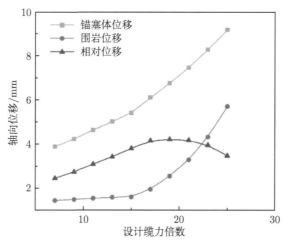

图 3.72　全阶段不同缆力下锚碇轴向位移

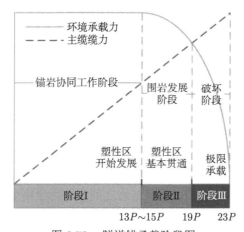

图 3.73　隧道锚承载阶段图

段；继续增加荷载，进入阶段 Ⅲ，围岩塑性区逐步贯通 (主缆缆力至 $23P$ 左右)，
塑性区向围岩内部大范围发展，锚岩接触面出现大量拉剪破坏，隧道锚基本丧失
承载能力，该阶段为隧道锚的破坏阶段。现有文献试验结果表明，隧道锚在数十
倍设计缆力时仍存在处于稳定状态的现象，而现有承载力计算公式往往得不到如
此大的结果，究其原因在于隧道锚的破坏模式并不是固定的。正如本书数值模拟
结果显示，存在倒锥形与界面破坏两种形式结合的破坏模式。由于实际工程所处
地质条件不同，缆力向围岩内部传递情况存在差异，因此如何界定两种破坏模式
发生的条件是下一步亟须解决的。

4. 隧道锚影响承载力参数分析

工况模型参数如表 3.5 所示。建立 6 种不同工况模型，以探究锚塞体不同几何参数对承载力的影响。锚塞体自重在不同工况中不尽相同，前文经过计算发现锚塞体自重对于承载力的影响极小，是可以忽略不计的。

表 3.5　工况模型参数

工况	锚塞体扩展角/(°)	锚塞体长度/m	锚塞体间距/m
初始工况	2.86	35	21
工况 1	1.80	35	21
工况 2	4.00	35	21
工况 3	2.86	25	21
工况 4	2.86	45	21
工况 5	2.86	35	16
工况 6	2.86	35	26

改变锚塞体扩展角后的荷载–位移曲线如图 3.74(a) 所示，可以看出随着锚塞体扩展角增大，围岩整体位移是减小的。因为随着扩展角增大，锚塞体与围岩之间的楔形嵌合部分就越大，锚岩之间的夹持效应就更加明显，所以隧道锚的承载力有所提高。当扩展角由 1.80° 增加到 2.86° 时，20P 荷载时位移减小幅度为 47%；当扩展角由 2.86° 增加至 4.00° 时，位移减小幅度仅为 15%。这说明随着扩展角的增加，承载力并不能无限制增加，而是逐步趋近于一个定值。

改变锚塞体长度后的荷载–位移曲线如图 3.74(b) 所示，可以看出，围岩整体位移随着锚塞体长度的增加而逐渐减小，说明隧道锚的承载力是有所增加的。当锚塞体长度由 25m 增加到 35m 时，位移减小幅度为 15%；当锚塞体长度由 35m 增加到 45m 时，位移减小幅度为 28%，此时隧道锚承载力增加没有像扩展角一样受到限制，随着长度的增加，这一增加幅度更大。随着锚塞体长度的增加，隧道锚与围岩接触面积也相应增加，克服锚岩之间黏结力所需要的拉拔力也相应地提高；且由于扩展角的影响，锚塞体的长度越大，增加单位长度所增加的表面积越大，因此增加幅度也越来越大。根据式 (3.105)，承载力可以看作 L 的二次函数，当 L 大于 0 时，承载力呈单调递增状态，且随着 L 的增加，承载力的增大速度是越来越大的。实际工程中锚塞体的长度受到成本和施工难度等因素的限制，并不能无限制增大，因此要兼顾两者选取适合的长度。

改变锚塞体间距后的荷载–位移曲线如图 3.74(c) 所示，可以看出随着左右锚塞体间距的增大，围岩整体位移是减小的，即隧道锚的承载力增加。位移矢量在两锚塞体之间的围岩内大量集中，由于群桩效应的影响，间距越小，隧道锚更容易达到承载力的极限状态。

为了更好地分析各因素对隧道锚承载力的影响程度，对各工况下锚塞体的几何参数 I_i 和围岩位移 w_i 进行归一化处理，几何参数影响归一化曲线如图 3.75

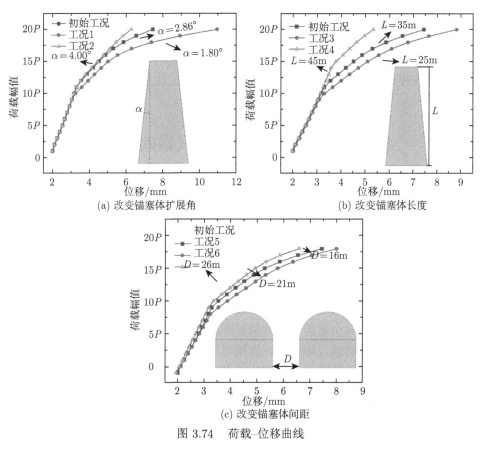

(a) 改变锚塞体扩展角

(b) 改变锚塞体长度

(c) 改变锚塞体间距

图 3.74 荷载–位移曲线

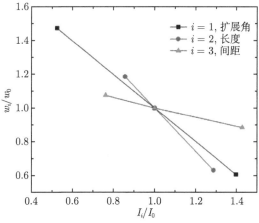

图 3.75 几何参数影响归一化曲线

所示，得到 I_i/I_0 与 w_i/w_0 的关系曲线。I_i 为各工况变化参数值，$i = 1,2,3$；I_0 为初始工况各参数值；w_i 为各工况下围岩位移值，$i = 1,2,3$；w_0 为初始工况围岩位移值。可以看到，各几何参数对于隧道锚承载能力影响存在差异，拟合后得到三条曲线的斜率分别为 $k_1 = -0.987$，$k_2 = -1.289$，$k_3 = -0.290$，说明锚塞体长度对承载力的影响最大，其次为锚塞体扩展角，锚塞体间距对承载力的影响最小。

3.5 一种惯质黏性阻尼器的隧道式锚碇减振效果分析

隧道锚通过自身重力与周围岩体协同工作，提供了巨大的承载力，在面对复杂山区地形时，相较于传统重力式锚碇，具有对自然环境扰动小和性价比高两大显著优势 [15,24]。近年来，众多学者对隧道锚的承载机理已经研究得十分透彻，但多聚焦于在静力作用下研究峰值问题，或通过数值模拟和室内外试验逐级加载研究破坏损伤过程，是一种静态研究。实际工程中，由于地震、风雨作用及车辆振动通过主缆传递至锚碇的荷载是持续变化的，这部分动荷载的影响往往被人忽略，如今对其开展的研究是远远不够的，因此需要深入研究隧道锚对动荷载的敏感性、破坏特性，以及如何减小这部分动荷载带来的影响。

动荷载相较于静荷载，幅值小、作用时间短，但变化快，作用方向时常发生改变，当其作用在隧道锚薄弱处易发生疲劳破坏。王东英等 [25] 利用应变软化本构模型模拟锚岩接触面岩体在荷载作用下的弱化损伤过程，虽然没有施加动荷载，但很好地反映了接触面处岩体破坏过程。颜冠峰等 [26] 对隧道锚在地震荷载下各处的大小主应力、隧道锚力学响应与隧道的力学响应异同进行了研究分析。李明等 [27] 通过模拟主缆张拉荷载，研究了隧道锚前后锚面在动荷载下的位移响应。还有学者对地震荷载作用下隧道锚及其边坡的动力响应进行了研究分析 [28,29]。以上学者对锚碇本身及其周围岩体或附属结构在动荷载作用下的力学响应进行了研究分析，但仅分析其参数响应无法体现动荷载对隧道锚的影响程度，不能明确地将动荷载对承载力的影响量化，有必要将动荷载像静荷载一样进行逐级加载，在动荷载变化中体现隧道锚对其的敏感程度。

主缆荷载经散索鞍传递至锚碇，散索鞍至锚碇这部分由动张拉荷载引起的缆索振动对隧道锚产生影响，隧道锚在前锚室进行减振处理的方法是本节需要深入研究的一部分。Shi 等 [30] 研究了斜拉索上安装惯性阻尼器的动力特性，表明相较于传统的黏性阻尼器，惯性阻尼器具有更好的阻尼性能。汪志昊等 [31] 将电涡流阻尼技术与滚珠丝杠式惯性阻尼装置结合，提出了一种新型斜拉索减振方法。Pan 等 [32] 在满足需求的前提下，以代价最小作为设计目标，提出了一种新的惯性阻尼器设计方法。Wang 等 [33] 为了同时抑制斜拉索的平面内和平面外振动响应，提出了一种新的涡流阻尼器系统。汪峰等[34]建立了阻尼器–拉索–塔梁体系的参数振动模型，并研究了各参数对拉索振动的影响。刘菁等[35]制作并研究了一种新型的拉索惯质黏性阻尼器，并对其自身性能参数进行了详细的讨论。

基于以上研究目标及存在的不足，进一步确定动荷载作用下锚岩接触面的位移响应，探究隧道锚对动荷载变化的敏感性，验证隧道锚在动荷载作用下进行减振处理的必要性。本节借助 FLAC3D 建立锚岩系统模型，对其在实际承载过程中的动力加载情况进行模拟，通过幅值变化的逐级加载方法，对隧道锚动荷载敏感性进行探究，设计运用一种适用于隧道锚前锚室的惯质阻尼器，以期减少动张拉荷载给隧道锚带来的振动影响。

3.5.1　惯质黏性阻尼器

1. 惯质黏性阻尼器的构造与机理

为了减少锚塞体的振动，设计研究了一种惯质黏性阻尼器，如图 3.76 所示。该阻尼器主要由四部分组成：第一部分是由惯质圆盘组成的惯质组件；第二部分是黏滞阻尼部分，包括圆杆、弹簧、带孔活塞、黏滞阻尼液体；第三部分为力学放大组件及传动装置，包括滚珠丝杠与导向杆；最后一部分是用于保护内部装置的金属外壳。

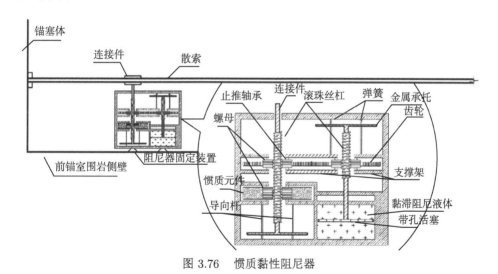

图 3.76　惯质黏性阻尼器

设计的这种阻尼器主要借助滚珠丝杠这一在精密机械中常用的传动组件，可以实现直线运动和回转运动的互相转化，同时转化后的运动具有一定的速度放大效果。整体装置运动方式：先由导杆将主缆面内及面外振动转化为滚珠丝杠的竖向运动，借助其特性将竖向运动转化为旋转运动，并带动惯质圆盘进行高速旋转运动，高速运动的惯质圆盘会产生极大的惯性质量，同时滚珠丝杠带动弹簧和带孔活塞进行竖向运动，产生弹性恢复力与阻尼力。三种组件共同发挥作用产生减振耗能效果。

2. 惯质黏性阻尼器的负刚度效果

刚度是描述物体受到外荷载后抵抗变形的物理量。负刚度构件荷载方向与变形方向相反，在与正刚度构件并联时，具有较高承载力的同时具有较低刚度。本书惯质组件在具有一定初始加速度后便会呈现结构的负刚度效果。惯质组件工作过程如图 3.77 所示。

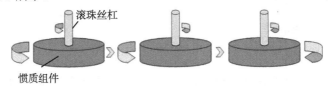

图 3.77　惯质组件工作过程

拉索某一次传递竖向力至丝杠时，经过滚珠丝杠和传动齿轮的转化及传动效果，弹簧和活塞进行竖向运动。同时，由于滚珠丝杠的速度放大效应，惯质圆盘开始高速旋转产生惯性力，此时整体结构位移方向与力的方向视为一致，表现出正刚度效果。随着拉索振动，滚珠丝杠受到与之前相反的力，但由于惯质圆盘高速旋转产生的惯性效果，丝杠第一时间与力呈相反方向运动，此时弹簧和活塞保持着之前的运动状态，结构整体位移方向与力的方向相反，表现出负刚度效果。由于摩擦和反方向力的存在，惯质圆盘运动一段时间后会停止，开始向反方向运动，整体结构位移再次与力的方向一致，再次表现为正刚度。随着拉索的不断振动，减振装置的刚度在正刚度与负刚度之间交替。

3. 惯质黏性阻尼器数值模型

惯质黏性阻尼器简化力学模型如图 3.78 所示，忽略滚珠丝杠和传动齿轮的质量与转动摩擦影响，装置某一时刻整体受力分析如下：

$$F = m_{in}\ddot{u} + c_d\dot{u} + ku \tag{3.106}$$

$$m_{in} = \left(\frac{2\pi}{L_d}\right)^2 \frac{1}{2}(r_0^2 + r_i^2)m_0 \tag{3.107}$$

式中，F 为拉索振动产生的竖向力；m_{in} 为惯容系数；L_d 为滚珠丝杠导程，即螺母旋转运动一圈，丝杠直线运动的距离；r_0 为惯质圆盘外半径；r_i 为惯质圆盘内半径；m_0 为惯质圆盘质量；c_d 为等效阻尼系数；k 为等效弹簧刚度系数；$\ddot{u}$、$\dot{u}$、u 分别为某时刻加速度、速度和位移。

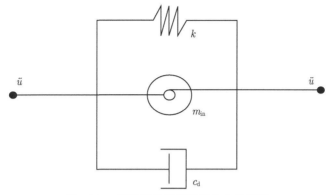

图 3.78　惯质黏性阻尼器简化力学模型

由于传动齿轮半径不同，活塞和弹簧的速度和位移会按照一定比例放大。滚珠丝杠的导程是 L_d，竖向运动的速度是 $\dot{u}$，根据滚珠丝杠导程的定义可知，传动齿轮 1 的线速度为 $2\pi r_1 \dot{u}/L_d$，两齿轮啮合连接，因此传动齿轮 2 的线速度也为 $2\pi r_1 \dot{u}/L_d$，可得到活塞的运动速度为 $r_1\dot{u}/r_2$。同理，可得到弹簧的弹性变形为 $r_1 u/r_2$。等效阻尼系数和等效弹簧刚度系数分别为

$$c_d = \frac{r_1}{r_2}c_0 \tag{3.108}$$

$$k = \frac{r_1}{r_2}k_0 \tag{3.109}$$

式中，r_1、r_2 为齿轮半径；c_0 为阻尼液体阻尼系数；k_0 为弹簧刚度系数。

为验证阻尼器负刚度效应及减振耗能效果，借助 MATLAB 组件 Simulink，根据前文推导得到的数学模型，建立惯质黏性阻尼器的数值模型，如图 3.80 所示。

Simulink 的建模过程是将数学语言转化成图形语言，并通过箭头或各种模块进行连接，惯质黏性阻尼器数值模型如图 3.79 所示。本模型中，阻尼器所受激励采用正弦曲线模块进行模拟，幅值 2cm，频率 1Hz。通过导数模块 Continuous-Derivative 处理，得到速度和加速度曲线，并将其导入工作空间 (To Workspace) 以便于后期调用。将位移、速度及加速度模块分别连接增益模块 Gain，并分别赋值命名为惯性系数、等效阻尼系数和等效弹簧刚度系数，之后将其导入工作空间。建立函数图象模块，X 轴端口连接三种力合力模块，Y 轴连接正弦曲线模块。设置环境运行参数，运行时间为 10s，采用变步长 ode45(Dormand-Prince) 解法，最后代入表 3.6 的阻尼器组件参数运行。

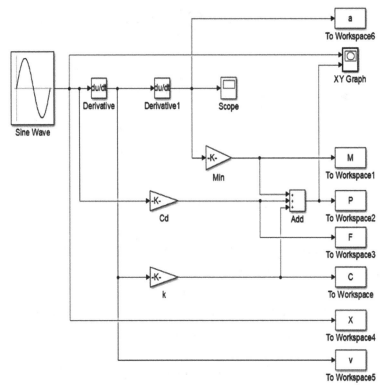

图 3.79　惯质黏性阻尼器数值模型

表 3.6　阻尼器组件参数

参数	L_d/cm	r_0/cm	r_i/cm	m_0/kg	c_d/(kN·s·m^{-1})	k/(kN·m^{-1})	r_1/cm	r_2/cm
取值	2	6	3	6	150	75	8	6

4. 数值模拟结果及分析

通过模型运行结果导出数据, 绘制构成阻尼器阻尼力各分力的力–位移曲线。在正弦位移激励下, 数值模拟滞回曲线如图 3.80 所示。图 3.80(a) 为阻尼器合力 (P)–位移曲线, 图 3.80(b) 为惯性力 (M)–位移曲线, 图 3.80(c) 为弹性力 (F)–位移曲线, 图 3.80(d) 为阻尼力 (C)–位移曲线。

由图 3.80(a) 可以看出, 阻尼器具有明显的负刚度特性, 等效负刚度曲线的斜率与图 3.80(b) 惯性力–位移曲线斜率基本一致, 说明阻尼器的负刚度特性主要由惯质组件提供。通过图 3.80(b) 可以看出, 惯质组件并不具有耗能能力, 可以视为一种负刚度弹簧, 在结构进行振动时, 可以抵消一部分刚度, 并适当降低振动频率, 延长结构振动周期。此外, 由于模型忽略了传动齿轮等构件的质量与摩擦效果, 实际阻尼器的耗能与负刚度效果应不局限于阻尼组件与惯容组件, 合力–位移曲线包络的面积应大于理论模型。

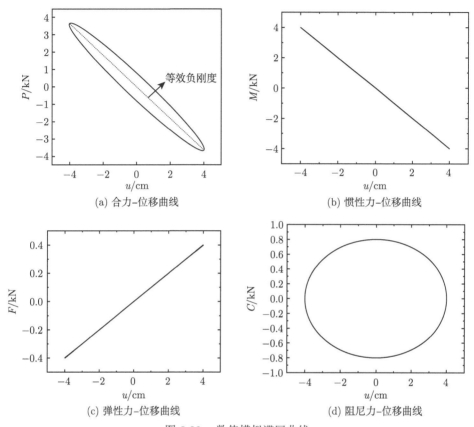

图 3.80 数值模拟滞回曲线

3.5.2 隧道式锚碇动荷载响应

1. 工程背景及数值模型建立

云南普立大桥主桥为双塔单跨钢箱梁悬索桥, 全长共 1040m, 宣威岸锚碇为重力式锚碇, 普立岸锚碇采用隧道式锚碇。根据工程资料, 锚碇前后锚面均为等宽高城门洞形, 宽度分别为 9.5m 和 13m。锚碇轴线长度为 35m, 轴向与水平线夹角为 42°, 锚碇扩展角为 5°。普立大桥锚塞体详图如图 3.81 所示。

根据锚址围岩参数, 采用 FLAC3D 有限差分软件对普立大桥进行三维数值模拟分析。围岩采用莫尔–库仑本构模型, 锚塞体采用弹性本构模型, 整体模型尺寸为 210m×240m×230m, 边界采用底面三向约束, 侧面法向约束, 顶面自由。数值模型参数如表 3.7 所示。

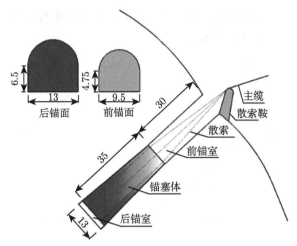

图 3.81　普立大桥锚塞体详图 (单位：m)

表 3.7　数值模型参数

材料	密度/(kg·m^{-3})	体积模量/Pa	剪切模量/Pa	黏结力/Pa	内摩擦角/(°)	抗拉强度/Pa
围岩	2803	2.00×10^{10}	1.45×10^{10}	1.05×10^{6}	37	0.525×10^{6}
锚塞体	2653	1.81×10^{10}	1.35×10^{10}	—	—	—
接触面	—	—	—	3.00×10^{6}	37	1.000×10^{6}

注：接触面的法向刚度与切向刚度均为 5×10^{8} N/mm。

2. 隧道锚动荷载的施加

隧道锚在地震荷载下多产生周围岩体自身破坏和整体边坡滑移，本书考虑的动荷载为车辆、风雨等作用在主梁或主缆并由主缆经散索鞍传递至锚塞体的这一部分。由于其作用时间更长，产生作用的次数更加频繁，因此对锚塞体围岩系统的影响更加显著。

主缆动荷载采用文献 [27] 方法合成，振幅采用 n 倍的设计缆力，n 与静荷载的超载系数一致，k 取 0.01，通过高斯分布生成随机数，得到外部荷载作用下的主缆动张拉荷载。采用静荷载和动荷载叠加的方式进行主缆荷载的施加。首先在模型上施加静荷载，计算完成之后，调整模型边界条件，设置阻尼系数，在静荷载的结果基础上施加动荷载。

3. 隧道锚动荷载响应分析

锚碇测点布置如图 3.82 所示，以左侧锚碇为例，共 9 个测点，分别在锚碇的前部、中部、后部截面各布置 3 个，以前 a、前 b、前 c、中 a、中 b、中 c、后 a、后 b、后 c 表示。隧道锚破坏主要体现在围岩的拉剪破坏，对于围岩的响应分析更能说明此时所处状态。因此, 测点放置在锚岩接触面节点, 以分析围岩响应情况, 而非锚塞体表面节点处。

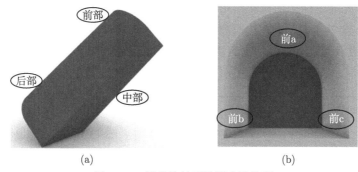

(a)　　　　　　　　　　　　　(b)

图 3.82　锚岩接触面监测点渲染图

1) 锚岩接触面测点位移响应分析

首先在隧道式锚碇正常工作状态荷载 (1P) 作用下施加幅值为 1P 的动荷载, 即在 1P 动荷载作用下, 分析锚岩接触面的竖向位移响应 (位移响应主要集中在锚塞体竖向与横桥向, 此处主要讨论竖向位移响应)。1P 幅值动荷载作用下接触面平均位移时程曲线如图 3.83 所示。在动荷载作用下, 锚岩接触面整体位移是不断增加的, 相比于静荷载时位移增加较为明显, 增加幅度约为 45%。b、c 测点处平均位移, 即锚塞体两底角处位移远大于锚塞体顶部 a 测点的平均位移, 这是因为两底角部位易出现应力集中现象, 在动荷载作用下, 锚岩底角接触部位更易发生塑性应变积累, 从而导致破坏。动荷载在锚塞体内部是从后锚面至前锚面逐渐传递的, 通过图 3.83(b) 可以看出, 施加动荷载作用之后, 锚塞体各截面处

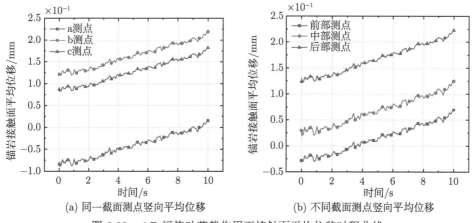

(a) 同一截面测点竖向平均位移　　　　　　(b) 不同截面测点竖向平均位移

图 3.83　1P 幅值动荷载作用下接触面平均位移时程曲线

围岩平均位移情况同样存在差异，后部测点的平均位移是最大的，其次是中部测点，位移最小的是前部测点，这与静荷载作用下类似。

为了探究隧道锚在动荷载作用下的工作过程，进一步验证上述现象的准确性，分别施加各级动荷载，得到各监测点平均位移时程曲线。逐级加载沿轴向同一测点平均位移时程曲线如图 3.84 所示，图 3.84(a)~(d) 分别为 $3P$、$5P$、$7P$、$10P$ 动荷载作用下，锚岩接触面的平均位移时程曲线。

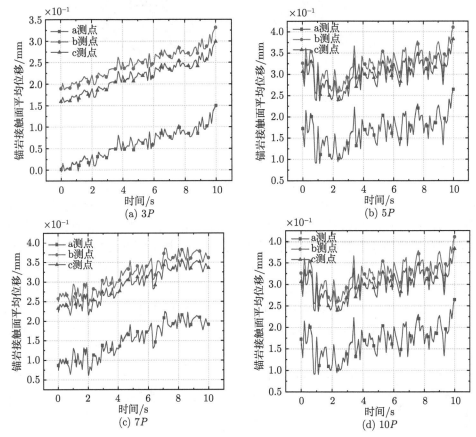

图 3.84　逐级加载沿轴向同一测点平均位移时程曲线

由图 3.84 可知，与 $1P$ 动荷载作用类似，b、c 测点两底角处平均位移要明显大于顶部 a 测点的平均位移。通过图 3.85 可以发现，在 $1P \sim 5P$ 动荷载作用下，锚岩接触面中部测点的平均位移是显著小于后部测点的。到 $7P$ 动荷载时，中部测点平均位移与后部测点平均位移基本一致。至 $10P$ 动荷载，中部测点平均位移已经明显大于后部测点，这与荷载在锚塞体内部的传递规律存在一定的不同之处。这是因为锚塞体受到了围岩拉拔荷载产生的附加应力，使得锚塞体周围的正应力不再随围岩的深度而直线增加。由文献 [8] 可知，附加应力的峰值点出现在距后锚面 1/3 距离处，正应力的峰值点应位于距后锚面 0~1/3 距离处。随着拉拔动荷载的不断增大，附加应力也不断增大，直到 $7P$ 动荷载作用下，距后锚面 1/3 距离的某处应力值超过了后锚面处应力值。根据莫尔–库仑准则可知，切应力也相应增大，使得中后部部分围岩率先发生破坏，产生更大的位移。图 3.86 为 $10P$ 动荷载作用下沿锚塞体顶部设置测线测得的从前锚面至后锚面的竖向位移曲线。可以看出，位移分布存在先增后减的趋势，峰值点在距后锚面 1/7~1/6 距离处。对比图 3.84 和图 3.85 不难发现，锚岩接触面平均位移响应随着荷载幅值的增加存在着两个阶段：第一阶段，当荷载幅值为 $1P \sim 7P$ 时，随时间的增加，锚岩接触面的平均位移在波动中不断上升，振动幅度较小；第二阶段，荷载幅值达到 $7P$ 以后，锚岩接触面的平均位移基本保持不变，但振动幅度更大。

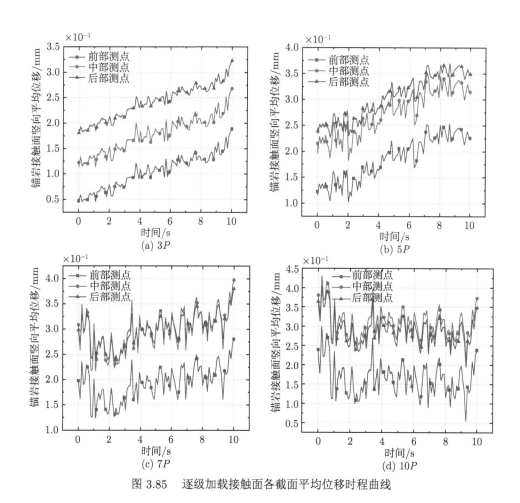

图 3.85　逐级加载接触面各截面平均位移时程曲线

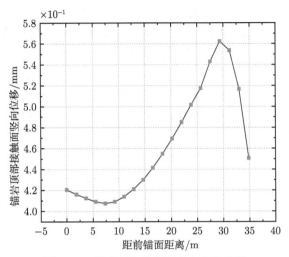

图 3.86　锚岩顶部接触面竖向位移曲线

2) 不同时刻接触面应变增量分析

最大剪应变增量如图 3.87 所示，剪应变增量由锚塞体-围岩接触面向围岩内部逐渐延伸，增量大值主要集中在锚塞体底部及后锚面部分。随着动张拉荷载持续作用，锚塞体-围岩接触面最大剪应变增量也在不断增加。0.1s 时约为 6.3×10^{-5}，0.5s 时约为 6.5×10^{-5}，10s 时增加至约 6.6×10^{-5}，可以看出振动初期应变增量增加幅度较为明显，增幅先大后小。

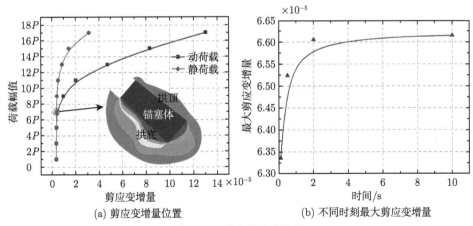

(a) 剪应变增量位置　　　　　　　　　(b) 不同时刻最大剪应变增量

图 3.87　最大剪应变增量

3) 隧道锚受动荷载影响敏感程度分析

随着动荷载幅值的增加，各截面的平均位移是不断增加的，但这种增加并不是线性的，而与动荷载的幅值有关。换而言之，隧道锚在不同动荷载作用下受到的影响程度是不同的。现将各级动荷载作用下锚岩接触面静荷载位移最大值与动荷载位移增幅进行对比，各级荷载幅值下静荷载位移与动荷载位移增幅对比结果如图 3.88 所示。

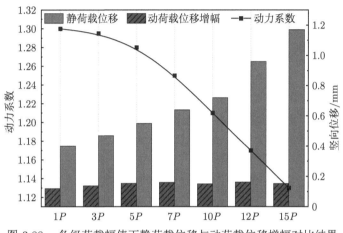

图 3.88　各级荷载幅值下静荷载位移与动荷载位移增幅对比结果

为衡量隧道锚受动荷载影响的敏感程度，此处将动荷载作用下位移增幅与静荷载作用下位移的比值定义为动荷载影响率 r：

$$r = \frac{\Delta U}{U_{\text{静}}} \tag{3.110}$$

式中，$\Delta U = U_{\max} - U_{\text{静}}$，为动荷载位移增幅，$U_{\max}$ 为动荷载作用下最大位移；$U_{\text{静}}$ 为静荷载位移。

从图 3.88 可以看到，随着荷载幅值的增加，静荷载位移是增加的，但动荷载位移增幅基本保持不变，维持在 0.1～0.2mm。从动力系数曲线可以看出，动荷载影响率从 $1P$ 时的 30%，随着荷载幅值增加，逐渐降低至 $15P$ 时的 13%，说明动荷载对隧道锚的影响程度随着荷载幅值的增加在逐渐减小，静荷载的作用在不断增大。从图 3.85 位移变化趋势同样可以看出，锚岩接触面整体位移随着荷载幅值的增加，从整体上升趋势逐渐变为围绕着均值线上下波动。在低载幅值的作用下，锚岩系统更易受到动荷载的影响，整体位移会随着动荷载的施加有所增加。当荷载幅值逐渐增加时，动荷载对于锚岩系统的影响会越来越小，因此有必要在低静荷载作用下对锚岩系统进行减振处理。

3.5.3　隧道式锚碇减振效果分析

1. 拉索–阻尼器系统最优附加阻尼比

惯质黏性阻尼器对隧道锚的减振效果，主要体现在主缆由散索鞍传来的动张拉荷载经过阻尼装置的减振耗能处理后，减小其带来的锚碇振动疲劳损害。忽略拉索的垂度、轴向变形、抗弯刚度和阻尼，建立拉索–阻尼器系统力学模型，运动方程为

$$T\frac{\partial^2 w}{\partial x^2} - m\frac{\partial^2 w}{\partial t^2} = C\frac{\partial w}{\partial t}\delta(x-a) \tag{3.111}$$

式中，T 为拉索水平拉力；m 为单位长度拉索质量；C 为系统阻尼系数，由阻尼器出力得到，$F\mathrm{d}w = C\partial w/\partial t$；$w$ 为拉索横向位移；t 为时间；$\delta(x-a)$ 为狄利克雷函数，当 $x-a=0$ 时，$\delta(x-a)=1$，当 $x-a\neq 0$ 时，$\delta(x-a)=0$。

采用分离变量法得到解的形式为

$$w_k(x_k, t) = \tilde{w}_k(x_k)\tilde{t}(t) \tag{3.112}$$

$$\tilde{w}_k(x) = A_{k1}\cos\beta x + A_{k2}\sin\beta x \tag{3.113}$$

$$\tilde{t}(t) = \mathrm{e}^{i\omega t} \tag{3.114}$$

式中，$\tilde{w}_k(x)$ 为二阶微分方程的通解，即平面内横向振动振型函数；A_{k1}、A_{k2} 为二阶常微分方程用三角函数表示通解的参数项；ω 为复频率；$\beta = \omega\sqrt{m/T}$，为复波数；i 为虚数。

根据边界条件 $w(0,t)=0$，可以得到 $A_{k1}=0$，在阻尼器处可得到竖向平衡：

$$T\left(-\frac{\partial w_1}{\partial x_1}\bigg|_{x_1=a_1} - \frac{\partial w_2}{\partial x_2}\bigg|_{x_2=a_2}\right) = C\frac{\partial w_1}{\partial t}\bigg|_{x_1=a_1} \tag{3.115}$$

令 $\tilde{w}_k(a_k)=\tilde{w}_a$，$a_k$ 为阻尼器安装位置与固定端的距离，并定义无量纲阻尼参数 $\eta = C/\sqrt{Tm}$，L 为拉索全长，可以得到

$$\tan\beta L = \frac{i\eta\sin^2\beta a_1}{1 + i\eta\sin\beta a_1\cos\beta a_1} \tag{3.116}$$

通过求解复波数 β，可以得到系统模态阻尼。为了说明锚塞体减振效果，本书仅计算第一阶阵型下的最优附加阻尼比。根据文献 [33]，可以得到拉索–阻尼器系统最优附加阻尼比为

$$\zeta_{d,opt} = \pi^2 \frac{c_d}{mL\omega_0} \varepsilon_d^2 \tag{3.117}$$

式中，ω_0 为拉索第一阶自振频率；$\varepsilon_d = a_1/L$，为阻尼器安装距离与拉索全长之比。

2. FLAC3D 中减振效果的实现

FLAC3D 中尚没有一种明确的结构单元可以模拟阻尼器装置，本书通过建立减振层并设置相应的力学阻尼来模拟阻尼器的减振效果。在前锚面处设置厚度为 3 的减振层，为模拟真实的阻尼器参数，密度、体积模量和剪切模量应远小于围岩及锚塞体。模拟减振层参数见表 3.8。阻尼形式采用局部阻尼，它在振动循环中通过在节点处增加或减小质量使运算达到平衡，即速度方向发生改变时增加节点质量，速度大小达到极值 (最大值或最小值) 时减少质量。

$$\alpha_L = \pi D \tag{3.118}$$

式中，α_L 为局部阻尼系数；D 为临界阻尼比，此处采用一阶最优附加阻尼比，将表 3.8 数据代入式 (3.111) 和式 (3.118)，计算得到 $D = \zeta_{d,opt} = 1.7\%$。

表 3.8　模拟减振层参数

密度/$(kg \cdot m^{-3})$	体积模量/Pa	剪切模量/Pa
200	2×10^6	2×10^6

3. 动荷载施加计算结果及分析

前文阐述了锚塞体在低荷载幅值作用下更易受到动荷载振动影响，此处选取 $3P$ 荷载幅值作用下锚塞体接触面位移速度作为研究对象。有阻尼器和无阻尼器情况下测点的位移和速度时程曲线如图 3.89 和图 3.90 所示。图 3.89(a) 为位移响应曲线，图 3.89(b)~(d) 为速度响应曲线。

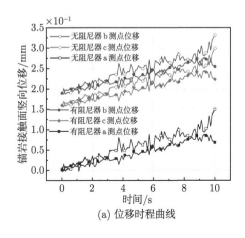

(a) 位移时程曲线

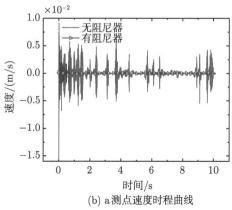

(b) a 测点速度时程曲线

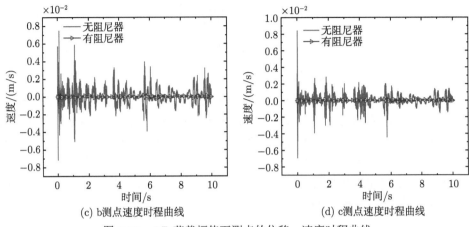

图 3.89　3P 荷载幅值下测点的位移、速度时程曲线

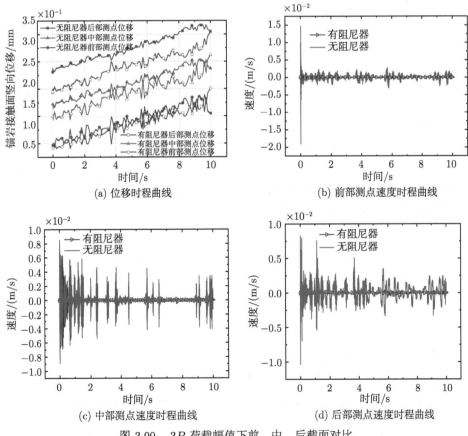

图 3.90　3P 荷载幅值下前、中、后截面对比

　　从图 3.90 和图 3.91 可以看出，设置阻尼器后，锚塞体接触面各部位的位移、速度响应均显著减小。无阻尼器情况下，竖向位移均值约为 0.18mm；设置阻尼器后，竖向位移均值约为 0.15mm，减小幅度约为 17%。无阻尼器情况下，动荷载施加前期竖向速度振动明显，约 4s 后振动频率均有所下降，但振动幅值依旧较大；设置阻尼器后，可以看到整体速度振动幅值是有所降低的，同时速度振动主要集中在 0~1s，1s 后速度急剧衰减，2s 后速度基本衰减至 0。

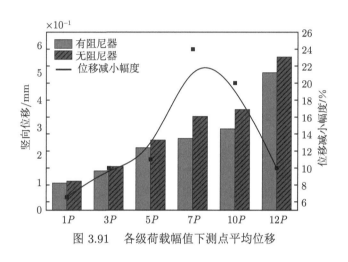

图 3.91　各级荷载幅值下测点平均位移

　　分别提取 1P、3P、5P、7P、10P、12P 荷载幅值下有无阻尼器各测点位移数据，进行平均化处理，各级荷载幅值下测点平均位移如图 3.91 所示。相较于不设置阻尼器，在有阻尼器的情况下，锚岩接触面位移有所减小，但整体减小幅度不大，说明在动荷载作用下，设置阻尼器对于隧道锚位移的影响是有限的。在 1P、3P 荷载幅值作用下，减振幅度很小，位移减小幅度不到 10%。这是因为在低荷载幅值的情况下，隧道锚对动荷载的敏感程度较高，即使通过阻尼器进行减振处理，减振后的动荷载依然会在锚岩接触面处产生较大的位移。从图 3.91 可以看出，荷载幅值达到 4P 时，位移减小幅度曲线开始出现明显拐点，说明此时设置阻尼器对于隧道锚的减振效果逐渐增强。直到荷载幅值达到 7P 左右，曲线再次出现拐点，此时位移幅值开始大幅度下降，但动荷载不再是影响隧道锚的主要因素，高幅值的静荷载开始占据主要作用，设置的阻尼器对隧道锚的减振效果开始逐渐减弱。结合图 3.88 可以看出，在低荷载幅值情况下 (1P ∼ 4P)，隧道锚对于动荷载的敏感程度更高，即此时增加动荷载的频率和幅值会给隧道锚带来更严重的破坏。在高荷载幅值 (7P 以上) 情况下，静荷载对隧道锚起主要影响作用。这两种情况下，设置阻尼器的减振效果不会太明显，但处于两种情况之间，即中低荷载幅值 (4P ∼ 7P) 下，设置阻尼器会显著减小振动带来的疲劳破坏。

3.6　本章小结

本章首先通过力的平衡条件建立了锚塞体周围剪应力的分布规律，以最大剪应力为强度控制条件，推导锚塞体长度的近似计算公式，并给出相应参数的合理建议值；其次，对正方形、圆形和城门洞形截面形式下锚塞体长度计算公式进行了推导，并且对计算公式进行了验证；对悬索桥隧道锚的承载阶段及承载力的构成进行了分析，提出了两种承载力计算理论，即基于莫尔–库仑准则的隧道锚承载力计算理论和基于解析法的隧道锚承载力计算理论；利用 FLAC3D 软件，对普立大桥的建造过程进行了模拟，并且对普立大桥在设计缆力下的变形和应力、超载情况下的变形和应力进行了分析；对隧道锚的动力力学性能进行了分析，提出了一种拉索惯质黏性阻尼器，用于减小隧道锚的动力反应。本章在上述工作的基础上，得出了以下结论。

(1) 近似计算公式所得的锚塞体最小长度满足最小长度要求。

(2) 本章考虑到锚碇变截面形式，推导出锚塞体长度近似公式。实桥计算验证截面形式不同对承载能力与最小长度均有所影响，在前锚面面积一定的情况下，采用城门洞形截面形式时，锚塞体所需最小长度最小，此时的承载能力也是最大的，符合工程实际情况。

(3) 通过数值模拟分析可知，悬索桥隧道锚在正常使用时可以安全工作，当超载 5 倍设计缆力时，岩体顺桥向的位移逐渐增加，最大值出现在锚塞体的前端部位。在整个加载过程中，随着缆力增大，应力集中区由锚塞体前锚面附近向后锚面逐渐扩展。

(4) 在已有研究的基础上，将隧道锚的承载阶段分为克服自重阶段、锚–岩协同工作阶段、带裂缝承载阶段、破坏阶段。将隧道锚进入不同阶段需要的缆力分别定义为初始承载力、峰值承载力、临界承载力和残余承载力。

(5) 本章对隧道锚进行了应力分析，基于莫尔–库仑理论和极限承载力平衡方程，推导出隧道锚初始承载力、峰值承载力和临界承载力的计算公式。

(6) 不同破坏形式下锚碇承载力有较大差异。计算得到围岩锚碇界面破坏形式下极限承载力通常介于 $10P \sim 20P$，影响其承载力因素的排序为黏结力 > 界面摩阻力 > 附加应力 > 锚塞体自重沿轴向分量。倒锥形破坏的极限承载力与其破裂角有关，随破裂角减小有明显增加。无论哪种破坏形式都可以看出隧道锚自重影响因素占比较小，可以看出现阶段采用重力式锚碇承载力计算方式过于保守，隧道锚仍具有巨大承载潜力。

(7) 以云南普立大桥为工程背景，利用 FLAC3D 软件建立锚碇围岩模型，施加逐级超载试验，发现隧道锚工作过程明显呈现三阶段，锚碇达到承载极限时缆力为设计缆力的 21~24 倍。

(8) 隧道锚中部锚岩接触面位移增长较前部与后部更为迅速,低荷载幅值时后部位移 > 中部位移 > 前部位移,但荷载幅值达到 7P 后,中部位移会超过后部位移。锚塞体同一截面两底角测点位移响应剧烈程度要明显大于顶部测点,锚岩底角部位接触面更易发生塑性应变积累导致破坏。

(9) 监测应变增量发现,隧道锚受动荷载影响主要在振动前期。在低荷载幅值作用下,锚岩接触面位移会明显增加,随着荷载幅值的增大,这种增加幅度会越来越小,位移振动幅度会有所提高。以位移响应变化作为锚塞体受动荷载影响程度衡量标准,低荷载幅值作用下,锚岩接触面位移增加更为明显,此时隧道锚更易受到动荷载影响。

(10) 本章设计的一种惯质黏性阻尼器可以运用于隧道锚前锚室处,具有良好的振动抑制效果。与普通黏性阻尼器相比,惯质黏性阻尼器具有明显的负刚度与耗能效果。利用 FLAC3D 设置减振层来模拟阻尼器效果是可行的,测点位移整体减少,速度响应在 1s 内迅速衰减。不同荷载幅值动荷载作用下,设置阻尼器的减振效果存在差异,7P 荷载幅值时减振效果最好,平均位移减小幅度达到 30%。

参 考 文 献

[1] 廖明进, 王全才, 袁从华, 等. 基于楔形效应的隧道锚抗拔承载能力研究[J]. 岩土力学, 2016, 37(1): 185-192, 202.

[2] 肖世国, 赵琳智. 悬索桥隧道式锚碇侧摩阻力近似解析算法[J]. 西南交通大学学报, 2018, 53(5): 974-981.

[3] 汪海滨, 高波. 悬索桥隧道式复合锚碇承载力计算方法[J]. 东南大学学报 (自然科学版), 2005, 35(S1): 89-94.

[4] 肖本职, 吴相超, 彭朝全. 重庆鹅公岩大桥隧道锚碇围岩稳定性[J]. 岩石力学与工程学报, 2005, 24(S2): 5591-5597.

[5] 张奇华, 李玉婕, 余美万, 等. 隧道锚围岩抗拔机制及抗拔力计算模式初步研究[J]. 岩土力学, 2017, 38(3): 810-820.

[6] 王东英, 汤华, 尹小涛, 等. 隧道锚抗拔承载力及安全性评估方法[J]. 中国公路学报, 2018, 31(9): 95-103.

[7] 王东英, 汤华, 邓琴, 等. 隧道锚的抗拔安全系数确定方法[J]. 上海交通大学学报, 2018, 52(11): 1501-1507.

[8] 王东英, 汤华, 尹小涛, 等. 基于简化力学模型的隧道锚极限承载力估值公式[J]. 岩土力学 2020, 41(10): 3405-3414.

[9] 王中豪, 郭喜峰, 杨星宇. 基于人工智能算法的隧道锚承载能力评价[J]. 西南交通大学学报, 2021, 56(3): 534-540.

[10] 白福波. 侧向预压增量法解析土压力[J]. 工程力学, 2015, 32(S1): 20-26.

[11] 王邓峮, 朱彦鹏. 附加应力法在预应力锚杆支护结构稳定性分析中的应用[J]. 工程力学, 2014, 31(4): 196-202.

[12] LI Y, LUO R, ZHANG Q, et al. Model test and numerical simulation on the bearing mechanism of tunnel-type anchorage[J]. Geomechanics and Engineering, 2017, 12(1): 139-160.

[13] 孔纲强, 周航, 丁选明, 等. 扩底楔形桩抗压承载力理论计算分析[J]. 工程力学, 2015, 32(7): 74-80.

[14] 王东英, 汤华, 葛修润, 等. 隧道锚承载特性及其破坏模式探究[J]. 岩石力学与工程学报, 2019, 38(S2): 3374-3383.

[15] ZHANG Q H, LI Y J, YU M W, et al. Study of the rock foundation stability of the Aizhai suspension bridge over a deep canyon area in China [J]. Engineering Geology, 2015, 198: 65-77.

[16] 中华人民共和国住房和城乡建设部. 建筑地基基础设计规范: GB 50007—2011[S]. 北京: 中国建筑工业出版社, 2011.

[17] 江南, 黄林, 冯君, 等. 铁路悬索桥隧道式锚碇设计计算方法研究[J]. 岩土力学, 2020, 41(3): 999-1009, 1047.

[18] 张奇华, 余美万, 喻正富, 等. 普立特大桥隧道锚现场模型试验研究——抗拔能力试验[J]. 岩石力学与工程学报, 2015, 32(1): 93-103.

[19] 张宜虎, 邬爱清, 周火明, 等. 悬索桥隧道锚承载能力和变形特征研究综述[J]. 岩土力学, 2019, 40(9): 3576-3584.

[20] 王中豪, 郭喜峰, 李维树, 等. 国家高速公路网 G0613 云南省香格里拉至丽江高速公路虎跳峡金沙江大桥隧道锚碇 1:10 缩尺模型试验研究报告[R]. 武汉: 长江科学院, 2017.

[21] 茆平一, 刘祖德, 刘一亮. 浅埋斜拔锚板板周土体的变形破坏特征[J]. 岩土工程学报, 1992, 14(1): 62-66.

[22] 王士杰, 张梅, 张吉占. Mindlin 应力解的应用理论研究[J]. 工程力学, 2001,18(6): 141-148.

[23] 江南. 铁路悬索桥隧道式锚碇承载机理及计算方法研究[D]. 成都: 西南交通大学, 2014.

[24] 刘新荣, 韩亚峰, 景瑞, 等. 隧道锚承载特性、变形破坏特征及典型案例分析[J]. 地下空间与工程学报, 2019, 15(6): 1780-1791.

[25] 王东英, 汤华, 尹小涛, 等. 基于应变软化的隧道锚渐进破坏过程探究[J]. 岩石力学与工程学报, 2019, 38(S2): 3448-3459.

[26] 颜冠峰, 王明年, 范宇, 等. 地震波作用下悬索桥隧道锚力学响应研究[J]. 地下空间与工程学报, 2019, 15(S2): 590-597.

[27] 李明, 袁晓伟, 陈奇, 等. 隧道式锚碇动张拉荷载响应分析[J]. 重庆交通大学学报 (自然科学版), 2015, 34(2): 24-27, 49.

[28] 赵琳智. 静力与交通荷载作用下悬索桥隧道式锚碇及其边坡的力学响应研究[D]. 成都: 西南交通大学, 2017.

[29] 杨济舟. 地震荷载作用下悬索桥隧道式锚碇边坡稳定性分析[D]. 成都: 西南交通大学, 2017.

[30] SHI X, ZHU S. Dynamic characteristics of stay cables with inerter dampers[J]. Journal of Sound and Vibration, 2018, 423: 287-305.

[31] 汪志昊, 程志鹏, 王浩, 等. 电涡流惯质阻尼器对斜拉索振动控制研究[J]. 土木工程学报, 2021, 54(12): 53-63, 115.

[32] PAN C, ZIIANG R, LUO II, et al. Demand-based optimal design of oscillator with parallel-layout viscous inerter damper[J]. Structural Control and Health Monitoring, 2018, 25(1): e2051.

[33] WANG Y, CHEN Z, YANG C, et al. A novel eddy current damper system for multi-mode high-order vibration control of ultra-long stay cables[J]. Engineering Structures, 2022, 262(7): 114319.

[34] 汪峰, 彭章, 刘章军. 设置粘滞阻尼器的斜拉索参数振动模型及控制分析[J]. 振动工程学报, 2019, 32(6): 977-985.

[35] 刘菁, 梁栋. 垂度拉索–惯质阻尼器体系的减振分析[J]. 振动与冲击, 2021, 40(16): 29-38.

第 4 章 非对称悬索桥动力计算

悬索桥是柔性结构,与其他桥梁相比,其自振动力特性更直接关系到桥梁的安全度。受地形的限制,尤其是在山区,为了适应这种特定的工程环境,出现了非对称悬索桥。非对称悬索桥在动力分析方面与对称悬索桥有较大的差别,本章基于主缆非对称支承的情况研究非对称悬索桥竖向基频。传统对称的双塔单跨悬索桥有相应的基频近似计算公式,但是很少有文献研究非对称悬索桥基频的实用估算公式。虽然有限元法得到了广泛的应用,但是对于非对称悬索桥而言,有限元法建模过程相对复杂,不利于设计人员快速判断桥梁结构的振动特性。本章结合古典解析法、有限元法和基于能量法的近似计算法,分析非对称悬索桥动力方面的特性,推导基于主缆非对称悬索桥自振频率的实用估算公式。此估算公式为非对称悬索桥动力特性的初步近似计算提供参考。本章在章节末分析非对称悬索桥动力特性对结构参数变化的敏感性,研究非对称结构矢跨比、结构非对称敏感性参数等诸多因素对主缆非对称悬索桥动力特性的敏感性。

4.1 基于古典解析法的非对称悬索桥自由振动微分方程

4.1.1 非对称悬索桥空间耦合自由振动的微分方程

很多学者推导过悬索桥的空间耦合自由振动方程,并且做了相应的研究,本书在此基础上进行简单的整理推导。

在分析悬索桥空间耦合自由振动时,一般情况下,规定顺桥向为 x 轴,竖桥 (竖直) 向为 y 轴,横桥 (水平) 向为 z 轴。假设对于加劲梁的中性轴,沿 x、y、z 方向的位移分别为 u_0、v_0、w_0,主缆中心的位移分别为 u、v、w,左右缆分别用 l 和 r 来表示 (取英文单词首字母)。在恒载作用下,静止的缆索微单元长度满足如下的几何关系:

$$(\mathrm{d}s)^2 = (\mathrm{d}x)^2 + (\mathrm{d}y)^2 \tag{4.1}$$

主缆微元体变形图如图 4.1 所示,以主缆的左缆为例,微单元变形后存在的几何关系为

$$(\mathrm{d}s + \Delta \mathrm{d}s_l)^2 = (\mathrm{d}x + \mathrm{d}u_l)^2 + (\mathrm{d}y_c + \mathrm{d}v_l)^2 + (\mathrm{d}w_l)^2 \tag{4.2}$$

式中,$\mathrm{d}s + \Delta \mathrm{d}s_l$ 为左缆微单元变形后的长度;$\mathrm{d}x + \mathrm{d}u_l$、$\mathrm{d}y_c + \mathrm{d}v_l$、$\mathrm{d}w_l$ 分别为左缆微单元变形后在 x 轴、y 轴、z 轴的投影长度;$\mathrm{d}x$、$\mathrm{d}y_c$ 分别为左缆微单元

变形前在 x 轴、y 轴的投影长度。

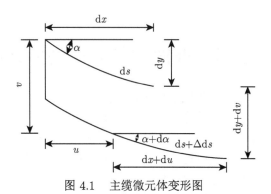

图 4.1　主缆微元体变形图

展开式 (4.2) 和式 (4.1) 相减，可得

$$\Delta ds_l = \frac{\partial u_l}{\partial x}\frac{dx}{ds}dx + \frac{1}{2}\left(\frac{\partial u_l}{\partial x}\right)^2 \frac{dx}{ds}dx$$

$$+ \frac{\partial v_l}{\partial x}\frac{dy_c}{ds}dx + \frac{1}{2}\left(\frac{\partial v_l}{\partial x}\right)^2 \frac{dx}{ds}dx + \frac{1}{2}\left(\frac{\partial w_l}{\partial x}\right)\frac{dx}{ds}dx \tag{4.3}$$

同理，可得右缆方程:

$$\Delta ds_r = \frac{\partial u_r}{\partial x}\frac{dx}{ds}dx + \frac{1}{2}\left(\frac{\partial u_r}{\partial x}\right)^2 \frac{dx}{ds}dx + \frac{\partial v_r}{\partial x}\frac{dy_c}{ds}dx$$

$$+ \frac{1}{2}\left(\frac{\partial v_r}{\partial x}\right)^2 \frac{dx}{ds}dx + \frac{1}{2}\left(\frac{\partial w_r}{\partial x}\right)\frac{dx}{ds}dx \tag{4.4}$$

缆索变形是振动惯性力使缆索内力增加而引起的，根据胡克定律可得

$$\Delta ds_l = \frac{H_l(t)(ds)^2}{E_c A_{c1}dx} \tag{4.5}$$

$$\Delta ds_r = \frac{H_r(t)(ds)^2}{E_c A_{c1}dx} \tag{4.6}$$

式中，A_{c1} 为一侧主缆的截面积；E_c 为主缆弹性模量；$H_l(t)$ 和 $H_r(t)$ 分别为惯性力引起的左右缆索水平拉力增量，则缆索的相容方程为

$$H_l(t) = \frac{E_c A_{c1}}{L_e}\left[\frac{q}{H_q}\int_0^L v_l dx + \frac{1}{2}\int_0^L \left(\frac{\partial u_l}{\partial x}\right)^2 dx\right.$$

$$+ \frac{1}{2}\int_0^L \left(\frac{\partial v_l}{\partial x}\right)^2 dx + \frac{1}{2}\int_0^L \left(\frac{\partial w_l}{\partial x}\right)^2 dx\right] \tag{4.7}$$

$$H_r(t) = \frac{E_c A_{c1}}{L_e} \left[\frac{q}{H_q} \int_0^L v_r dx + \frac{1}{2} \int_0^L \left(\frac{\partial u_r}{\partial x} \right)^2 dx \right.$$

$$\left. + \frac{1}{2} \int_0^L \left(\frac{\partial v_r}{\partial x} \right)^2 dx + \frac{1}{2} \int_0^L \left(\frac{\partial w_r}{\partial x} \right)^2 dx \right] \tag{4.8}$$

式中，L_e 为主缆的虚拟长度，$L_e = \int_0^L \left(\frac{ds}{dx} \right)^3 dx$；$L$ 为主缆长度；q 为总恒载集度；H_q 为总恒载引起的两缆水平拉力之和。

令 U 为上部结构体系的势能，T 为体系振动的动能，W 为位移产生的恒载功，则悬索桥空间耦合振动方程为

$$\delta(T - U - W - \lambda_l f_l - \lambda_r f_r) = 0 \tag{4.9}$$

式中，λ_l 和 λ_r 分别为左右侧拉格朗日乘子；f_l 和 f_r 分别为左侧和右侧吊杆无伸长的约束条件。

式 (4.9) 中振动动能为

$$T = \frac{1}{2} \int_0^L \frac{q_s}{g A_s} \left[I_y \left(\frac{\partial^2 w}{\partial x \partial t} \right)^2 + I_z \left(\frac{\partial^2 v}{\partial x \partial t} \right)^2 \right.$$

$$+ (I_y + I_z) \left(\frac{\partial \theta}{\partial t} \right)^2 + A_s \left(\frac{\partial v}{\partial t} \right)^2 + A_s \left(\frac{\partial w}{\partial t} \right)^2 \right] dx$$

$$+ \frac{1}{2} \int_0^L \frac{q_c}{2g} \left[\left(\frac{\partial u_l}{\partial t} \right)^2 + \left(\frac{\partial v_l}{\partial t} \right)^2 + \left(\frac{\partial w_l}{\partial t} \right)^2 \right.$$

$$\left. + \left(\frac{\partial u_r}{\partial t} \right)^2 + A_s \left(\frac{\partial v_r}{\partial t} \right)^2 + \left(\frac{\partial w_r}{\partial t} \right)^2 \right] dx$$

式中，g 为重力加速度；q_s 和 q_c 分别为悬吊结构的恒载集度和缆索的恒载集度；A_s、I_y、I_z 分别为加劲梁的截面积、侧向惯性矩和竖向惯性矩。

缆索和加劲梁的变形势能为

$$U = \frac{L_e}{E_c A_{c1}} \left[\frac{1}{2} H_q (H_l + H_r) + \frac{1}{2} (H_l^2 + H_r^2) \right] + \frac{1}{2} \left[\int_0^L E J_w \left(\frac{\partial^2 \theta}{\partial x^2} \right)^2 dx \right.$$

$$\left. + \int_0^L G J_t \left(\frac{\partial \theta}{\partial x} \right)^2 dx + \int_0^L E I_y \left(\frac{\partial^2 w}{\partial x^2} \right)^2 dx + \int_0^L E I_z \left(\frac{\partial^2 v}{\partial x^2} \right) dx \right] \tag{4.10}$$

式中，$E J_w$ 为加劲梁约束扭转刚度；θ 为广义转动位移；$G J_t$ 为加劲梁扭转刚度。

恒载功为

$$W = -\left[\int_0^L q_{\rm s}v{\rm d}x + \int_0^L \frac{1}{2}q_{\rm c}(v_{\rm l}+v_{\rm r}){\rm d}x\right] \tag{4.11}$$

左右侧吊杆无伸长的约束条件为

$$f_{\rm l} = \left(\frac{b}{2}\frac{\partial w}{\partial x} - u_{\rm l}\right)^2 + (w-w_{\rm l})^2 + \left(h+v+\frac{b\theta}{2} - v_{\rm l}\right)^2 - h^2(x) = 0 \tag{4.12}$$

$$f_{\rm r} = \left(\frac{b}{2}\frac{\partial w}{\partial x} - u_{\rm r}\right)^2 + (w-w_{\rm r})^2 + \left(h+v+\frac{b\theta}{2} - v_{\rm r}\right)^2 - h^2(x) = 0 \tag{4.13}$$

式中，h 为吊杆长度；b 为桥宽 (假定两侧缆索间距与加劲梁的宽度相等)。

由于 v_0、w_0、θ、$u_{\rm l}$、$v_{\rm l}$、$w_{\rm l}$、$u_{\rm r}$、$v_{\rm r}$、$w_{\rm r}$、$\lambda_{\rm l}$、$\lambda_{\rm r}$ 都是未知量，对以上各量求欧拉方程，得到 9 个微分方程及式 (4.12) 和式 (4.13) 这两个约束条件。9 个微分方程如下：

$$\frac{q_{\rm s}}{g}\frac{\partial^2 v}{\partial t^2} - \frac{q_{\rm s}}{gA_{\rm s}}I_z\frac{\partial^4 v}{\partial x^2\partial t^2} + EI_z\frac{\partial^4 v}{\partial x^4}$$
$$+ 2\lambda_{\rm l}\left(h+v+\frac{b\theta}{2} - v_{\rm l}\right) + 2\lambda_{\rm r}\left(h+v-\frac{b\theta}{2} - v_{\rm r}\right) = q_{\rm s} \tag{4.14}$$

$$\frac{q_{\rm s}}{g}\frac{\partial^2 w}{\partial t^2} - \frac{q_{\rm s}}{gA_{\rm s}}I_y\frac{\partial^4 w}{\partial x^2\partial t^2} + EI_y\frac{\partial^4 w}{\partial x^4}$$
$$- \frac{\partial}{\partial x}\left[b\lambda_{\rm l}\left(\frac{b}{2}\frac{\partial w}{\partial x} - u_{\rm l}\right)\right] - \frac{\partial}{\partial x}\left[b\lambda_{\rm r}\left(\frac{b}{2}\frac{\partial w}{\partial x} - u_{\rm r}\right)\right]$$
$$+ 2\lambda_{\rm l}(w-w_{\rm l}) + 2\lambda_{\rm r}(w-w_{\rm l}) = 0 \tag{4.15}$$

$$\frac{q_{\rm s}}{gA_{\rm s}}(I_y+I_z)\frac{\partial^2\theta}{\partial t^2} + EJ_{\rm w}\frac{\partial^4\theta}{\partial x^4} - GJ_{\rm t}\frac{\partial^2\theta}{\partial x^2} + b\lambda_{\rm l}\left(h+v+\frac{b\theta}{2} - v_{\rm l}\right)$$
$$+ b\lambda_{\rm r}\left(h+v-\frac{b\theta}{2} - v_{\rm r}\right) = 0 \tag{4.16}$$

$$\frac{q_{\rm c}}{2g}\frac{\partial^2 u_{\rm l}}{\partial t^2} - \left(\frac{1}{2}H_q+H_{\rm l}\right)\frac{\partial^2 u_{\rm l}}{\partial x^2} - 2\lambda_{\rm l}\left(\frac{b}{2}\frac{\partial w}{\partial x} - u_{\rm l}\right) = 0 \tag{4.17}$$

$$\frac{q_{\rm c}}{2g}\frac{\partial^2 u_{\rm r}}{\partial t^2} - \left(\frac{1}{2}H_q+H_{\rm r}\right)\frac{\partial^2 u_{\rm r}}{\partial x^2} - 2\lambda_{\rm r}\left(\frac{b}{2}\frac{\partial w}{\partial x} - u_{\rm r}\right) = 0 \tag{4.18}$$

$$\frac{q_{\rm c}}{2g}\frac{\partial^2 v_{\rm l}}{\partial t^2} - \left(\frac{1}{2}H_q+H_{\rm l}\right)\frac{q}{H_q} - \frac{1}{2}\left(\frac{1}{2}H_q+H_{\rm l}\right)\frac{\partial^2 v_{\rm l}}{\partial x^2}$$

$$- 2\lambda_1 \left(h + v + \frac{b\theta}{2} - v_1 \right) = \frac{q_c}{2} \tag{4.19}$$

$$\frac{q_c}{2g} \frac{\partial^2 v_r}{\partial t^2} + \left(\frac{1}{2} H_q + H_r \right) \frac{q}{H_q} - \left(\frac{1}{2} H_q + H_r \right) \frac{\partial^2 v_r}{\partial x^2}$$

$$- 2\lambda_r \left(h + v - \frac{b\theta}{2} - v_r \right) = \frac{q_c}{2} \tag{4.20}$$

$$\frac{q_c}{2g} \frac{\partial^2 w_1}{\partial t^2} - \left(\frac{1}{2} H_q + H_1 \right) \frac{\partial^2 w_1}{\partial x^2} - 2\lambda_1 (w - w_1) = 0 \tag{4.21}$$

$$\frac{q_c}{2g} \frac{\partial^2 w_r}{\partial t^2} - \left(\frac{1}{2} H_q + H_r \right) \frac{\partial^2 w_r}{\partial x^2} - 2\lambda_r (w - w_r) = 0 \tag{4.22}$$

将式 (4.14)～ 式 (4.22) 与式 (4.7)、式 (4.8)、式 (4.12) 和式 (4.13) 联立求解，构成悬索桥空间自由振动的基本微分方程。

4.1.2　非对称悬索桥竖向挠曲自由振动方程

当单独考虑悬索桥的竖向挠曲振动时，应考虑的位移有竖向位移 v 和主缆的水平位移 u 两项，竖向振动时的悬索桥结构体系振型图和主缆缆力平衡示意图分别见图 4.2 和图 4.3。

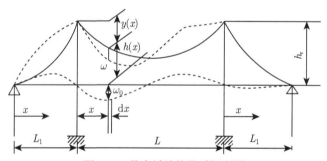

图 4.2　悬索桥结构体系振型图

L 为中跨跨径；L_1 为边跨跨径；h_r 为桥面以上的主塔高度

当悬索桥做竖向挠曲振动时，其振动方程为

$$\frac{q_s}{g} \frac{\partial^2 v}{\partial t^2} - \frac{q_s}{2g} \left(\frac{\partial^2 v_1}{\partial t^2} + \frac{\partial^2 v_r}{\partial t^2} \right) - \frac{q_s}{gA_s} I_z \frac{\partial^4 v}{\partial x^2 \partial t^2}$$

$$+ EI_z \frac{\partial^4 v}{\partial x^4} - \frac{H_q}{2} \left(\frac{\partial^2 v_1}{\partial t^2} + \frac{\partial^2 v_r}{\partial t^2} \right) + \frac{q}{H_q} (H_r + H_1)$$

$$- H_1 \frac{\partial^2 v_1}{\partial x^2} - H_r \frac{\partial^2 v_r}{\partial x^2} = q_s \tag{4.23}$$

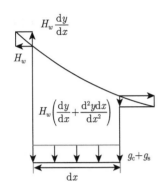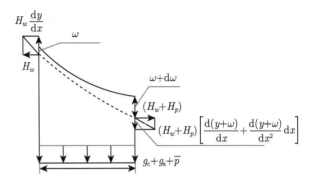

图 4.3　　主缆缆力平衡示意图

H_w 为恒载产生的缆索水平拉力；H_p 为活载产生的缆索水平拉力；g_c 为主缆荷载的竖向集度；g_s 为加劲梁荷载的竖向集度；$\overline{p}$ 为活载的竖向集度

由于 $v_r = v_l = v$，故 $H_1 = H_r$，令 $H_v = H_1 + H_r$，则忽略式 (4.23) 中非线性项后可得

$$\frac{q}{g}\frac{\partial^2 v}{\partial t^2} - \frac{q_s}{gA_s}I_z\frac{\partial^4 v}{\partial x^2 \partial t^2} + EI_z\frac{\partial^4 v}{\partial x^4} - H_v\frac{\partial^2 v}{\partial x^2} + \frac{q}{H_q}H_v = 0 \qquad (4.24)$$

当忽略非线性项时，由式 (4.7) 和式 (4.8) 可得

$$H_v = \frac{E_c A_c}{L_e}\frac{q}{H_q}\int_0^L v\,\mathrm{d}x \qquad (4.25)$$

式中，A_c 为左右两侧缆索的截面积之和。

式 (4.24) 中的第二项与加劲梁振动时的截面转角有关，如果忽略此项，可得

$$\frac{q}{g}\frac{\partial^2 v}{\partial t^2} + EI_z\frac{\partial^4 v}{\partial x^4} - H_v\frac{\partial^2 v}{\partial x^2} + \frac{q}{H_q}H_v = 0 \qquad (4.26)$$

式 (4.25) 和式 (4.26) 构成了悬索桥竖向挠曲自由振动的线性基础微积分方程。

4.1.3　非对称悬索桥水平挠曲自由振动方程

在大跨度悬索桥中，考虑到非线性复合的影响，一般对于小位移通常只考虑与水平挠曲自由振动有关的两个方程，分别是悬索桥主缆水平挠曲自由振动方程和加劲梁水平挠曲自由振动方程：

$$\frac{q_c}{g}\sqrt{1+y'^2}\frac{\partial^2 v}{\partial t^2} - H_v\frac{\partial^2 v}{\partial x^2} - 2\lambda(v_0 - v) = 0 \qquad (4.27)$$

$$\frac{q_s}{g}\frac{\partial^2 v_0}{\partial t^2} + \frac{\partial^2}{\partial x^2}\left(EI_z\frac{\partial^2 v_0}{\partial x^2}\right) + 4\lambda(v_0 - v) = 0 \qquad (4.28)$$

当悬索桥结构只进行线性分析时，振动方程中 λ 为拉格朗日乘子，其表达式近似为

$$4\lambda = \frac{2H_v y''}{y} = \frac{q_s + q_c}{y} = \frac{q}{y} \tag{4.29}$$

式中，y'' 为主缆线型方程的二阶导数，为常值。

悬索桥水平方向挠曲自由振动过程中，结构体系的基本方程为

$$\frac{q_c}{g}\sqrt{1+y'^2}\frac{\partial^2 v}{\partial t^2} - H_v\frac{\partial^2 v}{\partial x^2} - \frac{H_v y''}{y}(v_0 - v) = 0 \tag{4.30}$$

$$\frac{q_s}{g}\frac{\partial^2 v_0}{\partial t^2} + \frac{\partial^2}{\partial x^2}\left(EI_z\frac{\partial^2 v_0}{\partial x^2}\right) + \frac{2H_v y''}{y}(v_0 - v) = 0 \tag{4.31}$$

4.1.4　非对称悬索桥扭转自由振动方程

当把扭转振动作为一种单独的振动来考虑时，由式 (4.14)~ 式 (4.16) 可得扭转自由振动方程为

$$\begin{aligned}
&\frac{q_s}{gA_s}(I_y+I_z)\frac{\partial^2\theta}{\partial t^2} + EJ_w\frac{\partial^4\theta}{\partial x^4} - \left(GJ_t + \frac{b^2}{4}H_q\right)\frac{\partial^2\theta}{\partial x^2} + \frac{q_c}{g}\left(\frac{b}{2}\right)^2\frac{\partial^2\theta}{\partial t^2}\\
&+ \frac{b}{2}(H_1-H_r)\frac{q}{H_q} - \frac{b}{2}H_1\frac{\partial^2 v_1}{\partial x^2} + \frac{b}{2}H_r\frac{\partial^2 v_1}{\partial x^2} + \frac{q_c}{g}\frac{b}{2}\frac{\partial^2}{\partial t^2}\left[\frac{(w-w_1)^2}{2h} - \frac{(w-w_r)^2}{2h}\right]\\
&- \frac{b}{2}\frac{H_q}{2}\frac{\partial^2}{\partial x^2}\left[\frac{(w-w_1)^2}{2h} - \frac{(w-w_r)^2}{2h}\right] = 0 \tag{4.32}
\end{aligned}$$

由于 $w = w_1 = w_r$，且忽略非线性项，式 (4.32) 可简化为

$$\frac{q_s}{gA_s}\left(I_y+I_z+\frac{q_c}{g}\frac{b^2}{4}\right)\frac{\partial^2\theta}{\partial t^2} + EJ_w\frac{\partial^4\theta}{\partial x^4} - \left(GJ_t+\frac{b^2}{4}H_q\right)\frac{\partial^2\theta}{\partial x^2} + \frac{b}{2}(H_1-H_r)\frac{q}{H_q} = 0 \tag{4.33}$$

令 $H_\theta = H_1 - H_r$，纯扭转时 $v_1 = \frac{b}{2}\theta$，$v_r = -\frac{b}{2}\theta(\theta$ 为悬索桥的扭转角)，代入式 (4.7) 和式 (4.8) 中，并略去高次项后得

$$H_\theta = H_1 - H_r = \frac{E_c A_c}{L_e}\frac{q}{H_q}\frac{b}{2}\int_0^L \theta \mathrm{d}x \tag{4.34}$$

式 (4.34) 可化简为

$$I_m\frac{\partial^2\theta}{\partial t^2} + EJ_w\frac{\partial^4\theta}{\partial x^4} - \left(GJ_t+\frac{b^2}{4}H_q\right)\frac{\partial^2\theta}{\partial x^2} + \frac{b}{2}H_\theta\frac{q}{H_q} = 0 \tag{4.35}$$

式中，$I_{\mathrm{m}} = I_{\mathrm{ms}} + \dfrac{q_{\mathrm{c}}}{g}\dfrac{b^2}{4}$，为全桥的转动衡量，$I_{\mathrm{ms}} = \dfrac{q_{\mathrm{s}}}{gA_s}(I_y + I_z)$，为加劲梁的转动惯量。

综上，式 (4.34) 和式 (4.35) 共同构成了悬索桥扭转自由振动的线性基础微积分方程。

4.2　主缆非对称悬索桥基本假定

本章基于悬索桥的挠度理论，为了便于推导非对称悬索桥自由振动时竖弯和扭转基频的近似计算公式，基本假定如下：

(1) 不考虑材料的非线性，使用的材料均满足胡克定律；

(2) 恒载在主缆上沿跨度均匀布置，假定主缆在恒载作用下的线形为抛物线；

(3) 假定吊索沿跨径均匀稠密布置，且在振动时不伸长、不倾斜；

(4) 假定桥梁自由振动产生较小幅度的位移，且整个过程结构刚度保持不变；

(5) 假定非对称悬索桥的主索鞍在主塔上不产生滑动等现象。

非对称悬索桥两主塔的高差为 h，跨中垂度为 f，主跨跨径为 L，矢跨比 $n = f/L$，结构非对称敏感性参数为 ξ(主缆支承点高差与主跨跨径的比值)。非对称悬索桥在恒载作用下的计算图如图 4.4 所示。

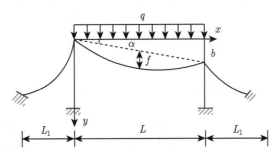

图 4.4　非对称悬索桥在恒载作用下的计算图

根据基本假定，主缆线形的函数为

$$y = \xi x + 4nx(L-x)/L \tag{4.36}$$

具有重力刚度的主梁下垂曲线为抛物线，垂直方向的平衡条件为

$$-H_{\mathrm{s}}\frac{\mathrm{d}^2 y}{\mathrm{d}x^2} = q \tag{4.37}$$

将式 (4.36) 代入式 (4.37)，可得恒载作用下水平拉力为

$$H_{\mathrm{s}} = qL^2/8f \tag{4.38}$$

4.3　主缆非对称悬索桥竖弯自振特性估算公式

悬索桥是一种柔性结构，对风和地震等动荷载非常敏感，因此悬索桥的自振特性是学者普遍关注的结构特性之一。自振频率和振型是反映悬索动力特性的主要参数，直接影响结构抗风的稳定性和对地震荷载的动力响应，所以计算其自振频率和振型是悬索桥设计阶段不可或缺的一环[1-3]。计算对称竖弯基频是计算悬索桥横向屈曲临界风速、驰振临界风速和颤振临界风速的前提，是研究抗风问题的基础，在某些地区尤其是山区，桥址受地形的限制，为了更好地适应这种特定的工程环境，出现了非对称的悬索桥[4]，在设计阶段需要对其动力特性进行初步估算。本节对非对称悬索桥的竖弯基频与非对称结构相关参数之间的规律进行研究，有助于调整结构设计参数。国内外许多学者研究并提出了悬索桥的自由振动频率估算公式，其中李国豪[5]、盛善定等[6]应用瑞利-里茨法推导了单跨悬索桥各种振型的基频估算公式；肖汝诚[1]采用有限元法和解析法结合的方法，提出了吊桥的基频近似计算公式；我国《公路桥梁抗风设计规范》(JTG/T 3360-01—2018)[7]基于单跨悬索桥，给出了估算一阶正对称和反对称竖弯和扭转基频的计算公式；谢官模等[8]在文献[5]和文献[6]基础上考虑了吊杆、索夹等的动能后，应用瑞利-里茨法推导了单跨悬索桥竖向基频的实用近似计算公式。以上基于能量法推导的悬索桥基频近似计算公式虽然一定程度上能满足工程精度的要求，但是在推导过程中忽略了主塔对基频的影响。鞠小华等[9]通过有限元软件基于虎门大桥、江阴长江大桥、伶仃洋大桥等，在不计入和计入边缆和主塔刚度两种情形下，对对称竖弯和扭转基频进行计算，表明计入和不计入边缆和主塔刚度影响，对称扭转基频计算结果区别不是太大，但是对于竖弯基频，不计入边缆和主塔刚度影响与计入情况相比，前者计算值普遍大于后者5%~7%，对于研究者来说这一误差比较客观。为了提高精度，鞠小华[10]、张超等[11,12]、刘斌[13]、王本劲等[14,15]提出了计入中塔刚度影响的三塔或多塔悬索桥各种振型的基频估算公式。肖汝诚[1]采用非线性的有限元法、SAP5程序计算方法和估算法计算了吊桥的自振频率；焦常科等[16]基于三塔悬索桥，采用Lanczos特征值求解法分析了中塔梁间弹性拉索刚度对竖向振动频率的影响。

上述研究都基于一般对称悬索桥，本节以主缆非对称的悬索桥基频为研究对象，应用能量法，选取合理的振型函数，推导一阶正对称和反对称竖弯基频和扭转基频估算公式，推导在计入和不计入边缆和主塔刚度影响两种情况下的非对称悬索桥对称竖弯基频近似公式，以供概念设计或校核有限元法计算结果[17]。

假定振动不受动内力的影响，悬索桥竖向固有振动的微分方程为

$$EI_v \frac{\partial^4 v(x,t)}{\partial x^4} + H_s \frac{\partial^2 v(x,t)}{\partial x^2} + \overline{m} \frac{\partial^2 v(x,t)}{\partial t^2} = 0 \tag{4.39}$$

无阻尼固有振动时，桥梁结构的任一点、任一瞬间的振动位移可以表示为

$$v(x,t) = \varphi(x) \sin(\omega t + \theta) \tag{4.40}$$

式中，$\varphi(x)$ 为假定的能满足桥梁位移边界条件的近似振型函数；ω 为频率；θ 为相位差。

根据能量守恒原理 [18]，可得频率 ω 的近似公式：

$$\omega^2 = \frac{\displaystyle\int_0^L EI(x)(\phi''(x))^2 \mathrm{d}x}{\displaystyle\int_0^L m(x)(\phi(x))^2 \mathrm{d}x} \tag{4.41}$$

式中，$EI(x)$ 和 $m(x)$ 分别为弯曲刚度和质量分布值。

基频 f_1 的计算公式为

$$f_1 = \frac{\omega}{2\pi} \tag{4.42}$$

为方便后文表述，对符号做出如下说明：H、$H_s(H_g)$ 分别为振动引起的主缆水平分力、恒载作用下主缆 (单根主缆) 的水平拉力；b、L_e 分别为两主缆的间距、主缆的虚拟长度；r 为加劲梁质量回转半径；$E_c A_c$、$E_c A_{c1}$ 分别为两侧主缆的抗弯线刚度、单侧主缆的抗弯线刚度；EJ_w、GJ_t、EI_v 分别为加劲梁约束扭转刚度、自由扭转刚度、抗弯刚度；$m_g r^2$、$m_c b^2/4$ 分别为加劲梁的扭转惯矩、主缆和吊索的扭转惯矩；$\overline{m}$、m_c、m_g、m_i 分别为主缆和加劲梁单位长度质量、两主缆缆质量集度之和、顺桥向加劲梁质量集度、第 i 吊索的质量集度；v_i 为第 i 吊索的速度。

4.3.1 基于能量法的正对称竖弯基频估算公式

1. 非对称悬索桥结构体系势能

主缆非对称悬索桥的自由振动是微小的，因此缆力变化产生的主缆应变能和恒载作用点降低产生的重力势能构成了主缆势能。

缆力变化产生的势能为

$$U_{ce} = \frac{1}{2E_c} \int \sigma^2 \mathrm{d}v = \frac{H^2 L_e}{2E_c A_c} \tag{4.43}$$

主缆在作用力下的横向变形量为

$$\mathrm{d}u = \frac{\mathrm{d}s}{\mathrm{d}x}\Delta \mathrm{d}s + \frac{(\Delta \mathrm{d}s)^2}{2\mathrm{d}x} - \frac{(\mathrm{d}u)^2}{2\mathrm{d}x} - \frac{(\mathrm{d}v)^2}{2\mathrm{d}x} - \frac{\mathrm{d}y}{\mathrm{d}x}\mathrm{d}v \tag{4.44}$$

忽略高次项 $(\Delta \mathrm{d}s)^2$ 和 $(\mathrm{d}u)^2$ 得

$$\mathrm{d}u = \frac{\mathrm{d}s}{\mathrm{d}x}\Delta \mathrm{d}s - \frac{(\mathrm{d}v)^2}{2\mathrm{d}x} - \frac{\mathrm{d}y}{\mathrm{d}x}\mathrm{d}v \tag{4.45}$$

由 $\cos\alpha = \mathrm{d}x/\mathrm{d}s$，得微单元主缆伸长量：

$$\Delta \mathrm{d}s = \frac{H\mathrm{d}s/\mathrm{d}x}{E_{\mathrm{c}}A_{\mathrm{c}}}\mathrm{d}s = \frac{H}{E_{\mathrm{c}}A_{\mathrm{c}}\cos^2\alpha}\mathrm{d}x \tag{4.46}$$

式中，α 为主缆线形的倾角。

非对称悬索桥主缆的虚拟长度为

$$\begin{aligned} L_{\mathrm{e}} &= \int_0^L \left(\frac{\mathrm{d}s}{\mathrm{d}x}\right)^3 \mathrm{d}x = \int_0^L \left(\frac{1}{\cos\alpha}\right)^3 \mathrm{d}x \\ &= L(1 + 8n^2 + 25.6n^4 + 1.5\xi^2 + 16\xi^2 n^2 + 0.5\xi^4) \end{aligned} \tag{4.47}$$

$$u = \frac{HL_{\mathrm{e}}}{E_{\mathrm{c}}A_{\mathrm{c}}} - \int_0^L \frac{\mathrm{d}y}{\mathrm{d}x}\frac{\mathrm{d}v}{\mathrm{d}x}\mathrm{d}x - \frac{1}{2}\int_0^L \left(\frac{\mathrm{d}v}{\mathrm{d}x}\right)^2 \mathrm{d}x \tag{4.48}$$

忽略高次项，整理得

$$u = \frac{HL_{\mathrm{e}}}{E_{\mathrm{c}}A_{\mathrm{c}}} + y''\int_0^L v\mathrm{d}x \tag{4.49}$$

由于主缆两端水平位移为 0，即 $\dfrac{HL_{\mathrm{e}}}{E_{\mathrm{c}}A_{\mathrm{c}}} = -y''\displaystyle\int_0^L v\mathrm{d}x$。

由式 (4.37)、式 (4.43) 和式 (4.49) 得

$$U_{\mathrm{ce}} = \frac{H^2 L_{\mathrm{e}}}{2E_{\mathrm{c}}A_{\mathrm{c}}} = \frac{Hq}{2H_{\mathrm{s}}}\int_0^L v\mathrm{d}x \tag{4.50}$$

不考虑弹性伸长，由恒载作用点降低产生的重力势能为

$$U_{\mathrm{cg}} = -\int_0^L qv\mathrm{d}x = -H_{\mathrm{s}}\int_0^L \frac{\mathrm{d}y}{\mathrm{d}x}\frac{\mathrm{d}v}{\mathrm{d}x}dx = \frac{H_{\mathrm{s}}}{2}\int_0^L \left(\frac{\mathrm{d}v}{\mathrm{d}x}\right)^2 \mathrm{d}x \tag{4.51}$$

加劲梁的弯曲势能为

$$U_{\mathrm{s}} = \frac{1}{2}\int_0^L EI_{\mathrm{v}}\left(\frac{\mathrm{d}^2 v}{\mathrm{d}x^2}\right)^2 \mathrm{d}x \tag{4.52}$$

主缆的势能为

$$U_c = U_{ce} + U_{cg} = \frac{Hq}{2H_s} \int_0^L v \mathrm{d}x + \frac{H_s}{2} \int_0^L \left(\frac{\mathrm{d}v}{\mathrm{d}x}\right)^2 \mathrm{d}x \tag{4.53}$$

将式 (4.38) 代入式 (4.53) 可得

$$U_c = \frac{4fH}{L^2} \int_0^L v \mathrm{d}x + \frac{H_s}{2} \int_0^L \left(\frac{\mathrm{d}v}{\mathrm{d}x}\right)^2 \mathrm{d}x \tag{4.54}$$

则体系总势能为

$$U = U_c + U_s = \frac{4fH}{L^2} \int_0^L v \mathrm{d}x + \frac{H_s}{2} \int_0^L \left(\frac{\mathrm{d}v}{\mathrm{d}x}\right)^2 \mathrm{d}x + \frac{1}{2} \int_0^L EI_v \left(\frac{\mathrm{d}^2 v}{\mathrm{d}x^2}\right)^2 \mathrm{d}x \tag{4.55}$$

2. 非对称悬索桥结构体系动能

主缆非对称悬索桥自由振动的动能由主缆的动能、加劲梁的动能和吊杆的动能组成，表达式如式 (4.56)~ 式 (4.58) 所示。

主缆的动能 T_c：

$$T_c = \frac{1}{2} \int_L m_c \left(\frac{\partial v}{\partial t}\right)^2 \mathrm{d}x \tag{4.56}$$

加劲梁的动能 T_g：

$$T_g = \frac{1}{2} \int_L m_g \left(\frac{\partial v}{\partial t}\right)^2 \mathrm{d}x \tag{4.57}$$

吊索的动能 T_h：

$$T_h = \sum_{i=1}^n \frac{1}{2} m_i \left(\frac{\partial v_i}{\partial t}\right)^2 = \frac{\omega^2}{2} \sum_{i=1}^n m_i v_i^2 \mathrm{d}x \tag{4.58}$$

因此，结构体系总动能为

$$T = T_c + T_g + T_h = \frac{1}{2} \int_0^L (m_c + m_g) \left(\frac{\partial v}{\partial t}\right)^2 \mathrm{d}x + \frac{\omega^2}{2} \sum_{i=1}^n m_i v_i^2 \mathrm{d}x \tag{4.59}$$

对于一阶正对称竖弯自由振动，假定其振型如图 4.5 所示。

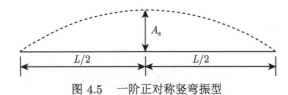

图 4.5　一阶正对称竖弯振型

假设其满足边界条件的振型位移函数为

$$v = A_{\mathrm{s}}\left(x^2 - \frac{L^2}{4}\right)\sin(\omega t + \varphi), \quad x \in (0, L) \tag{4.60}$$

当 $\cos(\omega t + \varphi) = 1$ 时，结构体系总动能最大值为

$$T_{\max} = A_{\mathrm{s}}^2\left[\frac{L^5}{60}\omega^2(m_{\mathrm{c}} + m_{\mathrm{g}}) + \frac{\omega^2}{2}\sum_{i=1}^{n}m_i v_i^2\right] \tag{4.61}$$

当 $\sin(\omega t + \varphi) = 1$ 时，结构体系总势能最大值为

$$U_{\max} = A_{\mathrm{s}}^2\left[2EI_{\mathrm{v}}L + \frac{H_{\mathrm{s}}L^3}{6} + \frac{8E_{\mathrm{c}}A_{\mathrm{c}}f^2L}{9(1 + 8n^2 + 25.6n^4 + 1.5\xi^2 + 16\xi^2n^2 + 0.5\xi^4)}\right] \tag{4.62}$$

将式 (4.61) 和式 (4.62) 代入式 (4.41) 和式 (4.42) 可得正对称竖弯基频 f_{v}:

$$\omega^2 = \frac{2EI_{\mathrm{v}}L + \dfrac{H_{\mathrm{s}}L^3}{6} + \dfrac{8E_{\mathrm{c}}A_{\mathrm{c}}f^2L}{9(1 + 8n^2 + 25.6n^4 + 1.5\xi^2 + 16\xi^2n^2 + 0.5\xi^4)}}{\dfrac{L^5}{60}(m_{\mathrm{c}} + m_{\mathrm{g}}) + \dfrac{1}{2}\sum_{i=1}^{n}m_i v_i^2} \tag{4.63}$$

$$f_{\mathrm{v}} = \frac{1}{2\pi}\sqrt{\frac{2EI_{\mathrm{v}}L + \dfrac{H_{\mathrm{s}}L^3}{6} + \dfrac{8E_{\mathrm{c}}A_{\mathrm{c}}f^2L}{9(1 + 8n^2 + 25.6n^4 + 1.5\xi^2 + 16\xi^2n^2 + 0.5\xi^4)}}{\dfrac{L^5}{60}(m_{\mathrm{c}} + m_{\mathrm{g}}) + \dfrac{1}{2}\sum_{i=1}^{n}m_i v_i^2}} \tag{4.64}$$

令 $m_{\mathrm{c}} + m_{\mathrm{g}} = q/g = \overline{m}$，将式 (4.47) 代入式 (4.64) 可得

$$f_{\mathrm{v}} = \frac{1}{2\pi}\sqrt{\frac{2EI_{\mathrm{v}}L + \dfrac{H_{\mathrm{s}}L^3}{6} + \dfrac{8E_{\mathrm{c}}A_{\mathrm{c}}n^2L^4}{9L_{\mathrm{e}}}}{\dfrac{\overline{m}L^5}{60} + \dfrac{1}{2}\sum_{i=1}^{n}m_i v_i^2}} \tag{4.65}$$

式 (4.65) 分子前两项比最后一项小 1~2 个数量级，近似计算时可忽略不计，分母中吊杆质量远远小于主缆和加劲梁的质量，可忽略吊杆的动能，故式 (4.65) 可简化为

$$f_{\mathrm{v}} = 1.16n\sqrt{\frac{E_{\mathrm{c}}A_{\mathrm{c}}}{\overline{m}L_{\mathrm{e}}L}} \tag{4.66}$$

对于非对称悬索桥，两侧主缆虚拟长度可近似为

$$L_{\mathrm{e}} \approx 2L(1 + 8n^2 + 1.5\xi^2) \tag{4.67}$$

一般情况下，矢跨比 $n = 0.1$ 时，有

$$f_{\mathrm{v}} = \frac{0.116}{\sqrt{1.08 + 1.5\xi^2}L}\sqrt{\frac{E_{\mathrm{c}}A_{\mathrm{c1}}}{\overline{m}}} \tag{4.68}$$

将式 (4.68) 与《公路桥梁抗风设计规范》(JTG/T 3360-01—2018)[7] 中的单跨悬索桥正对称竖弯基频估算公式 $f_{\mathrm{b}} = \dfrac{0.1}{L}\sqrt{\dfrac{E_{\mathrm{c}}A_{\mathrm{c1}}}{\overline{m}}}$ 相比，令 $\eta = \dfrac{1.16}{\sqrt{1.08 + 1.5\xi^2}}$，则 $f_{\mathrm{v}} = \eta f_{\mathrm{b}}$。

η 可以定义为结构非对称敏感性参数对正对称竖弯基频的影响因子，随着 ξ 增大，η 逐渐减小。

公式讨论：

(1) 当 $\xi = 0$ 时，由式 (4.68) 即可得到对称悬索桥的竖弯基频估算公式，与规范给出的单跨悬索桥正对称竖弯基频估算公式一致，说明公式的普适性。

(2) 由于 $\xi = h/L$，当非对称悬索桥主缆非对称支承高差 $h \to l$ 时（其中 l 为非对称悬索桥某侧加劲梁以上索塔的塔高），即非对称悬索桥某侧加劲梁以上的塔高趋于 0 时，将 $\xi_l = l/L$ 代入式 (4.68) 可得独塔悬索桥正对称竖弯基频。

4.3.2　基于能量法的反对称竖弯基频估算公式

对于主缆非对称悬索桥一阶反对称竖弯自由振动，假设其振型如图 4.6 所示。

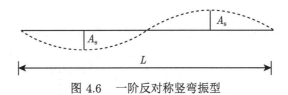

图 4.6　一阶反对称竖弯振型

设其满足边界条件的反对称竖弯振型位移函数为

$$v = A_{\mathrm{s}} \sin\frac{2\pi x}{L}\sin(\omega t + \varphi), \quad x \in (0, L) \tag{4.69}$$

则

$$T_{\max} = A_{\mathrm{s}}^2\left[\frac{L}{4}\omega^2(m_{\mathrm{c}} + m_{\mathrm{g}}) + \frac{\omega^2}{2}\sum_{i=1}^{n}m_i v_i^2\right] \tag{4.70}$$

$$U_{\max} = A_{\mathrm{s}}^2 \left[4EI_{\mathrm{v}}L \left(\frac{\pi}{L} \right)^4 + H_{\mathrm{s}}L \left(\frac{\pi}{L} \right)^2 \right] \tag{4.71}$$

同理,可得反对称竖弯基频 f_{i2}:

$$f_{i2} = \frac{1}{2\pi} \sqrt{ \frac{4EI_{\mathrm{v}}L \left(\frac{\pi}{L} \right)^4 + H_{\mathrm{s}}L \left(\frac{\pi}{L} \right)^2}{\dfrac{L}{4}(m_{\mathrm{c}} + m_{\mathrm{g}}) + \dfrac{1}{2}\sum_{i=1}^{n} m_i v_i} } \tag{4.72}$$

式 (4.72) 可简化为

$$f_{i2} = \frac{1}{L} \sqrt{ \frac{H_{\mathrm{s}} + EI_{\mathrm{v}} \left(\frac{2\pi}{L} \right)^2}{\overline{m}} } \tag{4.73}$$

《公路桥梁抗风设计规范》(JTG/T 3360-01—2018)[7] 给出的一阶反对称竖弯基频估算公式为

$$f_{\mathrm{b}} = \frac{1}{L} \sqrt{ \frac{2H_g + EI_{\mathrm{v}} \left(\frac{2\pi}{L} \right)^2}{\overline{m}} } \tag{4.74}$$

由于 $H_{\mathrm{s}} = 2H_g$,$EI_{\mathrm{v}} \left(\dfrac{2\pi}{L} \right)^2$ 比 $2H_g$ 小一个数量级,一般取 $EI_{\mathrm{v}} \left(\dfrac{2\pi}{L} \right)^2 \approx 0.2H_g$,则

$$f_{i2} = \frac{1.16}{\sqrt{f}} \tag{4.75}$$

式 (4.75) 与文献 [6] 和文献 [7] 给出的估算公式是相同的,即表明推导的非对称悬索桥的一阶反对称竖弯基频近似计算公式与单跨悬索桥的一阶反对称竖弯基频近似计算公式相同,说明非对称结构有关的参数对一阶正对称竖弯基频没有影响。

4.4 主缆非对称悬索桥扭转自振特性估算公式

4.4.1 基于能量法的正对称扭转基频估算公式

1. 体系势能

加劲梁约束扭转势能:

$$U_1 = \frac{1}{2} \int_0^L EJ_{\mathrm{w}} \left(\frac{\partial^2 v}{\partial x^2} \right)^2 \mathrm{d}x \tag{4.76}$$

加劲梁自由扭转势能：

$$U_2 = \frac{1}{2} \int_0^L GJ_t \left(\frac{\partial v}{\partial x} \right)^2 \mathrm{d}x \tag{4.77}$$

主缆挠曲势能：

$$U_3 = \frac{H_s b^2}{8} \int_0^L \left(\frac{\partial v}{\partial x} \right)^2 \mathrm{d}x + \frac{4fb}{L^2} H \int_0^L v \mathrm{d}x \tag{4.78}$$

结构体系总势能为

$$U = U_1 + U_2 + U_3 = \frac{1}{2} \int_0^L EJ_w \left(\frac{\partial^2 v}{\partial x^2} \right)^2 \mathrm{d}x + \frac{1}{2} \int_0^L GJ_t \left(\frac{\partial v}{\partial x} \right)^2 \mathrm{d}x$$

$$+ \frac{H_s b^2}{8} \int_0^L \left(\frac{\partial v}{\partial x} \right)^2 \mathrm{d}x + \frac{4fb}{L^2} H_v \int_0^L v \mathrm{d}x \tag{4.79}$$

2. 结构体系动能

加劲梁旋转动能：

$$T_1 = \frac{1}{2} \int_0^L m_g r^2 \left(\frac{\partial v}{\partial t} \right)^2 \mathrm{d}x \tag{4.80}$$

主缆挠曲动能：

$$T_2 = \frac{1}{2} \int_0^L m_c \frac{b^2}{4} \left(\frac{\partial v}{\partial t} \right)^2 \mathrm{d}x \tag{4.81}$$

结构体系总动能为

$$T = T_1 + T_2 = \frac{1}{2} \int_0^L m_g r^2 \left(\frac{\partial v}{\partial t} \right)^2 \mathrm{d}x + \frac{1}{2} \int_0^L m_c \frac{b^2}{4} \left(\frac{\partial v}{\partial t} \right)^2 \mathrm{d}x \tag{4.82}$$

对于一阶正对称扭转自由振动，假设其满足边界条件的扭转振型函数为

$$v = A_s \sin \frac{\pi x}{L} \sin(\omega t + \varphi), \quad x \in (0, L) \tag{4.83}$$

同理可得

$$U_{\max} = \left(\frac{\pi}{L} \right)^2 \frac{L}{4} A_s \left[EJ_w \left(\frac{\pi}{L} \right)^2 + GJ_t + \frac{H_s b^2}{4} + E_c A_c \left(\frac{16fb}{\pi^2} \right)^2 \frac{1}{LL_e} \right] \tag{4.84}$$

$$T_{\max} = \frac{L}{4} \omega^2 A_s^2 \left(mr^2 + \frac{m_c b^2}{4} \right) \tag{4.85}$$

将式 (4.84) 和式 (4.85) 代入式 (4.41) 和式 (4.42) 得正对称扭转基频 f_n:

$$\omega^2 = \frac{\left(\frac{\pi}{L}\right)^2 \left[EJ_w\left(\frac{\pi}{L}\right)^2 + GJ_t + \frac{H_s b^2}{4} + E_c A_c \left(\frac{16fb}{\pi^2}\right)^2 \frac{1}{LL_e}\right]}{J} \tag{4.86}$$

$$f_n = \frac{1}{2L}\sqrt{\frac{EJ_w\left(\frac{\pi}{L}\right)^2 + GJ_t + \frac{H_s b^2}{4} + E_c A_c \left(\frac{16nLb}{\pi^2}\right)^2 \frac{1}{LL_e}}{J}} \tag{4.87}$$

式中, $n = 0.1$; $L_e \approx L(1 + 8n^2 + 1.5\xi^2)$; $J = m_g r^2 + \frac{m_c b^2}{4}$。

为了简化计算, 式 (4.87) 分子第一项和第三项远小于第二项和第四项, 即对于一阶正对称扭转振动, 可忽略加劲梁约束扭转的影响, 故式 (4.87) 可简化为

$$f_n = \frac{1}{2L}\sqrt{\frac{GJ_t + E_c A_c b^2 \dfrac{0.0066}{1.08 + 1.5\xi^2}}{J}} \tag{4.88}$$

《公路桥梁抗风设计规范》(JTG/T 3360-01—2018)[7] 中单跨悬索桥一阶正对称扭转基频估算公式为

$$f_t = \frac{1}{2L}\sqrt{\frac{GJ_t + 0.05256 E_c A_{c1}(b/2)^2}{mr^2 + \frac{m_c b^2}{4}}} \tag{4.89}$$

令 $\lambda = \dfrac{1}{1.08 + 1.5\xi^2}$, 则

$$f_n = \frac{1}{2L}\sqrt{\frac{GJ_t + 0.05256\lambda E_c A_{c1}(b/2)^2}{J}} \tag{4.90}$$

因此, λ 可以定义为结构非对称敏感性参数对正对称扭转基频的影响因子。

为了计算方便, 将一阶正对称扭转基频和竖弯基频的比值记作扭弯基频比。对于非对称悬索桥, 正对称扭弯基频比为

$$\varepsilon = \frac{f_n}{f_v} = \frac{\dfrac{1}{2L}\sqrt{\dfrac{GJ_t + 0.05256\lambda E_c A_{c1}(b/2)^2}{J}}}{0.1146\sqrt{\lambda E_c A_{c_1}/\overline{m}}} \tag{4.91}$$

经简化得, $\varepsilon = \dfrac{b}{2r}$; $f_n = \varepsilon f_v = \dfrac{b}{2r}f_v$。

公式讨论：

(1) 当 $\xi = 0$ 时，由式 (4.91) 即可得到对称悬索桥的扭转基频估算公式，与规范给出的单跨悬索桥正对称扭转基频估算公式一致，说明公式的通用性。

(2) 由于 $\xi = h/L$，当非对称悬索桥主缆非对称支承高差 $h \to l$ 时 (其中 l 为非对称悬索桥某侧加劲梁以上索塔的塔高)，即非对称悬索桥某侧加劲梁以上索塔塔高趋于 0 时，将 $\xi_l = l/L$ 代入式 (4-68) 可得独塔悬索桥正对称扭转基频。

4.4.2　基于能量法的反对称扭转基频估算公式

对于反对称扭转振动，假设其满足边界条件的扭转振型位移函数为

$$v = A_{\mathrm{s}} \sin \frac{2\pi x}{L} \sin(\omega t + \varphi), \quad x \in (0, L) \tag{4.92}$$

则

$$U_{\max} = \frac{L}{4} \left(\frac{2\pi}{L} \right)^2 A_{\mathrm{s}}^2 \left[E J_{\mathrm{w}} \left(\frac{2\pi}{L} \right)^2 + G J_{\mathrm{t}} + \frac{H_{\mathrm{s}} b^2}{4} \right] \tag{4.93}$$

$$T_{\max} = \frac{L}{4} \omega^2 A_{\mathrm{s}}^2 \left(mr^2 + \frac{m_{\mathrm{c}} b^2}{4} \right) \tag{4.94}$$

$$f_{\mathrm{m}} = \frac{1}{L} \sqrt{\frac{E J_{\mathrm{w}} \left(\dfrac{\pi}{L} \right)^2 + G J_{\mathrm{t}} + \dfrac{H_{\mathrm{s}} b^2}{4}}{J}} \tag{4.95}$$

式中，f_{m} 为反对称扭转基频。根据前文的分析结果，同样可以忽略约束扭转的影响，式 (4.95) 简化为

$$f_{\mathrm{m}} = \frac{1}{L} \sqrt{\frac{G J_{\mathrm{t}} + \dfrac{H_{\mathrm{s}} b^2}{4}}{J}} \tag{4.96}$$

式 (4.96) 与文献 [6] 和文献 [7] 给出的估算公式是相同的，即推导的非对称悬索桥的一阶反对称扭转基频估算公式与单跨悬索桥的一阶反对称扭转基频估算公式一致，说明非对称悬索桥结构有关的参数不影响一阶反对称扭转基频。

4.4.3　计入主塔刚度的竖弯基频公式的修正

鞠小华等 [9] 在研究悬索桥边缆和主塔刚度对对称竖弯基频的影响时，对比分析了不计入和计入边缆和主塔刚度对基频影响的误差大小，研究结果表明后者误差比前者减小 5%~7%，所以在计算非对称悬索桥竖弯基频时不能忽略边缆和主塔刚度的影响。

当计入边缆和主塔刚度的影响时，要考虑非对称悬索桥自由振动时边跨方向和中跨方向主缆缆力差产生的塔顶偏位。主塔的变形协调平衡图如图 4.7 所示，假设主塔向跨中方向弯曲，塔的偏位为 u_t (假定两塔的偏位相同)，考虑水平方向平衡，中跨主缆缆力增量 H_2 等于边跨主缆缆力增量 H_1、H_3 和塔顶弹性反力之和，塔顶的弹性反力是主塔塔顶弹性位移 u_t 和主塔弹性抗力 s_t 的乘积，$s_t = 3E_t I_t / h_t^3$，其中 $E_t I_t$ 为塔的平均抗弯刚度，h_t 为塔高。

水平方向变形协调平衡方程为

$$H_2 = H_1 + s_t u_t = H_1 + 3E_t I_t u_t / h_t^3 \tag{4.97}$$

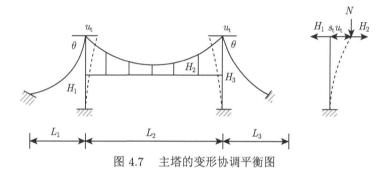

图 4.7　主塔的变形协调平衡图

主缆缆力变化引起的势能为

$$\overline{U_{ce}} = \frac{H_2 q}{2H_s} \int_0^L v \, dx \tag{4.98}$$

恒载作用下，主缆降低产生的重力势能为

$$\overline{U_{cg}} = \frac{H_s}{2} \int_0^L \left(\frac{dv}{dx}\right)^2 dx \tag{4.99}$$

主缆的总势能为

$$\overline{U_c} = \overline{U_{ce}} + \overline{U_{cg}} = \frac{Hq}{2H_s} \int_0^L v \, dx + \frac{H_s}{2} \int_0^L \left(\frac{dv}{dx}\right)^2 dx \tag{4.100}$$

由于塔顶有水平位移，非对称悬索桥兼容方程可表示为

$$-2u_t = \frac{H_2 L_e}{E_c A_c} - \frac{q}{H_s} \int_0^L v \, dx \tag{4.101}$$

由于边缆的自重相对而言比较小，边跨方向的主缆线形近似可以看作直线，其变形兼容方程可以表示为

$$\frac{H_1 L_e}{E_c A_c} \frac{1}{\cos\theta} = u_t \tag{4.102}$$

由式 (4.97)~ 式 (4.102) 可得

$$H_2 = \frac{E_c A_c (s_t L_1 + E_c A_c \cos \theta)}{2 E_c A_c L_1 + L_e L_1 s_t + E_c A_c \cos \theta} \frac{q}{H_s} \int_0^L v \mathrm{d}x \tag{4.103}$$

$$H_1 = \frac{E_c^2 A_c^2 \cos \theta}{2 E_c A_c L_1 + L_e L_1 s_t + E_c A_c \cos \theta} \frac{q}{H_s} \int_0^L v \mathrm{d}x \tag{4.104}$$

$$u_t = \frac{E_c A_c L_1}{2 E_c A_c L_1 + L_e L_1 S_1 + E_c A_c L_e \cos \theta} \frac{q}{H_s} \int_0^L v \mathrm{d}x \tag{4.105}$$

设 $\overline{L} = \dfrac{2 E_c A_c L_1 + L_e L_1 s_t + L_e E_c A_c \cos \theta}{s_t L_1 + E_c A_c \cos \theta}$，有

$$H_2 = \frac{E_c A_c}{\overline{L}} \frac{q}{H_s} \int_0^L v \mathrm{d}x \tag{4.106}$$

$$\overline{T_{\max}} = A_s^2 \left[\frac{L^5}{60} \overline{\omega}^2 (m_c + m_g) + \frac{\overline{\omega}^2}{2} \sum_{i=1}^{n} m_i v_i^2 \right] \tag{4.107}$$

$$\overline{U_{\max}} = A_s^2 \left(2 E I_v L + \frac{H_s L^3}{6} + \frac{8 E_c A_c f^2 L^2}{9 \overline{L}} \right) \tag{4.108}$$

将式 (4.107) 和式 (4.108) 代入式 (4.41) 和式 (4.42) 可得正对称竖弯基频修正值 f_v'：

$$f_v' = \frac{1}{2\pi} \sqrt{\frac{2 E I_v L + \dfrac{H_s L^3}{6} + \dfrac{8 E_c A_c n^2 L^4}{9 \overline{L}}}{\dfrac{q L^5}{60 g} + \dfrac{1}{2} \sum_{i=1}^{n} m_i v_i^{\,2}}} \tag{4.109}$$

同理，式 (4.109) 可简化为

$$\overline{f}_1 = 1.16 n \sqrt{\frac{E_c A_{c1}}{\overline{m} \overline{L} L}} \tag{4.110}$$

令

$$\beta = \frac{\overline{L}}{L_e} = 1 - \frac{1}{1 + \dfrac{L \cos \theta}{L_1} + \dfrac{3 E_t I_t L}{E_c A_c h_t^3}} \tag{4.111}$$

β 定义为边缆和主塔刚度对对称竖弯基频的影响系数，有

$$f_v' = \sqrt{\beta} \frac{1.16 n}{\sqrt{1 + 8 n^2 + 1.5 \xi^2} L} \sqrt{\frac{E_c A_{c1}}{\overline{m}}} \tag{4.112}$$

若矢跨比 $n = 0.1$，则

$$f'_\mathrm{v} = \sqrt{\beta}\,\frac{0.116}{\sqrt{1.08 + 1.5\xi^2}L}\sqrt{\frac{E_\mathrm{c}A_\mathrm{c1}}{\overline{m}}} \qquad (4.113)$$

与《公路桥梁抗风设计规范》(JTG/T 3360-01—2018)[7] 中的估算公式 $f_\mathrm{b} = \dfrac{0.1}{L}$

$\sqrt{\dfrac{E_\mathrm{c}A_\mathrm{c1}}{\overline{m}}}$ 相比，令

$$\gamma = \sqrt{\beta}\,\frac{1.16}{\sqrt{1.08 + 1.5\xi^2}} = \sqrt{1 - \frac{1}{1 + \dfrac{L\cos\theta}{L_1} + \dfrac{3E_\mathrm{t}I_\mathrm{t}L}{E_\mathrm{c}A_\mathrm{c}h_\mathrm{t}^3}}\,\frac{1.16}{\sqrt{1.08 + 1.5\xi^2}}}$$

则 $f'_\mathrm{v} = \gamma f_\mathrm{b}$。$\gamma$ 可定义为计入边缆和主塔刚度的非对称结构参数对对称竖弯基频的影响因子。

4.4.4　对称悬索桥的算例分析

　　非对称悬索桥的动力特性主要表现在振型和自振频率上，振型和自振频率的变化反映了当前桥梁结构的刚度及刚度分布是否合理。非对称悬索桥的自振特性反映了其振动的固有特性，同时也是研究其他振动问题的前提。非对称悬索桥振型模态研究的主要目的是合理确定结构振动特性，如结构具有的自振频率及各阶振型，这大都是结构动力特性分析和地震动荷载设计中的主要参数。

　　在实际振动中，受结构几何条件和边界条件的影响，结构不只是简单地单独发生位移，而是会发生多方向位移耦合的情况。随着计算机的发展，越来越多的大型工程采用有限元法分析悬索桥的振动特性，可以分析计算振型的叠加和频谱。为了方便分析，人们按照振动位移方向将振型分为横向振型、竖向振型、纵向振型和扭转振型四种基本振型。

　　以第 2 章介绍的云南普立非对称悬索桥为背景工程。为了便于分析主缆非对称支承高差对悬索桥自振频率的影响，依据普立大桥，分别按高支承端和低支承端等高构造两种主缆等高的对称悬索桥。采用有限元法提取对称悬索桥前 50 阶自振频率和振型，由于后续振型为低阶振型的高阶重复，限于篇幅，仅给出该桥前 20 阶自振频率和振型特征。

1. 高支承端为对称结构的悬索桥自振频率

　　为了对比分析对称悬索桥和非对称悬索桥在动力特性方面的区别，本小节按悬索桥主缆高支承端构造对称悬索桥，采用有限元法求解对称悬索桥的自振频率，求得高支承端为对称结构的悬索桥前 20 阶自振频率如表 4.1 所示。分析高支承端为对称结构的悬索桥前 20 阶自振频率，可得如下的结论。

表 4.1　高支承端为对称结构的悬索桥前 20 阶自振频率

振型序列	自振频率/Hz	自振周期/s	振型特征	振型序列	自振频率/Hz	自振周期/s	振型特征
1	0.1260	7.937	主梁纵飘为主和一阶反对称竖弯	11	0.5160	1.938	主缆反向横弯
2	0.1346	7.431	主梁一阶正对称横弯	12	0.5139	1.946	主梁一阶正对称扭转
3	0.1791	5.383	主梁一阶反对称竖弯	13	0.5330	1.876	主梁一阶反对称扭转
4	0.2269	4.408	主梁一阶对称竖弯	14	0.5410	1.849	主梁一阶对称扭转
5	0.3058	3.271	主梁一阶对称竖弯	15	0.5498	1.819	主梁二阶对称竖弯
6	0.4124	2.425	主梁和主缆一阶反对称横弯	16	0.6561	1.524	主缆反向横弯
7	0.4317	2.316	主缆同向反对称横弯	17	0.6630	1.508	主缆同向对称横弯
8	0.4329	2.310	主梁二阶反对称竖弯	18	0.6890	1.451	主缆横向振动
9	0.4429	2.258	主缆反向对称横弯	19	0.6889	1.452	边跨主缆同向竖弯
10	0.4584	2.181	主缆同向正对称横弯	20	0.6893	1.451	边跨主缆反向竖弯

(1) 背景桥的自由振动形式符合一般悬索桥的特性，振型主要表现为主梁的纵飘、横弯、竖弯和扭转以及主缆的横向和竖向振动等，并且出现的顺序依次是主梁的纵飘、主梁的横向振动，在竖向振动过程中主梁的一阶正对称振型晚于一阶反对称振型出现。该桥振型具有明显的分组现象，刚开始是以加劲梁振动为主的振型；随后是主缆的振动和主梁的高阶振动，以及边跨主缆的振动；以主塔为主的振型出现较晚，且不太明显。该规律符合悬索桥的一般受力特点，振型排列合理，与大多数悬索桥的振型特征相似。

(2) 背景桥首先出现的振型是以主梁纵飘为主和一阶反对称竖弯的耦合振型，频率为 0.1260Hz，自振周期为 7.937s，说明结构体系整体周期较长，具有大跨度柔性体系的特性。主梁的横向振型出现较早，进而表明该桥主梁的横向刚度并不是太大。

(3) 背景桥为对称悬索桥，在前 10 阶振型中并未出现明显的扭转振型，表明该桥整体扭转刚度比较大，且弯扭耦合效应不明显。

(4) 分析前 20 阶振型可知，该桥结构自振频率分布范围较密集，振型之间的耦合效应比较明显。因此，在一个狭窄的频率范围内，许多振型可能同时被激起。

2. 低支承端为对称结构的悬索桥自振频率

按低支承端构造对称悬索桥，建立有限元模型分析，提取构造对称悬索桥的自振频率和振型，低支承端为对称结构的悬索桥前 20 阶自振频率如表 4.2 所示。

表 4.2　低支承端为对称结构的悬索桥前 20 阶自振频率

振型序列	自振频率/Hz	自振周期/s	振型特征	振型序列	自振频率/Hz	自振周期/s	振型特征
1	0.1260	7.934	主梁纵飘为主和一阶反对称竖弯	11	0.5219	1.916	主缆反向横弯
2	0.1348	7.419	主梁一阶正对称横弯	12	0.5262	1.901	主梁一阶正对称扭转
3	0.1792	5.580	主梁一阶反对称竖弯	13	0.5336	1.874	主梁一阶反对称扭转
4	0.2272	4.402	主梁一阶对称竖弯	14	0.5437	1.839	主梁一阶对称扭转
5	0.3079	3.248	主梁一阶对称竖弯	15	0.5500	1.818	主梁二阶对称竖弯
6	0.4126	2.424	主梁和主缆一阶反对称横弯	16	0.6562	1.524	主缆反向横弯
7	0.4325	2.312	主缆同向反对称横弯	17	0.6637	1.507	主缆同向对称横弯
8	0.4331	2.309	主梁二阶反对称竖弯	18	0.6904	1.448	主缆横向振动
9	0.4349	2.299	主缆反向对称横弯	19	0.6895	1.450	边跨主缆同向竖弯
10	0.4589	2.179	主缆同向正对称横弯	20	0.6876	1.454	边跨主缆反向竖弯

低支承端为对称结构的悬索桥自由振动方向及振型特征与高支承端为对称结构的悬索桥类似，由于篇幅限制，在此不展开具体分析。两种对称方式的自振频率对比如图 4.8 所示。

从图 4.8 分析可知，高支承端为对称结构的悬索桥自振频率比低支承端为对称结构的悬索桥自振频率稍小，但相差不大。两种情况只有塔高相差 10.362m，在

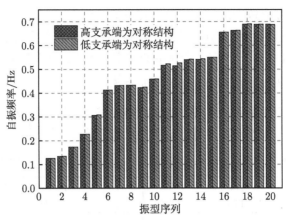

图 4.8　两种对称方式的自振频率对比

两者质量基本一定的情况下,高支承端为对称结构的悬索桥 IP 点 (索鞍中主缆中心线的交点) 标高,高于低支承端为对称结构的悬索桥 IP 点标高,前者整体刚度小于后者,故前者自振频率小于后者。从计算结果来看,主塔刚度对自振频率影响很小。当振动阶数较低,即振型序列小于 10 时,高支承端为对称结构的悬索桥自振频率与低支承端为对称结构的悬索桥自振频率相近。

4.4.5　非对称悬索桥的算例分析

采用有限元法分析动力特性,分别建立普立大桥的 Midas 和 ANSYS 有限元模型。普立大桥的前 20 阶自振振型如表 4.3 所示。

分析前 20 阶自振频率可知,普立大桥一阶自振频率为 0.126Hz,基频较低,属于柔性体系,自振周期较长,以长周期振动为主。分别用 ANSYS 和 Midas 有限元软件建模计算普立大桥的自振频率及周期,不同计算方法的自振频率如图 4.9所示。两种软件计算结果相差不大,前几阶自振频率和最后几阶自振频率几乎相等,中间阶次的计算结果略有差异。振型分析也存在差异。例如,用 Midas 有限元软件计算振型序列为 7、自振频率为 0.393Hz 时,是主梁二阶反对称竖弯振型,振型序列为 8、自振频率为 0.396Hz 时,是主缆反对称横弯振型;用 ANSYS 有限元软件计算振型序列为 7、自振频率为 0.404Hz 时,是主缆同向反对称横弯振型,振型序列为 8、自振频率为 0.412Hz 时,是主梁二阶反对称竖弯振型。这是因为结构频率分布范围较密集,自振频率相差不大。本书重点提取了前 20 阶中的一阶正对称横弯、一阶反对称竖弯、一阶正对称竖弯和一阶正对称扭转的振型,如图 4.10~图 4.13 所示。根据自振频率和相应的振型图可以得出如下的结论。

(1) 非对称悬索桥的振型从低到高依次为主梁纵飘为主和一阶反对称竖弯、主梁一阶正对称横弯、主梁一阶反对称竖弯、主梁一阶正对称竖弯、主梁二阶竖弯、

表 4.3 普立大桥的前 20 阶自振振型

振型序列	Midas 有限元软件求解			ANSYS 有限元软件求解		
	自振频率/Hz	自振周期/s	振型特点	自振频率/Hz	自振周期/s	振型特点
1	0.126	7.937	主梁纵飘为主和一阶反对称竖弯	0.122	8.197	主梁纵飘为主和一阶反对称竖弯
2	0.134	7.463	主梁一阶正对称横弯	0.134	7.463	主梁一阶正对称横弯
3	0.179	5.587	主梁一阶反对称竖弯	0.173	5.780	主梁一阶反对称竖弯
4	0.224	4.464	主梁一阶正对称竖弯	0.225	4.444	主梁一阶正对称竖弯
5	0.301	3.322	主梁一阶正对称竖弯	0.304	3.289	主梁一阶正对称竖弯
6	0.354	2.825	主梁和主缆一阶反对称横弯	0.389	2.571	主梁和主缆一阶反对称横弯
7	0.393	2.545	主梁二阶反对称竖弯	0.404	2.475	主缆同向反对称横弯
8	0.396	2.525	主缆反对称横弯	0.412	2.427	主梁二阶反对称竖弯
9	0.407	2.457	主缆反向对称横弯	0.420	2.381	主缆反向对称横弯
10	0.416	2.404	主缆同向正对称横弯	0.446	2.242	主缆同向正对称横弯
11	0.443	2.257	主缆反向横弯	0.496	2.016	主缆反向横弯
12	0.464	2.155	主梁一阶正对称扭转	0.502	1.992	主梁一阶正对称扭转
13	0.481	2.079	主缆同向振动	0.538	1.859	主梁一阶反对称扭转
14	0.482	2.075	主缆反向二阶竖弯	0.539	1.855	主梁一阶正对称扭转
15	0.533	1.876	主梁一阶反对称扭转	0.549	1.821	主梁二阶正对称竖弯
16	0.553	1.808	主梁二阶正对称竖弯	0.640	1.563	主缆反向横弯
17	0.645	1.550	主缆反向二阶横弯	0.649	1.541	主缆同向对称横弯
18	0.653	1.531	主缆横向振动	0.671	1.490	主缆横向振动
19	0.661	1.513	边跨主缆同向竖弯	0.671	1.490	边跨主缆同向竖弯
20	0.667	1.499	边跨主缆反向竖弯	0.674	1.484	边跨主缆反向竖弯

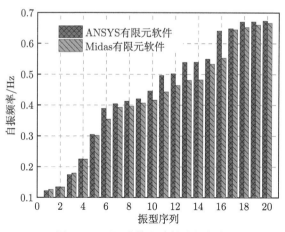

图 4.9 不同计算方法的自振频率

主缆振动等。桥梁整体振型趋势排列合理，与现有大多数悬索桥的振型特征相比没有出现过大的差距和偏差，从频率和振型角度体现了非对称悬索桥自身特点。

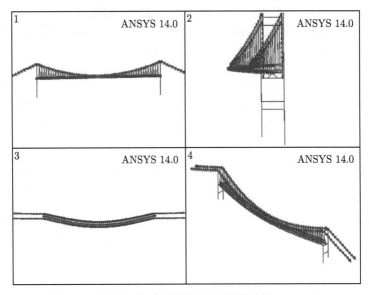

图 4.10　主梁一阶正对称横弯 (自振频率为 0.134Hz)

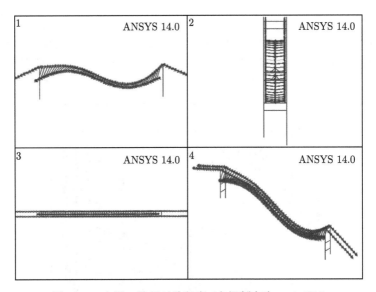

图 4.11　主梁一阶反对称竖弯 (自振频率为 0.173Hz)

(2) 从频率分析可知，该桥的整体性、抗振性能良好。

(3) 非对称悬索桥自振特性的研究是其他动力分析的基础，得出的动力特性和规律为后期非对称悬索桥结构设计工作的提升和改进提供科学依据。

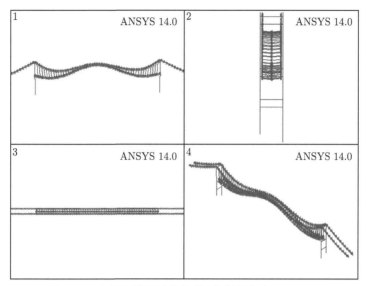

图 4.12 主梁一阶正对称竖弯 (自振频率为 0.225Hz)

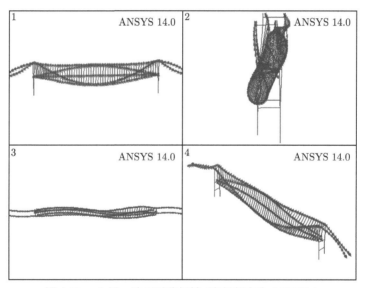

图 4.13 主梁一阶正对称扭转 (自振频率为 0.502Hz)

4.4.6 非对称与对称结构对比分析

分析非对称悬索桥与对称悬索桥在自振频率方面的差异, 对称和非对称悬索桥自振频率对比如图 4.14 所示。

从图 4.14 中可以看出, 非对称结构和对称结构悬索桥的自振频率存在一定的差异, 高支承端等高和低支承端等高的对称悬索桥自振频率比非对称悬索桥的自

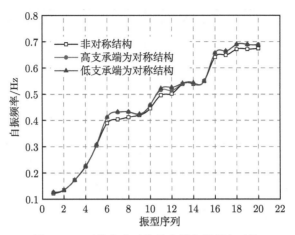

图 4.14　对称和非对称悬索桥自振频率对比

振频率大。在忽略主塔非对称支承高差引起的主塔刚度变化时，非对称悬索桥整体刚度小于对称悬索桥的整体刚度。振型序列小于 6 时，三者的自振频率相当接近，表明在低阶振动过程中，当结构非对称敏感性系数处于一定范围内，对称和非对称悬索桥振动特性一样。粗略估算低阶的自振频率时，可以忽略非对称结构特性对桥梁自振特性的影响。当分析高阶的振型时，不能忽略结构非对称对结构动力特性的影响，结构非对称敏感性参数对自振频率的影响将在 4.5.3 小节详细研究。

4.4.7　算例验证

1. 主塔刚度对主缆非对称悬索桥的影响算例分析

以云南普立大桥为背景工程进行实例验证，具体分析如下。

1) 方法 1：有限元法求解

经过有限元法计算，非对称悬索桥的一阶正对称竖弯基频 $f_v = 0.224\mathrm{Hz}$。

2) 方法 2：本书估算公式求解

实用估算公式中计算所需的计算参数如表 4.4 所示。

表 4.4　计算参数一览表

参数	L/m	n	ξ	$E_c/(\mathrm{N \cdot m^{-2}})$	A_{c1}/m^2	$\overline{m}/(\mathrm{kg \cdot m^{-1}})$
数值	628	0.1	0.017	1.98×10^{11}	0.1692	19490
参数	L_1/m	$\theta/(°)$	h_t/m	$E_t/(\mathrm{N \cdot m^{-2}})$	I_t/m^4	
数值	166	25	146	3.45×10^{10}	324	

将表 4.4 中参数代入式 (4.68)、式 (4.111) 和式 (4.113) 可得 $f_v = 0.233\mathrm{Hz}, \beta = 0.796$，则 $f_v' = \sqrt{\beta}f_v = 0.216\mathrm{Hz}$。

3) 计算结果比较分析

一阶正对称竖弯基频对比如表 4.5 所示，计入边缆和主塔刚度的影响时可以减小误差，近似公式计算结果与有限元解误差可以从 4.0% 降到 3.6%。

表 4.5　一阶正对称竖弯基频对比

工况	有限元解/Hz	近似公式计算结果/Hz	频率差/Hz	误差/%
不考虑边缆和主塔刚度	0.224	0.233	0.009	4.0
考虑边缆和主塔刚度		0.216	−0.008	3.6

主塔刚度对正对称竖弯基频的影响如图 4.15 所示，忽略主塔刚度影响时的自振频率在主塔刚度发生变化时保持不变，考虑主塔刚度影响时的主桥一阶正对称竖弯基频的解析解和有限元解随着主塔刚度倍数的增大而逐渐增大，但是变化幅度不是很大，相当于主塔刚度增加一倍时，基频只增加 0.94%。此外，计入主塔刚度影响的结果更接近有限元解，所以为了提高精度，不能忽略边缆和主塔刚度的影响。

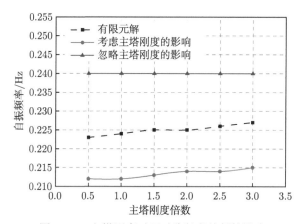

图 4.15　主塔刚度对正对称竖弯基频的影响

2. 主缆非对称悬索桥竖弯和扭转算例分析

背景桥的实桥结构计算参数如表 4.6 所示。将表 4.6 中的计算参数代入式 (4.68)、式 (4.75)、式 (4.90) 及式 (4.95)，得到该实桥的一阶竖弯和扭转基频，实桥一阶竖弯和扭转基频对比如表 4.7 所示。

表 4.6　实桥结构计算参数

参数	A/m^2	$E/(\mathrm{N\cdot m^{-2}})$	$m/(\mathrm{kg\cdot m^{-1}})$	$J_\mathrm{t}/\mathrm{m}^4$	I_y/m^4	I_z/m^4
主梁	1.167	2.06×10^{11}	16697.48	3.847	77.139	1.608
主塔	41.860	3.45×10^{10}	—	—	—	—
主缆 (单侧)	0.169	1.98×10^{10}	1396.26	—	—	—

表 4.7　　实桥一阶竖弯和扭转基频对比

振型	有限元解/Hz	近似公式计算结果/Hz	规范解/Hz	误差 1/%	误差 2/%
一阶正对称竖弯	0.224	0.233	0.209	4.0	6.8
一阶反对称竖弯	0.179	0.156	0.156	12.8	12.8
一阶正对称扭转	0.464	0.483	0.492	4.1	6.0
一阶反对称扭转	0.533	0.558	0.558	4.7	4.7

注：误差 1 是近似公式计算结果与有限元解之间的误差；误差 2 是规范解与有限元解之间的误差。

　　不同方法求解的一阶竖弯和扭转基频如图 4.16 所示。由表 4.7 和图 4.16 分析可知，三种方法求解的基频基本相同，表明推导的非对称悬索桥基频计算公式精度较高，能满足精度的要求。对于非对称悬索桥的一阶正对称竖弯基频和扭转基频，推导的公式比不计入结构非对称性影响的规范公式计算精度高，竖弯和扭转基频计算结果与有限元解误差分别从 6.8％和 6.0％降到 4.0％和 4.1％。对于非对称悬索桥的一阶反对称竖弯基频和扭转基频，推导的公式与相应的规范给出的一致，说明非对称悬索桥的一阶反对称竖弯基频和扭转基频不受其相关结构参数的影响。

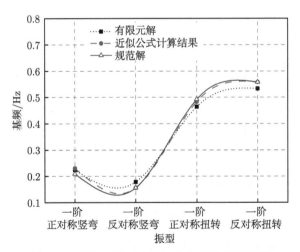

图 4.16　　不同方法求解的一阶竖弯和扭转基频

4.5　影响非对称悬索桥动力特性的参数敏感性分析

　　影响非对称悬索桥动力特性的参数是多方面的，具体分析参数对动力特性的影响程度，需要变化参数，寻找参数与动力特性之间的关系式。研究影响非对称悬索桥动力特性的参数敏感性，需要慎重地分析影响参数及参数的取值，这对数值分析有重要的意义。为便于比较，本节通过改变背景桥的设计参数，如主缆矢跨比、结构非对称敏感性参数、主塔抗弯刚度、加劲梁抗弯刚度、主缆刚度和吊索刚度等，采用 MATLAB 编程拟合部分影响动力特性的参数与非对称悬索桥自振频率的关系曲线，给出拟合函数和拟合曲线，以此来研究这些设计参数和结构体系对非对称悬索桥动力特性的影响；给出参数敏感性程度表，指导非对称悬索桥动力特性的参数设计。

4.5.1 敏感性分析方法

用于参数敏感性 [19,20] 的分析常用方法有蒙特卡罗 (Monte Carlo) 数值模拟法 [21]、拉丁超立方抽样 (Latin hypercube sampling) 法 [22-24]、卡尔曼 (Kalman) 滤波法 [25]、灰色系统理论法 [26]、最小二乘法 [27] 等，我国学者方开泰给出了均匀设计 (uniform design) 法 [28,29]。本小节采用改变参数法，用变化参数与非对称悬索桥自振特性拟合的方法分析参数对非对称悬索桥动力特性的敏感性程度。

4.5.2 结构矢跨比对动力特性的影响

考虑主缆的用钢量及结构刚度的需要，实际工程设计时，结构矢跨比一般在 1/12~1/9 取值 [30-31]。随着主缆矢跨比的变化，主缆的轴向拉力会显著变化，从而使结构体系的几何刚度变化。因此，主缆矢跨比改变将对非对称悬索桥的刚度产生较大的影响。合理确定主缆矢跨比是非对称悬索桥结构设计的重要组成部分。本书调研了国内外著名的大跨度悬索桥基本资料，国内外大跨度悬索桥矢跨比如表 4.8 所示。

表 4.8　国内外大跨度悬索桥矢跨比

名称	国家	矢高/m	跨径/m	矢跨比
明石海峡大桥	日本	197.0	1991	1/10.1
西堠门大桥	中国	165.0	1650	1/10.0
大贝尔特桥	丹麦	180.0	1624	1/9.0
润扬大桥	中国	149.0	1490	1/10.0
南京长江四桥	中国	157.5	1418	1/9.0
江阴长江大桥	中国	132.0	1385	1/10.5
青马大桥	中国	125.0	1377	1/11.0
维拉扎诺大桥	美国	117.0	1298	1/11.1
金门大桥	美国	143.0	1280	1/9.0
阳逻大桥	中国	122.0	1280	1/10.5
泰州长江大桥	中国	120.0	1080	1/9.0
因岛大桥	日本	76.0	770	1/10.1

以背景桥普立大桥为基准，保持该桥的桥梁跨径布置、加劲梁刚度、桥面标高及最短吊杆的长度不变，通过改变索塔的高度来调整主缆的矢跨比。调整过程中，先单独将各方案桥的索塔作为塔底固结的悬臂梁来考虑，以各方案桥的塔顶顺桥向位移不变为原则来确定各方案桥桥塔的顺桥向刚度，其横桥向刚度和扭转

刚度保持不变。各方案桥中的主缆矢跨比依次取 1/12、1/11、1/10、1/9 和 1/8，提取有限元法得到的基频和振型。主缆不同矢跨比对基频的影响如表 4.9 所示。

表 4.9　　主缆不同矢跨比对基频的影响

跨径/m	矢高/m	矢跨比	一阶竖弯基频/Hz		一阶扭转基频/Hz	
			一阶正对称	一阶反对称	一阶正对称	一阶反对称
628	52.333	1/12	0.236	0.160	0.487	0.611
628	57.091	1/11	0.235	0.158	0.486	0.585
628	62.800	1/10	0.233	0.156	0.483	0.558
628	69.778	1/9	0.231	0.146	0.479	0.529
628	78.500	1/8	0.229	0.131	0.473	0.499

矢跨比对一阶正对称竖弯基频的影响如图 4.17 所示，矢跨比对一阶反对称竖弯基频的影响如图 4.18 所示，矢跨比对一阶正对称扭转基频的影响如图 4.19 所示，矢跨比对一阶反对称扭转基频的影响如图 4.20 所示。从表 4.9 和图 4.17～图 4.20 可知，当假设主缆的矢跨比在 1/12～1/8 变化时，非对称悬索桥竖弯基频和扭转基频随矢跨比的增大而不同程度减小。当矢跨比从 1/12 增大到 1/8 时，该桥的一阶正对称竖弯和反对称竖弯基频减小百分比分别为 3.0% 和 18.1%，一阶正对称扭转基频与反对称扭转基频减小百分比分别为 2.9% 和 18.3%。进而说明，主缆的矢跨比对结构　阶正对称的竖弯和扭转基频影响比较小，基频减小百分比在 3% 左右，但是主缆矢跨比对结构一阶反对称的竖弯和扭转基频影响比较大，基频减小百分比在 18% 左右。由此得出，结构矢跨比变化对一阶反对称竖弯和扭转基频较一阶正对称竖弯和扭转基频敏感。

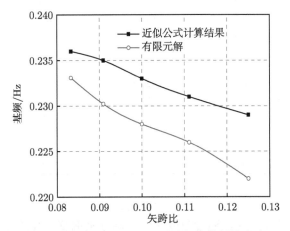

图 4.17　矢跨比对一阶正对称竖弯基频的影响

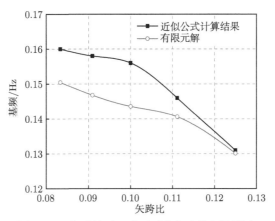

图 4.18　矢跨比对一阶反对称竖弯基频的影响

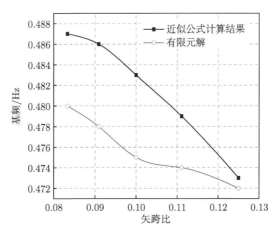

图 4.19　矢跨比对一阶正对称扭转基频的影响

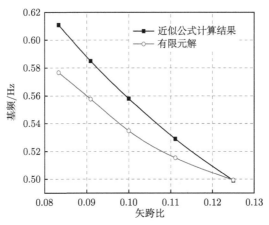

图 4.20　矢跨比对一阶反对称扭转基频的影响

　　分析上述变化的原因可知，对于主缆非对称悬索桥，当加劲梁的恒载保持不变时，主缆的矢跨比增大，主缆的轴向拉力会显著减小，结构体系的几何刚度势必减小，非对称悬索桥结构的整体刚度随主缆矢跨比的增大而减小，因此加劲梁的一阶竖弯和扭转基频随着矢跨比的增大而减小。这些研究结论为非对称悬索桥结构动力特性的初步设计提供参考。

4.5.3　结构非对称敏感性参数对动力特性的影响

　　在保证主缆最低点与主梁中心纵向重合及矢跨比不变的前提下，根据不同的结构非对称敏感性参数 ξ(实桥的结构非对称敏感性参数 ξ 为 0.017)，建立一系列模型进行对比分析，以确定非对称悬索桥的结构非对称敏感性参数 ξ 对振动特性的影响。采用本书推导的计算公式和有限元法分别计算非对称悬索桥基频，将本书推导的公式计算结果记作本书解，有限元法计算的结果记作理论解。结构非对称敏感性参数对基频的影响如表 4.10 所示。

表 4.10　结构非对称敏感性参数对基频的影响

结构非对称敏感性参数	基频/Hz							
	一阶反对称竖弯		一阶正对称竖弯		一阶正对称扭转		一阶反对称扭转	
	本书解	理论解	本书解	理论解	本书解	理论解	本书解	理论解
0	0.156	0.179	0.230	0.227	0.483	0.464	0.558	0.533
0.017	0.156	0.179	0.230	0.224	0.483	0.464	0.558	0.533
0.1	0.156	0.179	0.228	0.220	0.481	0.461	0.558	0.533
0.2	0.156	0.179	0.224	0.217	0.477	0.458	0.558	0.533
0.5	0.156	0.179	0.198	0.197	0.452	0.433	0.558	0.533

　　结构非对称敏感性参数对竖弯基频的影响如图 4.21 所示，结构非对称敏感性参数对扭转基频的影响如图 4.22 所示。由表 4.10、图 4.21 和图 4.22 分析可知，一阶竖弯和扭转基频的本书解与理论解较接近，除一阶反对称竖弯基频外，本书解比理论解稍偏大；非对称悬索桥的一阶反对称竖弯基频和扭转基频不随结构非对称敏感性参数 ξ 的变化而变化，而一阶正对称竖弯基频和扭转基频受结构非对称敏感性参数 ξ 的影响，结构非对称敏感性参数 ξ 由 0 增大到实际结构的 0.017 时，非对称悬索桥的振型均没有发生变化，基频基本未降低。当 ξ 较小时，非对称悬索桥一阶正对称竖弯基频和扭转基频变化不大，说明结构整体刚度减小，但减小不是太明显；当 $\xi > 0.1$ 时，基频减小的幅度较大，表明随着结构非对称性逐渐增大，结构的整体刚度减小幅度增大。

4.5.4　主塔抗弯刚度变化对动力特性的影响

　　在悬索桥结构质量和边界条件一定的情况下，分析非对称悬索桥主塔抗弯刚度在1.0~3.0 倍变化时，主塔抗弯刚度倍数对非对称悬索桥基频的影响，如表 4.11 所示。

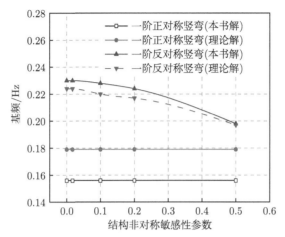

图 4.21　结构非对称敏感性参数对竖弯基频的影响

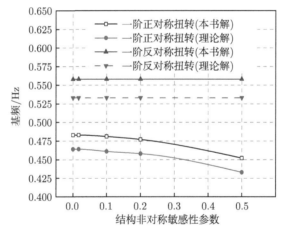

图 4.22　结构非对称敏感性参数对扭转基频的影响

表 4.11　主塔抗弯刚度倍数对非对称悬索桥基频的影响

主塔抗弯刚度	基频/Hz			
倍数	一阶纵飘	一阶正对称横弯	一阶正对称竖弯	一阶反对称竖弯
1.0	0.1261	0.1337	0.2240	0.1787
1.5	0.1261	0.1340	0.2249	0.1787
2.0	0.1261	0.1345	0.2254	0.1787
2.5	0.1261	0.1347	0.2258	0.1787
3.0	0.1261	0.1348	0.2261	0.1787

主塔刚度对一阶纵飘和一阶正对称横弯基频的影响如图 4.23 所示，主塔刚度

变化对竖弯基频的影响如图 4.24 所示。由图 4.23 和图 4.24 可知，当主塔抗弯刚度在 1.0~3.0 倍逐渐递增时，结构体系的一阶纵飘和一阶反对称竖弯基频基本不随主塔抗弯刚度倍数的变化而变化，而非对称悬索桥一阶正对称横弯和竖弯基频随主塔抗弯刚度倍数的增大而逐渐递增。其中，主塔的抗弯刚度增加一倍时，主梁一阶正对称横弯的基频增加 0.60%，主梁一阶正对称竖弯的基频增加 0.63%。总之，主塔抗弯刚度倍数变化对一阶纵飘和一阶反对称竖弯基频几乎无影响，对主梁的一阶正对称横弯和竖弯基频的影响较小。

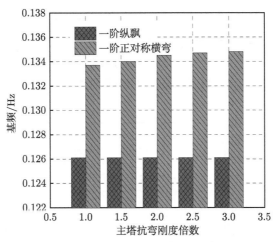

图 4.23　主塔刚度对一阶纵飘和一阶正对称横弯基频的影响

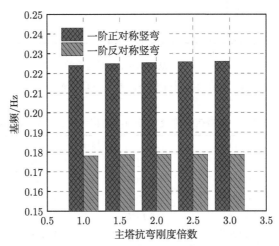

图 4.24　主塔刚度对竖弯基频的影响

主塔抗弯刚度倍数与一阶正对称横弯基频的拟合曲线如图 4.25 所示，主塔抗弯刚度倍数与一阶正对称竖弯基频的拟合如图 4.26 所示。为了方便计算主塔抗弯刚度对一阶正对称横弯和一阶正对称竖弯基频的影响，将主塔抗弯刚度倍数与一阶正对称横弯基频和一阶正对称竖弯基频进行拟合。从图 4.25 和图 4.26 可以看出主塔抗弯刚度倍数与一阶横弯基频和一阶正对称竖弯基频近似满足线性关系，主塔抗弯刚度倍数和一阶正对称横弯基频之间的拟合关系式为

$$y = 0.133x + 0.001 \tag{4.114}$$

式中，x 为非对称悬索桥主塔抗弯刚度倍数；y 为非对称悬索桥一阶正对称横弯基频。

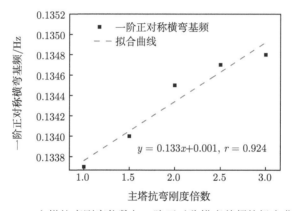

图 4.25 主塔抗弯刚度倍数与一阶正对称横弯基频的拟合曲线

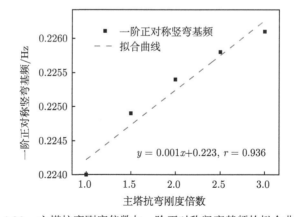

图 4.26 主塔抗弯刚度倍数与一阶正对称竖弯基频的拟合曲线

主塔抗弯刚度倍数和一阶正对称竖弯基频之间的拟合关系式为

$$y = 0.001x + 0.223 \tag{4.115}$$

式中，x 为非对称悬索桥主塔抗弯刚度倍数；y 为非对称悬索桥一阶正对称竖弯基频。

4.5.5　加劲梁抗弯刚度变化对动力特性的影响

加劲梁抗弯刚度变化用公式 $K = I/I_0$ 表示。其中，K 为相对抗弯刚度，指抗弯刚度倍数；I_0 为原桥的实际刚度；I 为假设的改变刚度。非对称悬索桥在保证结构质量和边界条件一定时，加劲梁抗弯刚度按 1.0~3.0 倍发生变化，其纵向、横向、竖向、扭转基频发生相应变化。加劲梁抗弯刚度倍数对基频的影响如表 4.12 所示。

表 4.12　加劲梁抗弯刚度倍数对基频的影响

加劲梁抗弯刚度倍数	基频/Hz					
	一阶纵飘	一阶正对称横弯	一阶正对称竖弯	一阶反对称竖弯	一阶正对称扭转	一阶反对称扭转
1.0	0.1261	0.1337	0.2240	0.1780	0.464	0.5330
1.5	0.1281	0.1562	0.2323	0.1833	0.480	0.6280
2.0	0.1297	0.1752	0.2378	0.1881	0.482	0.6540
2.5	0.1310	0.1817	0.2417	0.1930	0.483	0.6550
3.0	0.1322	0.2060	0.2445	0.1970	0.483	0.6553

加劲梁抗弯刚度倍数对一阶纵飘和一阶正对称横弯基频的影响如图 4.27 所示，加劲梁抗弯刚度倍数对一阶竖弯和扭转基频的影响如图 4.28 所示。从图 4.27 和图 4.28 分析可知，对于非对称悬索桥，当其加劲梁抗弯刚度在 1.0~3.0 倍逐渐递增时，结构体系的一阶纵飘和一阶正对称横弯基频逐渐增大，尤其是一阶正对称横弯基频增加明显；当加劲梁抗弯刚度增加一倍时，加劲梁一阶纵飘基频只增加 2.9%，加劲梁的一阶正对称横弯基频增加 31%；当加劲梁抗弯刚度增加为原来的 3 倍时，一阶正对称横弯基频大于一阶反对称竖弯基频，也就是说随着加劲梁抗弯刚度的增大，加劲梁竖弯振动振型出现在横弯振动振型之前。加劲梁抗弯刚度增加使其横向刚度增加，横向刚度变化引起振型阶次的变化，使得一阶反对称竖弯的振型提前出现。随着加劲梁抗弯刚度的增加，一阶反对称、正对称竖弯基频逐渐增大，但增加的幅度不是太明显，当加劲梁抗弯刚度增加一倍时，加劲梁一阶正对称竖弯基频增加 6.2%，同时一阶反对称竖弯基频增加 5.7%；随加劲梁的抗弯刚度增加，一阶反对称、正对称扭转基频逐渐增大，当加劲梁抗弯刚度增加一倍时，加劲梁一阶正对称扭转基频增加 3.9%，一阶反对称扭转基频增加 7.6%。

经过分析可知，主缆刚度变化和吊索刚度对非对称悬索桥的自振特性影响很小，且分析方法与主塔抗弯刚度和加劲梁抗弯刚度对基频影响的分析方法类似，所以本书不再分析主缆和吊索刚度对基频的影响。

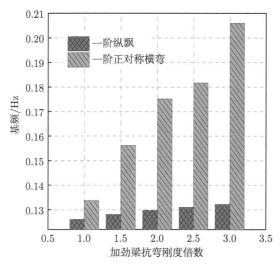

图 4.27　加劲梁抗弯刚度倍数对一阶纵飘和一阶正对称横弯基频的影响

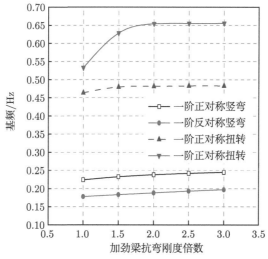

图 4.28　加劲梁抗弯刚度倍数对一阶竖弯和扭转基频的影响

综上所述，不同参数对非对称悬索桥动力特性的敏感性不同。如表 4.13 所示，结构矢跨比对一阶反对称竖弯基频和扭转基频比较敏感，结构非对称敏感性参数对一阶正对称竖弯基频和扭转基频比较敏感，然而主塔的抗弯刚度对结构的各向基频影响很小；加劲梁抗弯刚度对一阶正对称横弯的基频非常敏感，定量分析时，当非对称悬索桥的加劲梁抗弯刚度增加为原来的 3 倍时，一阶正对称横弯基频大于一阶反对称竖弯基频，改变了结构原有的振型次序，结构的竖弯振型会出现在横弯振型之前。

表 4.13　影响非对称悬索桥动力特性的参数敏感性分析

基频	结构矢跨比	结构非对称敏 感性参数	主塔抗弯刚度	加劲梁抗弯刚度
一阶纵飘基频	—	★	○	★
一阶正对称横弯基频	—	★	★	★ ★ ★ ★ ★
一阶正对称竖弯基频	★	★ ★ ★	★	★ ★
一阶反对称竖弯基频	★ ★ ★	○	○	★ ★
一阶正对称扭转基频	★	★ ★ ★	—	★
一阶反对称扭转基频	★ ★ ★	○	—	★ ★

注：★ 表示敏感性，数目越多表示越敏感；○ 表示不变化或变化可以忽略。

4.6　边跨跨径非对称悬索桥动力特性分析

本章前部分主要研究了主缆非对称悬索桥的动力特性，本节基于能量法研究边跨跨径非对称悬索桥的动力特性。

边跨跨径非对称的三跨连续加劲梁悬索桥基频的估算公式，国内外文献没有报道。受地形的影响，这种类型的非对称悬索桥不断增多，如已建的西堠门大桥，是目前世界上最大跨径的边跨跨径非对称悬索桥。在初步设计阶段为了快速计算和分析这种类型桥梁的自振频率，很有必要研究该类型桥梁自由振动时的频率近似计算公式。本节研究边跨跨径非对称的三跨连续加劲梁悬索桥的动力特性，基于能量法推导边跨跨径非对称类型的悬索桥竖弯和扭转基频的实用计算公式，讨论公式的适用范围，对边跨跨径非对称的三跨悬索桥某些跨径相关的参数取极限，即可得到单跨悬索桥的基频估算公式，并通过有限元法验证估算公式的精度，为计算同类型的桥梁基频提供一种计算方法 [32,33]。

4.6.1　边跨跨径非对称悬索桥竖弯基频估算公式

两端简支的边跨跨径不相等三跨非对称悬索桥如图 4.29 所示。假设主缆线形都为抛物线，忽略索塔刚度对自振频率的影响，跨径依次为 L_1、L_2 和 L_3，其中 $L_1 \neq L_3$。

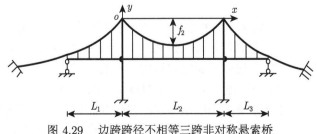

图 4.29　边跨跨径不相等三跨非对称悬索桥

f_2 为中跨矢高

边跨跨径非对称的三跨悬索桥主缆的线形函数从左到右依次为

$$
\begin{cases}
y_1 = \dfrac{qL_1^2}{2H_{\mathrm{s}}}\left[\dfrac{x_1}{L_1} - \left(\dfrac{x_1}{L_1}\right)^2\right] & (0 \leqslant x_1 \leqslant L_1) \\[3mm]
y_2 = \dfrac{qL_2^2}{2H_{\mathrm{s}}}\left[\dfrac{x_2}{L_2} - \left(\dfrac{x_2}{L_2}\right)^2\right] & (0 \leqslant x_2 \leqslant L_2) \\[3mm]
y_3 = \dfrac{qL_3^2}{2H_{\mathrm{s}}}\left[\dfrac{x_3}{L_3} - \left(\dfrac{x_3}{L_3}\right)^2\right] & (0 \leqslant x_3 \leqslant L_3)
\end{cases}
\tag{4.116}
$$

式中，x_1 为悬索桥左边跨最左端至最右端距离；x_2 为悬索桥主跨最左端至最右端距离；x_3 为悬索桥右边跨最左端至最右端距离。

1. 基于能量法的正对称竖弯基频估算公式

1) 非对称悬索桥体系势能

由于自由振动在非对称悬索桥的体现很小，所以主缆势能由缆力变化产生的主缆应变能和恒载作用点降低产生的重力势能构成。

缆力变化产生的主缆应变能为

$$
U_{\mathrm{ce}} = \frac{4f_2 H}{L_2^2} \sum_{L_i} \int_{L_i} v_i \mathrm{d}x = \frac{4f_2 H}{L_2^2}\left(\int_0^{L_1} v_1 \mathrm{d}x_1 + \int_0^{L_2} v_2 \mathrm{d}x_2 + \int_0^{L_3} v_3 \mathrm{d}x_3\right) \tag{4.117}
$$

式中，L_i 为悬索桥各跨跨径 ($i=1,2,3$)；v_i 为振型参数 ($i=1,2,3$)。

不考虑弹性伸长，由恒载作用点降低产生的主缆重力势能为

$$
\begin{aligned}
U_{\mathrm{cg}} &= \frac{H_{\mathrm{s}}}{2}\sum_{i=1}^{3}\int_{L_i}\left(\frac{\partial v_i}{\partial x_i}\right)^2 \mathrm{d}x_i \\
&= \frac{H_{\mathrm{s}}}{2}\left[\int_0^{L_1}\left(\frac{\partial v_1}{\partial x_1}\right)^2 \mathrm{d}x_1 + \int_0^{L_2}\left(\frac{\partial v_2}{\partial x_2}\right)^2 \mathrm{d}x_2 + \int_0^{L_3}\left(\frac{\partial v_3}{\partial x_3}\right)^2 \mathrm{d}x_3\right]
\end{aligned}
\tag{4.118}
$$

加劲梁的弯曲势能为

$$
\begin{aligned}
U_{\mathrm{s}} &= \frac{1}{2}\sum_{i=1}^{3}\int_{L_i} EI_{\mathrm{v}}\left(\frac{\mathrm{d}^2 v_i}{\mathrm{d}x_i^2}\right)^2 \mathrm{d}x \\
&= \frac{1}{2}\left[\int_0^{L_1} EI_{\mathrm{v}}\left(\frac{\mathrm{d}^2 v_1}{\mathrm{d}x_1^2}\right)^2 \mathrm{d}x_1 + \int_0^{L_2} EI_{\mathrm{v}}\left(\frac{\mathrm{d}^2 v_2}{\mathrm{d}x_2^2}\right)^2 \mathrm{d}x_2 + \int_0^{L_3} EI_{\mathrm{v}}\left(\frac{\mathrm{d}^2 v_3}{\mathrm{d}x_3^2}\right)^2 \mathrm{d}x_3\right]
\end{aligned}
\tag{4.119}
$$

主缆的势能为

$$U_c = U_{ce} + U_{cg} = \frac{4f_2H}{L_2^2}\sum_{L_i}\int_{L_i} v_i \mathrm{d}x + \frac{H_s}{2}\sum_{i=1}^{3}\int_{L_i}\left(\frac{\partial v_i}{\partial x_i}\right)^2 \mathrm{d}x_i \qquad (4.120)$$

则体系总势能为

$$U = U_c + U_s = \frac{4f_2H}{L_2^2}\sum_{L_i}\int_{L_i} v_i \mathrm{d}x + \frac{H_s}{2}\sum_{i=1}^{3}\int_{L_i}\left(\frac{\partial v_i}{\partial x_i}\right)^2 \mathrm{d}x_i$$

$$+ \frac{1}{2}\sum_{i=1}^{3}\int_{L_i} EI_v\left(\frac{\mathrm{d}^2 v_i}{\mathrm{d}x_i^2}\right)^2 \mathrm{d}x \qquad (4.121)$$

2) 非对称悬索桥体系动能

在忽略吊杆影响下，主缆和加劲梁的动能组成边跨跨径非对称悬索桥自由振动的动能，主缆的动能如式 (4.122) 所示：

$$T_c = \frac{1}{2}\sum_{i=1}^{3}\int_{L_i} m_c\left(\frac{\partial v_i}{\partial t}\right)^2 \mathrm{d}x_i$$

$$= \frac{1}{2}\left[\int_0^{L_1} m_c\left(\frac{\partial v_1}{\partial t}\right)^2 \mathrm{d}x_1 + \int_0^{L_2} m_c\left(\frac{\partial v_2}{\partial t}\right)^2 \mathrm{d}x_2 + \int_0^{L_3} m_c\left(\frac{\partial v_3}{\partial t}\right)^2 \mathrm{d}x_3\right]$$

$$(4.122)$$

加劲梁动能：

$$T_g = \frac{1}{2}\sum_{i=1}^{3}\int_{L_i} m_g\left(\frac{\partial v_i}{\partial t}\right)^2 \mathrm{d}x_i$$

$$= \frac{1}{2}\left[\int_0^{L_1} m_g\left(\frac{\partial v_1}{\partial t}\right)^2 \mathrm{d}x_1 + \int_0^{L_2} m_g\left(\frac{\partial v_2}{\partial t}\right)^2 \mathrm{d}x_2 + \int_0^{L_3} m_g\left(\frac{\partial v_3}{\partial t}\right)^2 \mathrm{d}x_3\right]$$

$$(4.123)$$

因此，结构体系总的动能为

$$T = T_c + T_g = \frac{1}{2}\sum_{i=1}^{3}\int_{L_i} m_c\left(\frac{\partial v_i}{\partial t}\right)^2 \mathrm{d}x_i + \frac{1}{2}\sum_{i=1}^{3}\int_{L_i} m_g\left(\frac{\partial v_i}{\partial t}\right)^2 \mathrm{d}x_i$$

$$= \frac{1}{2}\sum_{i=1}^{3}\int_{L_i}(m_c + m_g)\left(\frac{\partial v_i}{\partial t}\right)^2 \mathrm{d}x = \frac{q}{2g}\sum_{i=1}^{3}\int_{L_i}\left(\frac{\partial v_i}{\partial t}\right)^2 \mathrm{d}x \qquad (4.124)$$

边跨跨径非对称的悬索桥自由振动的一阶正对称竖弯振型如图 4.30 所示。假设满足边中跨边界条件的振型位移函数为

$$
\begin{cases}
v_1 = A_1 \sin \dfrac{\pi x_1}{L_1} \sin(\omega t + \varphi), & x_1 \in [0, L_1] \\[2mm]
v_2 = A_2 \sin \dfrac{\pi x_2}{L_2} \sin(\omega t + \varphi), & x_2 \in [0, L_2] \\[2mm]
v_3 = A_3 \sin \dfrac{\pi x_3}{L_3} \sin(\omega t + \varphi), & x_3 \in [0, L_3]
\end{cases}
\tag{4.125}
$$

式中，A_1、A_2、A_3 分别为左边跨、中跨和右边跨竖弯振型函数的振幅。

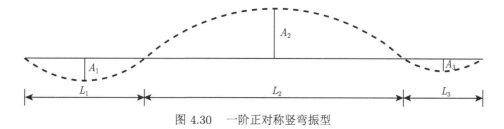

图 4.30　一阶正对称竖弯振型

三跨加劲梁是连续梁，由加劲梁的连续性得边跨、中跨振型函数的导数在分界点处相等，即当 $\left[A_1 \sin \dfrac{\pi x_1}{L_1}\right]'_{x_1 = L_1} = \left[A_2 \sin \dfrac{\pi x_2}{L_2}\right]'_{x_2 = 0}$ 时，有

$$
A_1 = -\frac{L_1}{L_2} A_2
\tag{4.126}
$$

当 $\left[A_2 \sin \dfrac{\pi x_2}{L_2}\right]'_{x_2 = L_2} = \left[A_3 \sin \dfrac{\pi x_3}{L_3}\right]'_{x_3 = 0}$ 时，有

$$
A_3 = -\frac{L_3}{L_2} A_2
\tag{4.127}
$$

当 $\cos(\omega t + \varphi) = 1$ 时，有

$$
T_{\max} = \frac{q}{4g} A_2^2 \omega^2 \frac{L_1^3 + L_2^3 + L_3^3}{L_2^2}
\tag{4.128}
$$

当 $\sin(\omega t + \varphi) = 1$ 时，有

$$
\begin{aligned}
U_{\max} = A_2^2 &\left[\frac{H_{\mathrm{s}} \pi^2 (L_1 + L_2 + L_3)}{4 L_2^2} + \frac{E I_{\mathrm{v}} \pi^4 (L_2 L_3 + L_1 L_3 + L_1 L_2)}{4 L_1 L_2^3 L_3} \right. \\
&\left. + 4 \left(\frac{4 f_2}{L_2^2} \right)^2 \frac{E_{\mathrm{c}} A_{\mathrm{c}}}{L_1 + L_2 + L_3} \frac{(L_2^2 - L_1^2 - L_3^2)^2}{\pi^2 L_2^2} \right]
\end{aligned}
\tag{4.129}
$$

同理，由瑞利–里茨法可得

$$\omega^2 = \left[\frac{H_s\pi^2(L_1+L_2+L_3)}{4L_2^2} + \frac{EI_v\pi^4(L_2L_3+L_1L_3+L_1L_2)}{4L_1L_2^3L_3} \right.$$

$$\left. + 4\left(\frac{4f_2}{L_2^2}\right)^2 \frac{E_cA_c}{L_1+L_2+L_3} \frac{(L_2^2-L_1^2-L_3^2)^2}{\pi^2L_2^2} \right] \bigg/ \frac{q}{4g} \frac{L_1^3+L_2^3+L_3^3}{L_2^2} \qquad (4.130)$$

则由 $f = \omega/2\pi$，得边跨跨径非对称悬索桥的正对称竖弯基频为

$$f = \sqrt{\frac{\frac{g}{4}H_s(L_1+L_2+L_3) + \frac{EI_v\pi^2 g(L_2L_3+L_1L_3+L_1L_2)}{4L_1L_2L_3} + 4g\left(\frac{4f_2}{L_2^2}\right)^2\frac{E_cA_c(L_2^2-L_1^2-L_3^2)^2}{\pi^4(L_1+L_2+L_3)}}{q(L_1^3+L_2^3+L_3^3)}}$$

$$(4.131)$$

由 $H_s = \dfrac{qL_2^2}{8f_2}$，$f_2 = n \cdot L_2$ 和边中跨跨径关系 $L_1 = lL_2$，$L_1 = lL_2$，化简整理式 (4.131) 可得

$$f = \sqrt{\frac{0.306(kl+l+1)}{n(k^3l^3+l^3+1)L_2} + \frac{24.18EI_v(kl+k+1)}{qk(k^3l^3+l^3+1)L_2^4} + \frac{6.439n^2E_cA_c(1-l^2-k^2l^2)^2}{q(kl+l+1)(k^3l^3+l^3+1)L_2^2}}$$

$$(4.132)$$

量级分析可知，为了方便计算，式 (4.132) 根号下第二项比第一项和第三项小 2~3 个数量级，近似计算时可忽略不计，故式 (4.132) 可简化为

$$f = \sqrt{\frac{0.306(kl+l+1)}{n(k^3l^3+l^3+1)L_2} + \frac{6.439n^2E_cA_c(1-l^2-k^2l^2)^2}{q(kl+l+1)(k^3l^3+l^3+1)L_2^2}} \qquad (4.133)$$

一般情况下，矢跨比 $n = 0.1$，$q = mg$，若取 $k = 1$，$l \to 0$ 极限情况，由于式 (4.133) 根号下第一项比第二项小 1 个数量级，当忽略此项时，即可得到单跨悬索桥的正对称竖弯基频为

$$f = \lim_{l\to 0} \sqrt{\frac{0.306(kl+l+1)}{n(k^3l^3+l^3+1)L_2} + \frac{6.439n^2E_cA_c(1-l^2-k^2l^2)^2}{q(kl+l+1)(k^3l^3+l^3+1)L_2^2}}$$

$$= \frac{0.1}{L}\sqrt{\frac{E_cA_{c1}}{m}} \qquad (4.134)$$

式 (4.134) 与《公路桥梁抗风设计规范》(JTG/T 3360-01—2018)[7] 中的单跨悬索桥对称竖弯基频估算公式 $f_b = \dfrac{0.1}{L}\sqrt{\dfrac{E_cA_{c1}}{\overline{m}}}$ 一样，从而验证了边跨跨径非对称的三跨悬索桥正对称竖弯基频估算公式的正确性。

2. 基于能量法的反对称竖弯基频估算公式

边跨跨径非对称悬索桥一阶反对称竖弯振型如图 4.31 所示。

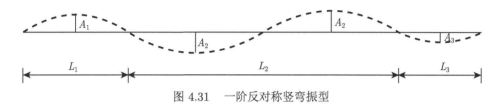

图 4.31　一阶反对称竖弯振型

假设边中跨满足边界条件的振型位移函数为

$$
\begin{cases}
v_1 = A_1 \sin \dfrac{\pi x_1}{L_1} \sin(\omega t + \varphi), & x_1 \in [0, L_1] \\[2mm]
v_2 = A_2 \sin \dfrac{2\pi x_2}{L_2} \sin(\omega t + \varphi), & x_2 \in [0, L_2] \\[2mm]
v_3 = A_3 \sin \dfrac{\pi x_3}{L_3} \sin(\omega t + \varphi), & x_3 \in [0, L_3]
\end{cases}
\tag{4.135}
$$

由加劲梁的连续性可知，当 $\left[A_1 \sin \dfrac{\pi x_1}{L_1} \right]'_{x_1 = L_1} = \left[A_2 \sin \dfrac{2\pi x_2}{L_2} \right]'_{x_2 = 0}$ 时，有

$$
A_1 = -\frac{2L_1}{L_2} A_2
\tag{4.136}
$$

当 $\left[A_2 \sin \dfrac{2\pi x_2}{L_2} \right]'_{x_2 = L_2} = \left[A_3 \sin \dfrac{\pi x_3}{L_3} \right]'_{x_3 = 0}$ 时，有

$$
A_3 = -\frac{2L_3}{L_2} A_2
\tag{4.137}
$$

当 $\cos(\omega t + \varphi) = 1$ 时，有

$$
T_{\max} = \frac{q}{4g} A_2^2 \omega^2 \frac{4L_1^3 + L_2^3 + 4L_3^3}{L_2^2}
\tag{4.138}
$$

当 $\sin(\omega t + \varphi) = 1$ 时，有

$$
U_{\max} = A_2^2 \pi^2 \left[\frac{H_s(L_1 + L_2 + L_3)}{L_2^2} + \frac{EI_v \pi^2 (L_2 L_3 + 4L_1 L_3 + L_1 L_2)}{L_1 L_2^3 L_3} \right]
\tag{4.139}
$$

同理，由瑞利–里茨法可得

$$\omega^2 = \frac{\pi^2 \left[\dfrac{H_s(L_1 + L_2 + L_3)}{L_2^2} + \dfrac{EI_v\pi^2(L_2L_3 + 4L_1L_3 + L_1L_2)}{L_1L_2^3L_3} \right]}{\dfrac{q}{4g} \dfrac{4L_1^3 + L_2^3 + 4L_3^3}{L_2^2}} \tag{4.140}$$

由 $f = \omega/2\pi$，边跨跨径非对称悬索桥的正对称竖弯基频为

$$f = \sqrt{\frac{H_s g(L_1 + L_2 + L_3) + \dfrac{EI_v\pi^2 g(L_2L_3 + 4L_1L_3 + L_1L_2)}{L_1L_2L_3}}{q(4L_1^3 + L_2^3 + 4L_3^3)}} \tag{4.141}$$

由 $H_s = \dfrac{qL_2^2}{8f_2}$，$f_2 = n \cdot L_2$ 及边中跨跨径关系 $L_1 = lL_2$，$L_3 = kL_1$，化简整理式 (4.141) 可得

$$f = \sqrt{\frac{1.225(kl + l + 1)}{n(4k^3l^3 + 4l^3 + 1)L_2^2} + \frac{96.624EI_v(4kl + k + 1)}{qkl(4k^3l^3 + 4l^3 + 1)L_2^4}} \tag{4.142}$$

或

$$f = \frac{1}{L_2}\sqrt{\frac{H_s(kl + l + 1)}{nmg(4k^3l^3 + 4l^3 + 1)} + \frac{96.624EI_v(4kl + k + 1)}{mgkl(4k^3l^3 + 4l^3 + 1)L_2^2}} \tag{4.143}$$

4.6.2　边跨跨径非对称悬索桥的扭转基频估算公式

1. 基于能量法的正对称扭转基频估算公式

边跨跨径非对称的三跨连续加劲梁悬索桥在扭转自由振动时，其扭转的势能如下。

1) 结构体系势能

加劲梁约束扭转势能为

$$U_1 = \frac{1}{2}\sum_{i=1}^{3}\int_{L_i} EJ_w\left(\frac{\partial^2 v_i}{\partial x_i^2}\right)^2 dx_i = \frac{1}{2}\left[\int_0^{L_1} EJ_w\left(\frac{\partial^2 v_1}{\partial x_1^2}\right)^2 dx_1\right.$$

$$\left. + \int_0^{L_2} EJ_w\left(\frac{\partial^2 v_2}{\partial x_2^2}\right)^2 dx_2 + \int_0^{L_3} EJ_w\left(\frac{\partial^2 v_3}{\partial x_3^2}\right)^2 dx_3 \right] \tag{4.144}$$

加劲梁自由扭转势能为

$$U_2 = \frac{1}{2}\sum_{i=1}^{3}\int_{L_i} GJ_t\left(\frac{\partial v_i}{\partial x_i}\right)^2 dx_i = \frac{1}{2}\left[\int_0^{L_1} GJ_t\left(\frac{\partial v_1}{\partial x_1}\right)^2 dx_1\right.$$

$$+ \int_0^{L_2} GI_t \left(\frac{\partial v_2}{\partial x_2}\right)^2 dx_2 + \int_0^{L_1} GI_t \left(\frac{\partial v_3}{\partial x_3}\right)^2 dx_3 \Bigg] \tag{4.145}$$

主缆的相容方程为

$$\frac{HL_e}{E_c A_c} = \frac{qb}{2H_s} \sum_{i=1}^{3} \int_{L_i} v_i dx_i \tag{4.146}$$

则

$$U_3 = \sum_{i=1}^{3} \frac{H_s b^2}{8} \int_{L_i} \left(\frac{\partial v_i}{\partial x_i}\right)^2 dx_i + \frac{4f_2 bH}{L_2^2} \sum_{i=1}^{3} \int_{L_i} v_i dx_i$$

$$= \frac{H_s b^2}{8} \left[\int_0^{L_1} \left(\frac{\partial v_1}{\partial x_1}\right)^2 dx_1 + \int_0^{L_2} \left(\frac{\partial v_2}{\partial x_2}\right)^2 dx_2 + \int_0^{L_1} \left(\frac{\partial v_3}{\partial x_3}\right)^2 dx_3 \right]$$

$$+ \frac{4f_2 bH}{L_2^2} \left(\int_0^{L_1} v_1 dx_1 + \int_0^{L_2} v_2 dx_2 + \int_0^{L_3} v_3 dx_3 \right) \tag{4.147}$$

结构体系总势能为

$$U = U_1 + U_2 + U_3 = \frac{1}{2} \sum_{i=1}^{3} \int_{L_i} EJ_w \left(\frac{\partial^2 v_i}{\partial x_i^2}\right)^2 dx_i + \frac{1}{2} \sum_{i=1}^{3} \int_{L_i} GJ_t \left(\frac{\partial v_i}{\partial x_i}\right)^2 dx_i$$

$$+ \sum_{i=1}^{3} \frac{H_s b^2}{8} \int_{L_i} \left(\frac{\partial v_i}{\partial x_i}\right)^2 dx_i + \frac{4f_2 bH}{L_2^2} \sum_{i=1}^{3} \int_{L_i} v_i dx_i \tag{4.148}$$

2) 结构体系动能

加劲梁旋转动能为

$$T_1 = \frac{1}{2} \sum_{i=0}^{3} m_g r^2 \int_{L_i} \left(\frac{\partial v_i}{\partial t}\right)^2 dx_i$$

$$= \frac{1}{2} m_g r^2 \left[\int_0^{L_1} \left(\frac{\partial v_1}{\partial t}\right)^2 dx_1 + \int_0^{L_2} \left(\frac{\partial v_2}{\partial t}\right)^2 dx_2 + \int_0^{L_3} \left(\frac{\partial v_3}{\partial t}\right)^2 dx_3 \right] \tag{4.149}$$

主缆挠曲动能为

$$T_2 = \frac{1}{2} \sum_{i=0}^{3} m_c \frac{b^2}{4} \int_{L_i} \left(\frac{\partial v_i}{\partial t}\right)^2 dx_i$$

$$= \frac{m_c b^2}{8} \left[\int_0^{L_1} \left(\frac{\partial v_1}{\partial t}\right)^2 dx_1 + \int_0^{L_2} \left(\frac{\partial v_2}{\partial t}\right)^2 dx_2 + \int_0^{L_3} \left(\frac{\partial v_3}{\partial t}\right)^2 dx_3 \right] \tag{4.150}$$

结构体系总动能为

$$T = T_1 + T_2 = \frac{1}{2} \sum_{i=0}^{3} m_\mathrm{g} r^2 \int_{L_i} \left(\frac{\partial v_i}{\partial t} \right)^2 \mathrm{d}x_i + \frac{1}{2} \sum_{i=0}^{3} m_\mathrm{c} \frac{b^2}{4} \int_{L_i} \left(\frac{\partial v_i}{\partial t} \right)^2 \mathrm{d}x_i \quad (4.151)$$

对于一阶正对称扭转振动，设其满足边界条件的扭转振型函数为

$$\begin{cases} v_1 = B_1 \sin \dfrac{\pi x_1}{L_1} \sin(\omega t + \varphi), & x_1 \in [0, L_1] \\[3mm] v_2 = B_2 \sin \dfrac{\pi x_2}{L_2} \sin(\omega t + \varphi), & x_2 \in [0, L_2] \\[3mm] v_3 = B_3 \sin \dfrac{\pi x_3}{L_3} \sin(\omega t + \varphi), & x_3 \in [0, L_3] \end{cases} \quad (4.152)$$

式中，B_1、B_2、B_3 分别为左边跨、中跨、右边跨扭转振型函数的振幅。

根据加劲梁的连续性，当 $\left[B_1 \sin \dfrac{\pi x_1}{L_1} \right]'_{x_1=L_1} = \left[B_2 \sin \dfrac{\pi x_2}{L_2} \right]'_{x_2=0}$ 时，可得

$$B_1 = -\frac{L_1}{L_2} B_2 \quad (4.153)$$

当 $\left[A_2 \sin \dfrac{\pi x_2}{L_2} \right]'_{x_2=L_2} = \left[A_3 \sin \dfrac{\pi x_3}{L_3} \right]'_{x_3=0}$ 时，可得

$$B_3 = -\frac{L_3}{L_2} B_2 \quad (4.154)$$

当 $\cos(\omega t + \varphi) = 1$ 时，可得

$$T_{\max} = B_2^2 \omega^2 \frac{(m_\mathrm{g} r^2 + m_\mathrm{c} b^2/4)(L_1^3 + L_2^3 + L_3^3)}{4L_2^2} \quad (4.155)$$

当 $\sin(\omega t + \varphi) = 1$ 时，可得

$$U_{\max} = B_2^2 \left[EJ_\mathrm{w} \pi^4 \frac{L_1 L_2 + L_2 L_3 + L_1 L_3}{4 L_1 L_2^3 L_3} + \left(GJ_\mathrm{t} + \frac{H_s b^2}{4} \right) \frac{\pi^2 (L_1 + L_2 + L_3)}{4 L_2^2} \right.$$
$$\left. + \frac{E_\mathrm{c} A_\mathrm{c}}{4\pi^2 L_\mathrm{e}} \left(\frac{8 f_2 b}{L_2^2} \right)^2 \frac{(L_2^2 - L_1^2 - L_3^2)^2}{L_2^2} \right] \quad (4.156)$$

同理，由瑞利–里茨法可得

$$\omega^2 = \left[EJ_\mathrm{w}\pi^4 \frac{L_1L_2 + L_2L_3 + L_1L_3}{4L_1L_2^3L_3} + \frac{(GJ_\mathrm{t} + H_\mathrm{s}b^2/4)\pi^2(L_1 + L_2 + L_3)}{4L_2^2} \right.$$
$$\left. + \frac{E_\mathrm{c}A_\mathrm{c}}{4\pi^2L_\mathrm{e}} \left(\frac{8f_2b}{L_2^2} \right)^2 \frac{(L_2^2 - L_1^2 - L_3^2)^2}{L_2^2} \right] \Big/ [(m_\mathrm{g}r^2 + m_\mathrm{c}b^2/4)(L_1^3 + L_2^3 + L_3^3)/4L_2^2] \tag{4.157}$$

$$\omega^2 = \left[EJ_\mathrm{w}\pi^4 \frac{L_1L_2 + L_2L_3 + L_1L_3}{4L_1L_2^3L_3} + \frac{(GJ_\mathrm{t} + H_\mathrm{s}b^2/4)\pi^2(L_1 + L_2 + L_3)}{4L_2^2} \right.$$
$$\left. + \frac{E_\mathrm{c}A_\mathrm{c}}{4\pi^2L_\mathrm{e}} \left(\frac{8f_2b}{L_2^2} \right)^2 \frac{(L_2^2 - L_1^2 - L_3^2)^2}{L_2^2} \right] \Big/ [(m_\mathrm{g}r^2 + m_\mathrm{c}b^2/4)(L_1^3 + L_2^3 + L_3^3)/4L_2^2] \tag{4.158}$$

忽略约束扭转, 根据边中跨跨径关系 $L_1 = lL_2$, $L_3 = kL_1$, 化简整理式 (4.158) 可得

$$f = \frac{1}{2L_2} \sqrt{\frac{(GJ_\mathrm{t} + H_\mathrm{s}b^2/4)(kl + l + 1)}{J(k^3l^3 + l^3 + 1)} + \frac{0.657n^2E_\mathrm{c}A_\mathrm{c}b^2(1 - l^2 - k^2l^2)^2}{J(kl + l + 1)(k^3l^3 + l^3 + 1)}} \tag{4.159}$$

公式讨论:

一般情况下, 矢跨比 $n = 0.1$, 若取 $k = 1$, $l \to 0$ 极限情况时, 可得到单跨悬索桥的正对称扭转基频计算公式为

$$f = \lim_{l \to 0} \frac{1}{2L_2} \sqrt{\frac{GJ_\mathrm{t}(kl + l + 1)}{J(k^3l^3 + l^3 + 1)} + \frac{0.657n^2b^2E_\mathrm{c}A_\mathrm{c}(1 - l^2 - k^2l^2)^2}{J(kl + l + 1)(k^3l^3 + l^3 + 1)}}$$
$$= \frac{1}{2L_2} \sqrt{\frac{GJ_\mathrm{t} + 0.00657b^2E_\mathrm{c}A_\mathrm{c}}{J}} \tag{4.160}$$

《公路桥梁抗风设计规范》(JTG/T 3360-01—2018)[7] 中单跨悬索桥的一阶正对称扭转基频估算公式为

$$f_\mathrm{t} = \frac{1}{2L} \sqrt{\frac{GJ_\mathrm{t} + 0.05256E_\mathrm{c}A_\mathrm{c1}(b/2)^2}{mr^2 + \dfrac{m_\mathrm{c}b^2}{4}}} \tag{4.161}$$

根据 $E_\mathrm{c}A_\mathrm{c} = 2E_\mathrm{c}A_\mathrm{c1}$, 进一步将式 (4-161) 化简可得

$$f_\mathrm{t} = \frac{1}{2L} \sqrt{\frac{GJ_\mathrm{t} + 0.00657E_\mathrm{c}A_\mathrm{c}b^2}{mr^2 + \dfrac{m_\mathrm{c}b^2}{4}}} \tag{4.162}$$

式 (4.160) 与式 (4.162) 类似, 从而验证了边跨跨径不等三跨非对称悬索桥基频估算公式的正确性。

为了计算方便, 将边跨跨径非对称悬索桥的一阶正对称的扭转基频和竖弯基频比值记作扭弯基频比 ε, 则正对称扭弯基频比为

$$\varepsilon = \frac{\dfrac{1}{2L_2}\sqrt{\dfrac{GJ_{\mathrm{t}}(kl+l+1)}{J(k^3l^3+l^3+1)} + \dfrac{0.657n^2b^2E_{\mathrm{c}}A_{\mathrm{c}}(1-l^2-k^2l^2)^2}{J(kl+l+1)(k^3l^3+l^3+1)}}}{\sqrt{\dfrac{0.306(kl+l+1)}{n(k^3l^3+l^3+1)L_2} + \dfrac{6.439n^2E_{\mathrm{c}}A_{\mathrm{c}}(1-l^2-k^2l^2)^2}{q(kl+l+1)(k^3l^3+l^3+1)L_2^2}}} \tag{4.163}$$

记 $a = kl+l+1$, $b = 1-k^2l^2-l^2$, 经简化得

$$\varepsilon = \sqrt{\frac{nqaGJ_{\mathrm{t}} + 0.657n^4b^2qE_{\mathrm{c}}A_{\mathrm{c}}}{1.224qJa^2L_2 + 25.756n^3b^2JE_{\mathrm{c}}A_{\mathrm{c}}}} \tag{4.164}$$

2. 基于能量法的反对称扭转基频估算公式

对于边跨跨径非对称悬索桥的反对称扭转振动, 设其满足边界条件的扭转振型位移函数为

$$\begin{cases} v_1 = B_1 \sin \dfrac{\pi x_1}{L_1} \sin(\omega t + \varphi), & x_1 \in [0, L_1] \\[2mm] v_2 = B_2 \sin \dfrac{2\pi x_2}{L_2} \sin(\omega t + \varphi), & x_2 \in [0, L_2] \\[2mm] v_3 = B_3 \sin \dfrac{\pi x_3}{L_3} \sin(\omega t + \varphi), & x_3 \in [0, L_3] \end{cases} \tag{4.165}$$

根据加劲梁的连续性, 当 $\left[B_1 \sin \dfrac{\pi x_1}{L_1} \right]'_{x_1=L_1} = \left[B_2 \sin \dfrac{2\pi x_2}{L_2} \right]'_{x_2=0}$ 时, 可得

$$B_1 = -\frac{2L_1}{L_2}B_2 \tag{4.166}$$

当 $\left[A_2 \sin \dfrac{2\pi x_2}{L_2} \right]'_{x_2=L_2} = \left[A_3 \sin \dfrac{\pi x_3}{L_3} \right]'_{x_3=0}$ 时, 可得

$$B_3 = -\frac{2L_3}{L_2}B_2 \tag{4.167}$$

当 $\cos(\omega t + \varphi) = 1$ 时, 可得

$$T_{\max} = B_2^2 \omega^2 \frac{(m_{\mathrm{g}}r^2 + m_{\mathrm{c}}b^2/4)(4L_1^3 + L_2^3 + 4L_3^3)}{4L_2^2} \tag{4.168}$$

当 $\sin(\omega t + \varphi) = 1$ 时，可得

$$U_{\max} = B_2^2 \left[2EJ_w\pi^4 \frac{L_1L_2 + L_2L_3 + 4L_1L_3}{2L_1L_2^3L_3} + \left(GJ_t + \frac{H_sb^2}{4} \right) \frac{\pi^2(L_1 + L_2 + L_3)}{L_2^2} \right]$$

$$(4.169)$$

同理，由瑞利–里茨法可得

$$\omega^2 = \frac{2EJ_w\pi^4 \dfrac{L_1L_2 + L_2L_3 + 4L_1L_3}{2L_1L_2^3L_3} + \left(GJ_t + \dfrac{H_sb^2}{4} \right) \dfrac{\pi^2(L_1 + L_2 + L_3)}{L_2^2}}{(m_gr^2 + m_cb^2/4)(4L_1^3 + L_2^3 + 4L_3^3)/4L_2^2}$$

$$(4.170)$$

由此可得反对称扭转的基频为

$$f = \sqrt{\frac{EJ_w\pi^2 \dfrac{L_1L_2 + L_2L_3 + 4L_1L_3}{L_1L_2L_3} + \left(GJ_t + \dfrac{H_sb^2}{4} \right)(L_1 + L_2 + L_3)}{(m_gr^2 + m_cb^2/4)(4L_1^3 + L_2^3 + 4L_3^3)}} \quad (4.171)$$

根据边中跨跨径关系 $L_1 = lL_2$，$L_3 = kL_1$，化简整理式 (4.171) 可得

$$f = \frac{1}{L_2}\sqrt{\frac{9.87EJ_w(k + kl + 1)}{Jkl(4k^3l^3 + 4l^3 + 1)L_2^2} + \frac{\left(GJ_t + \dfrac{H_sb^2}{4} \right)(l + kl + 1)}{J(4k^3l^3 + 4l^3 + 1)}} \quad (4.172)$$

公式讨论：

忽略约束扭转，若取 $k = 1$，$l \to 0$ 极限情况时，可得到单跨悬索桥的反对称扭转基频计算公式为

$$f = \lim_{l \to 0} \frac{1}{L_2}\sqrt{\frac{\left(GJ_t + \dfrac{H_sb^2}{4} \right)(l + kl + 1)}{J(4k^3l^3 + 4l^3 + 1)}} = \frac{1}{L_2}\sqrt{\frac{\left(GJ_t + \dfrac{H_sb^2}{4} \right)}{J}} \quad (4.173)$$

《公路桥梁抗风设计规范》(JTG/T 3360-01—2018)[7] 中单跨悬索桥忽略约束扭转的一阶反对称扭转基频估算公式为

$$f = \frac{1}{L_2}\sqrt{\frac{\left(GJ_t + \dfrac{H_sb^2}{4} \right)}{J}} \quad (4.174)$$

式 (4.173) 与式 (4.174) 一样，与单跨悬索桥反对称扭转基频估算公式是相同的，验证了边跨跨径非对称的三跨悬索桥一阶反对称扭转基频估算公式的普适性。

4.6.3 算例验证

以某边跨跨径非对称悬索桥为背景，验证本书推得的估算公式精度。背景桥的跨径布置为 (540+1420+280)m，主缆矢跨比 n 为 0.1，左边跨与中跨跨径比 l 为 0.383，右边跨与左边跨跨径比 k 为 0.518，加劲梁泊松比为 0.3，实桥结构计算参数如表 4.14 所示。

表 4.14　实桥结构计算参数

参数	A/m^2	$E/(\mathrm{N}\cdot\mathrm{m}^{-2})$	$m/(\mathrm{kg}\cdot\mathrm{m}^{-1})$	J_t/m^4	I_y/m^4	I_z/m^4	$I_m/(\mathrm{kg}\cdot\mathrm{m})$
主梁	1.25	2.10×10^{11}	19793	2.2	55.58	4.7	218700
主塔	42.60	3.45×10^{10}	—	—	—	—	—
主缆 (单侧)	0.47	2.00×10^{11}	4100	—	—	—	—

边跨跨径非对称悬索桥一阶竖弯和扭转基频的本书解和有限元解对比如图 4.32 所示。将表 4.14 中的计算参数代入式 (4.140)、式 (4.149)、式 (4.166) 和式 (4.173)，得到上述背景桥的竖弯和扭转基频，计算结果如表 4.15 所示。由表 4.15 和图 4.32 分析可知，竖弯和扭转基频的本书解和有限元解基本相同，表明推导的边跨跨径非对称的三跨悬索桥基频计算公式精度较高，两者的误差都在 10% 以内。一阶正对称竖弯基频的有限元解和本书解的误差是 9.2%，一阶反对称竖弯基频的有限元解和本书解的误差是 6.7%，一阶正对称扭转基频的有限元解和本书解的误差是 5.0%，一阶反对称扭转频率的有限元解和本书解的误差是 4.4%。

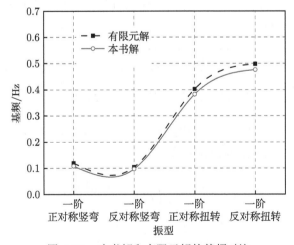

图 4.32　本书解和有限元解的基频对比

表 4.15 实桥一阶竖弯和扭转基频对比

振型	有限元解/Hz	本书解/Hz	误差/%
一阶正对称竖弯	0.119	0.108	9.2
一阶反对称竖弯	0.104	0.097	6.7
一阶正对称扭转	0.402	0.382	5.0
一阶反对称扭转	0.498	0.476	4.4

4.7 本 章 小 结

本章应用古典解析法、基于能量原理的瑞利–里茨法及有限元法研究了非对称悬索桥的动力特性。对于非对称悬索桥正对称竖弯基频和扭转基频,《公路桥梁抗风设计规范》(JTG/T 3360-01—2018) 中的近似计算公式存在一定的误差, 本章主要推导了基于瑞利–里茨法的非对称悬索桥基频的实用估算公式, 分析了影响主缆非对称的悬索桥动力特性的参数敏感性。

首先, 通过基于能量原理的瑞利–里茨法推导了非对称悬索桥的一阶竖弯和扭转基频估算公式, 得出结论如下。

(1) 对非对称悬索桥在不计入及计入边缆和主塔刚度两种情况下竖弯基频的近似计算公式进行了推导, 提出了非对称悬索桥结构非对称敏感性参数 ξ 对一阶竖弯基频的影响因子 η; 对边缆和主塔刚度对竖弯基频的影响系数 β 的表达式进行了推导, 得到了计入边缆和主塔刚度的非对称结构参数的影响因子 γ。

(2) 推导了非对称悬索桥一阶正对称和反对称竖弯和扭转基频近似计算公式, 以及正对称下的扭弯基频比, 提出了非对称悬索桥有关的结构参数对正对称竖弯基频影响因子 η 和对正对称扭转基频影响因子 γ。

(3) 分别计算了非对称悬索桥的一阶竖弯基频和扭转基频, 结果表明该类型桥的一阶反对称竖弯基频和扭转基频不受非对称结构参数的影响。对于一阶正对称竖弯基频和扭转基频, 推导的公式比不计非对称结构参数影响的规范公式精度高, 对于一阶正对称竖弯基频, 其计算结果与有限元法计算结果的误差从 6.8% 降到 4.0%, 一阶正对称扭转基频的误差从 6.0% 降到 4.1%。

(4) 分别计算了不计入和计入边缆和主塔刚度两种情况下非对称悬索桥的竖弯基频, 结果表明不计入边缆和主塔刚度影响时有限元解和计算值误差为 4.0%, 计入情况下的误差是 3.6%, 因此计算非对称悬索桥基频时不能忽略边缆和主塔刚度的影响。

其次, 分析了非对称悬索桥动力特性对结构参数的敏感性, 研究了非对称结构矢跨比等因素对非对称悬索桥动力特性的影响, 得出的结论如下。

(1) 非对称悬索桥主缆的矢跨比对结构一阶竖弯和扭转基频有不同程度的影响, 随着主缆矢跨比的增大, 主缆的轴向拉力会显著减小, 结构体系的几何刚度势必减小，非对称悬索桥结构的整体刚度随主缆矢跨比的增大而减小，非对称悬索桥的一阶正对称和反对称的竖弯和扭转基频减小。当主缆的矢跨比从 1/12 增加到 1/8 时，结构一阶正对称竖弯和反对称竖弯基频减小百分比分别为 3.0% 和 18.1%，一阶正对称扭转和反对称扭转基频减小百分比分别为 2.9% 和 18.3%，说明主缆矢跨比变化对一阶反对称的竖弯和扭转基频较一阶正对称竖弯和扭转基频敏感。

(2) 非对称悬索桥反对称竖弯和扭转基频不随结构非对称敏感性参数 ξ 的变化而变化。当 ξ 较小时，非对称悬索桥正对称竖弯基频和扭转基频变化不大；当 $\xi > 0.1$ 时，基频减小的幅度较显著。表明结构非对称性超过一定范围时，结构的整体刚度减小幅度较显著。

(3) 非对称悬索桥一阶纵飘和反对称竖弯基频不会随主塔抗弯刚度的变化而改变，但主塔抗弯刚度会对主梁的一阶正对称横弯和正对称竖弯基频产生影响。当主塔抗弯刚度增加一倍时，主梁一阶正对称横弯基频和一阶正对称竖弯基频分别增加 0.60% 和 0.63%。由主塔抗弯刚度倍数与非对称悬索桥一阶正对称横弯和一阶正对称竖弯基频的曲线可知，非对称悬索桥主塔抗弯刚度倍数与一阶正对称横弯和一阶正对称竖弯基频大体呈线性规律，拟合公式可简洁快速计算主塔抗弯刚度变化对桥梁基频的影响。

(4) 加劲梁抗弯刚度的变化对非对称悬索桥的纵飘、横弯、正对称和反对称竖弯及正对称和反对称扭转都会产生影响，尤其是对加劲梁横向振动的影响较显著。加劲梁抗弯刚度增加一倍时，加劲梁的一阶正对称横弯基频增加 31%；当加劲梁抗弯刚度增大到原来的 3 倍时，非对称悬索桥的振型重新排序，使得一阶反对称竖弯的振型先于一阶正对称横弯的振型出现。

最后，本章研究了边跨跨径非对称三跨悬索桥的竖弯和扭转基频估算公式，基于瑞利–里茨法推导了一阶正对称、反对称的竖弯和扭转基频计算公式，并讨论了公式的极限问题和适用范围，最后通过算例验证了推导公式的精度，得出的主要结论如下。

(1) 推导了基于边跨跨径非对称三跨悬索桥一阶正对称和反对称竖向和扭转基频近似计算公式以及正对称下的扭弯基频比 ε，并讨论了公式的适用性，三跨非对称悬索桥的跨径比例参数取极限即可得到单跨悬索桥基频估算公式，并与《公路桥梁抗风设计规范》(JTG/T 3360-01—2018) 中的公式进行了对比分析，表明推导的边跨跨径非对称的三跨悬索桥基频估算公式具有普遍性。

(2) 通过某边跨跨径非对称的三跨悬索桥验证了推导公式的精度，并分析了公式计算结果与有限元计算结果之间的误差。分别用有限元法和本书公式计算了实桥的正对称和反对称竖弯基频和扭转基频，结果表明推导的边跨跨径非对称的三跨悬索桥基频计算公式精度较高，两者的误差在 10% 以内，一阶正对称竖弯基频的有限元解和本书解的误差是 9.2%，一阶反对称竖弯基频的有限元解和本书解的误差是 6.7%，一阶正对称扭转基频的有限元解和本书解的误差是 5.0%，一阶反对称扭转基频的有限元解和本书解的误差是 4.4%。

参 考 文 献

[1] 肖汝诚. 吊桥结构自振频率的计算方法[J]. 华东公路, 1991, 2(1): 54-58.
[2] REN W, BLANDFORD G, HARIK I. Finite-element model and free vibration response[J]. Journal of Bridge Engineering, 2004, 9(2): 110-118.
[3] 刘春华, 秦权. 桥梁结构固有频率的统计特征[J]. 中国公路学报, 1997, 10(4): 49-54.
[4] 李智宇. 非对称悬索桥设计方法研究[D]. 西安: 长安大学, 2006.
[5] 李国豪. 桥梁结构稳定与振动[M]. 北京: 中国铁道出版社, 2002.
[6] 盛善定, 袁万城, 范立础. 悬索桥振动基频的实用估算公式[J]. 东北公路, 1996, 45(1): 71-76.
[7] 同济大学. 公路桥梁抗风设计规范: JTG/T 3360-01—2018[S]. 北京: 人民交通出版社股份有限公司, 2019.
[8] 谢官模, 王超. 大跨度悬索桥竖向振动基频的实用近似计算公式[J]. 固体力学学报, 2008, 29(12): 200-203.
[9] 鞠小华, 廖海黎, 沈锐利. 对悬索桥对称竖弯基频近似公式的修正[J]. 土木工程学报, 2002, 35(1): 44-49.
[10] 鞠小华. 三跨连续加劲梁悬索桥基频近似公式[J]. 铁道工程学报, 2003, 20(2): 59-63.
[11] 张超, 黄群君, 许莉. 考虑主塔刚度影响的三塔自锚式悬索桥竖弯频率计算公式[J]. 长安大学学报 (自然科学版), 2014, 34(6): 100-106.
[12] 张超. 多塔自锚式悬索桥竖弯基频简化计算[J]. 武汉理工大学学报: 交通科学与工程版, 2013, 37(4): 753-757.
[13] 刘斌. 三塔悬索桥振动特性的研究[D]. 成都: 西南交通大学, 2009.
[14] 王本劲, 马如进, 陈艾荣. 多塔连跨悬索桥基频估算方法[J]. 结构工程师, 2011, 27(6): 54-58.
[15] 王本劲, 马如进, 陈艾荣. 多塔连跨悬索桥基频估算实用公式[J]. 公路交通科技, 2012, 29(11): 58-62.
[16] 焦常科, 李爱群, 王浩. 3 塔悬索桥动力特征参数分析[J]. 公路交通科技, 2010, 27(4): 51-55.
[17] 杨国俊, 李子青, 郝宪武, 等. 非对称悬索桥对称竖弯基频的实用计算公式[J]. 武汉大学学报 (工学版), 2016, 49(2): 247-253.
[18] 周勇军, 张晓栋, 宋一凡, 等. 高墩连续刚构桥纵向振动基频的能量法计算公式[J]. 长安大学学报: 自然科学版, 2013, 33(3): 48-54.
[19] 刘超群. 大跨度自锚式悬索桥结构体系及参数敏感性分析[D]. 长沙: 中南大学, 2009.
[20] 葛守飞, 杨国俊. 影响大跨连续刚构桥长期下挠的因素敏感性分析[J]. 公路交通科技, 2013, 9(11): 135-138.
[21] 华罗庚, 王元. 数论在近似分析中的应用[M]. 北京: 科学出版社, 1978.
[22] SACKS J, WELCH W J, MITCHELL T J, et al. Design and analysis of computer experiments (with discussion)[J]. Statist Sinica, 1989(4): 409-435.
[23] 朱永全, 景诗庭, 张清. 围岩参数 Monte Carlo 有限元反分析[J]. 岩土力学, 1995, 16(3): 29-34.
[24] BYUNG H, HWAN Y. Sensitivity analysis of time-dependent behavior in PSC box girder bridges[J]. Journal of Structural engineering, 2000, 126(2): 171-179.
[25] 王孝武. 现代控制理论基础[M]. 2 版. 北京: 机械工业出版社, 2006.
[26] 邓聚龙. 灰色控制系统[M]. 2 版. 武汉: 华中理工大学出版社, 1993.
[27] MIKHAIL E M. 观测与最小二乘法[M]. 唐昌杰, 邹笃醇, 译. 北京: 测绘出版社, 1984.
[28] 方开泰. 均匀设计——数论方法在试验设计的应用[J]. 应用数学学报, 1980, 3(4): 363-372.
[29] 方开泰. 均匀设计与均匀设计表[M]. 北京: 科学出版社, 1994.
[30] 江南, 沈锐利. 矢跨比对悬索桥结构刚度的影响[J]. 土木工程学报, 2013, 46(7): 90-96.
[31] 赵伟封, 梁智涛. 跨径 1400m 悬索桥方案设计及关键技术问题研究[J]. 中国公路学报, 1999, 12(S1): 62-65.
[32] 杨国俊, 郝宪武, 段瑞芳, 等. 基于纤维模型的梁桥材料非线性研究[J]. 武汉理工大学学报 (交通科学与工程版), 2016, 40(1): 80-84, 88.
[33] 杨国俊, 郝宪武, 段瑞芳, 等. 高墩大跨连续刚构桥中跨合龙顶推力计算方法[J]. 科技导报, 2016, 34(2): 271-276.

第 5 章　非对称悬索桥力学性能试验研究

本书前面几章主要从公式推导和有限元模拟等理论分析了非对称悬索桥的静力性能和动力特性，而试验是检验理论分析正确与否的主要手段，所以本章主要从动载试验和长期监测试验分析非对称悬索桥力学性能。邬爱清等[1]从围岩地质与力学特性、隧道锚 1:12 实体模型试验及隧道锚承载特性数值分析等方面，对隧道锚与围岩岩体变形机制、时效特征及超载安全性等方面开展了系统研究。刘新荣等[2]研究了高荷载作用下的软岩 (泥岩) 隧道锚的变形、破坏及长期稳定性等问题，以在建的某长江大桥为依托，开展了 1:30 的现场模型缩尺试验。李栋梁等[3]研究了高拉拔荷载作用下浅埋软岩 (泥岩) 隧道锚的稳定性，以某长江大桥为依托，开展了 1:10 的现场原位试验。王鹏宇[4]通过现场缩尺试验，掌握了软岩地区隧道锚与围岩系统的破坏模式和变形机制。吴相超等[5]研究了软岩隧道锚锚塞体及其围岩泡水后变形破坏的特点，以在建的几江长江大桥为依托，开展了泡水状态和自然状态两组缩尺比例为 1:30 的现场模型试验。乔雷涛等[6]研究了隧道锚的变形规律、破坏特征及承载特性，通过现场开展 1:10 缩尺模型试验，确定隧道锚的变形特征及承载力安全系数。张奇华等[7]在普立大桥隧道锚现场模型试验的基础上，采用数值模拟技术揭示了隧道锚围岩变形破坏过程：围岩破坏面从锚体底部与围岩接触面附近启裂，并逐渐向外呈圆台状扩散，破坏形式为拉剪破坏。邓琴等[8]研究了隧道锚–围岩系统的承载特性，依托云南普立大桥普立岸隧道锚，开展锚塞体不同大小和埋深的室内模型试验研究。王东英等[9]揭示了隧道锚的承载机制，探究加载过程中锚碇及周围岩体的力学响应规律，依托绿枝江大桥隧道锚工程，开展隧道锚 1:100 室内三维地质力学模型试验。文丽娜等[10]研究了围岩附加拉力对悬索桥锚碇蠕变特性的影响，结合雅康高速泸定大渡河特大悬索桥雅安侧岸坡隧道锚工程区特定地质条件，依据相似理论，开展隧道锚 1:10 原位缩尺模型蠕变试验。文海等[11]根据研究结论和工程实践经验，考虑影响隧道锚承载力的主要因素，即锚碇尺寸、锚碇埋深和围岩条件，依据相似理论进行室内对比模型试验。庞正江等[12]在隧道锚现场缩尺模型试验中，通过多点位移计监测锚碇及围岩的变形，通过应变仪监测锚碇的应变，通过声发射监测锚碇及围岩变形发展过程；然后对监测到的变形、应变与锚碇及围岩的声波特性进行对比分析，并结合三维数值模拟预测成果，确定了隧道锚模型的变形及应力特性。动载试验主要目的是得到结构自振特性参数和振型参数，并将理论值和测得的试验值进行对比分析,讨论二者之间误差。长期监测试验主要分析非对称悬索桥隧道锚围岩的应力和变形,分析隧道锚岩体及围岩的安全性和稳定性,为设计和施工提供决策依据。

5.1　基于试验的非对称悬索桥动力特性分析

5.1.1　试验方法

桥梁结构动载试验是利用某种激振方法激起桥梁结构的振动,测定桥梁结构振动参量的试验。测定桥梁动力特性参数是桥梁动载试验的主要内容和目的。结构动力特性参数主要指结构的自振频率、阻尼比和振型,它们都是由结构形式、截面形式及材料特性等结构固有的特性决定,与外荷载的大小无关。

一般采用脉动法测量桥梁动力特性参数。此方法不需用任何精密的激振设备或手段,只以环境随机振源为激振源,配以高灵敏度的测振仪器和高分辨率的分析设备,就能得到结构的自振频率、阻尼比和振型,结构的脉动明显反映结构的自振频率,桥梁结构振动测试系统原理如图 5.1 所示。

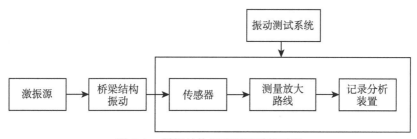

图 5.1　桥梁结构振动测试系统原理

5.1.2　试验过程

对背景桥进行静动载试验,通过现场动载试验验证非对称悬索桥的动力特性,现场动载试验加载、脉动测试及现场数据采集如图 5.2~图 5.4 所示。

5.1.3　试验验证分析

采集现场动载试验数据,自功率谱分析可以得出桥梁的自振频率和阻尼比。桥梁自振特性统计表如表 5.1 所示。

分析表 5.1,可得到如下的结论。

(1) 实测值与理论值 1 和理论值 2 较为吻合。纵飘 + 一阶反对称竖弯振型的自振频率理论值 1 是 0.126Hz,实测值是 0.15Hz,可能是由于最初开始动载试验仪器或人为存在误差,实测值与理论值的最大误差为 18.7%。随着加劲梁的竖向

图 5.2　现场动载试验加载

图 5.3　脉动测试

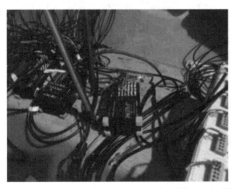 

图 5.4　现场数据采集

和扭弯振动，误差逐渐减小，误差基本在 5% 以内。实测值和理论值的误差分析表明，通过有限元软件计算的自振特性可以表征实际结构情况。

(2) 由于主桥是非对称悬索桥而且是柔性结构，因此它的高阶振型自振频率比较低。由实测阻尼比可以得到，竖向前几阶振型对应阻尼比都不到 5%，表明在

表 5.1　桥梁自振特性统计表

| 序号 | 振动方向 | 振型 | 自振频率/Hz | | | 误差 1/% | 误差 2/% | 阻尼比/% |
			理论值 1/Hz	理论值 2/Hz	实测值/Hz			
1	纵向＋竖向	纵飘＋一阶 反对称竖弯	0.126	0.122	0.15	16.0	18.7	2.45
2	横向	一阶正对称横弯	0.134	0.134	0.16	16.2	16.2	4.87
3	竖向	一阶反对称竖弯	0.179	0.173	0.17	5.3	1.8	2.36
4	竖向	一阶正对称竖弯	0.224	0.225	0.23	2.6	2.2	2.35
5	竖向	二阶反对称竖弯	0.393	0.404	0.39	0.8	3.6	1.10
6	扭弯	一阶反对称扭转	0.533	0.549	0.56	4.8	2.0	0.99

注：理论值 1 是 Midas 有限元软件计算结果；理论值 2 是 ANSYS 有限元软件计算结果；误差 1 是理论值 1 和实测值之间的误差；误差 2 是理论值 2 和实测值之间的误差。

小振幅范围内普立大桥主桥的阻尼比较低，因此普立大桥主桥的自振特性为低频的小阻尼振动。

　　主桥的部分振型自振频率的实测值与理论值对比分析如图 5.5 所示。从图 5.5 中可以看出，主梁各阶振型的理论值与实测值较为吻合。理论的一阶扭转自振频率与一阶正对称竖弯自振频率之比为 2.38，理论的一阶反对称扭转自振频率与一阶反对称竖弯自振频率之比为 2.98，而一阶扭转实测自振频率与一阶正对称竖弯实测自振频率之比约为 2.43，一阶扭转实测自振频率与一阶反对称竖弯自振实测频率之比约为 3.29，误差分别为 2.1% 和 9.4%，表明该桥主桥钢箱梁的抗风能力较好。

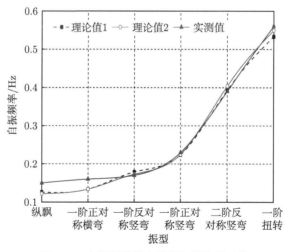

图 5.5　自振频率的实测值与理论值对比

5.2　非对称锚碇的监测过程

5.2.1　测点布置

为了长期监测隧道锚的岩体应力和变形情况,采用监测设备现场采集数据,隧道锚边坡地表沉降及水平位移、锚塞体与围岩接触应力、锚塞体轴向钢筋应力监测的布置点如下。

(1) 隧道锚边坡地表沉降和位移监测点布置平面图如图 5.6 所示。

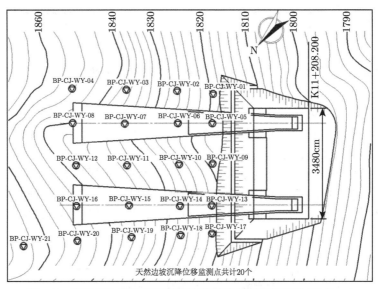

图 5.6　隧道锚边坡地表沉降和位移监测点布置平面图 (单位:m)

(2) 在右幅锚塞体底部 K11+198.3 断面,分别沿拱顶、左右两侧拱肩和拱脚处布置锚塞体与围岩接触应力监测点 (土压力盒)5 个,测点编号分别为 MST1-1(左拱脚)、MST1-2(左拱肩)、MST1-3(拱顶)、MST1-4(右拱肩) 和 MST1-5(右拱脚);另外在该断面布置锚塞体轴向钢筋应力监测点 (钢筋计)1 个,测点编号为 MST1-6(骨架中部钢管处)。

(3) 在左幅锚塞体中部 K11+201.9 断面,分别沿拱顶、左右两侧拱肩和拱脚处布置锚塞体与围岩接触应力监测点 (土压力盒)5 个,测点编号分别为 MST2-1(拱顶)、MST2-2(左拱肩)、MST2-3(右拱肩)、MST2-4(左拱脚) 和 MST2-5(右拱脚);另外在该断面布置锚塞体轴向钢筋应力监测点 (钢筋计)1 个,测点编号为MST2-6(骨架中部钢管处)。锚塞体与围岩接触应力监测断面土压力盒测点布置如图 5.7 所示。

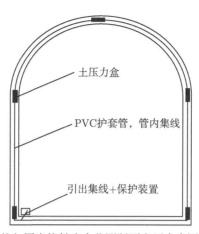

图 5.7　锚塞体与围岩接触应力监测断面土压力盒测点布置示意图

5.2.2　现场监测

对普立岸侧的锚碇进行长期监测，隧道锚现场布设的部分监测点及仪器如图 5.8～图 5.12 所示。

图 5.8　隧道锚拱顶内布设沉降监测点

图 5.9　隧道锚内布设钢筋应力监测点

图 5.10　隧道锚内布设土压力盒

图 5.11　隧道锚围岩爆破振动传感器

图 5.12　围岩变形多点位移计和千分表

5.3　非对称锚碇监测试验结果

5.3.1　隧道锚边坡地表沉降和位移监测

　　边坡地表变形是隧道锚洞开挖对围岩产生扰动最直接的反映，为了确保隧道锚周边环境安全与稳定，通过地表沉降位移变化规律预测施工对环境的影响。因此，必须对边坡地表沉降和水平位移进行长期监测和控制，并应在锚洞尚未开挖时就开始布置并取得观测初值。为确保隧道锚边坡的长期稳定与安全，持续对边坡地表变形开展监测工作，沉降和水平位移采用全站仪以反光膜片作为观测标志进行现场测量。结合施工进度情况，隧道锚边坡地表监测点累计沉降和累计位移的长期监测结果如图 5.13～图 5.16 所示，沉降监测点编号为 BP-CJ-XX，位移监测点编号为 BP-WY-XX。

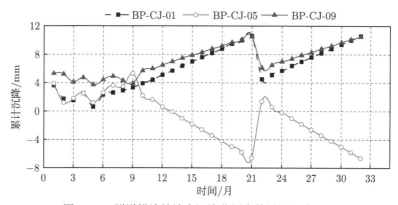

图 5.13　隧道锚边坡地表沉降监测点的累计沉降 (一)

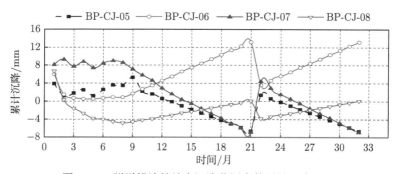

图 5.14　隧道锚边坡地表沉降监测点的累计沉降 (二)

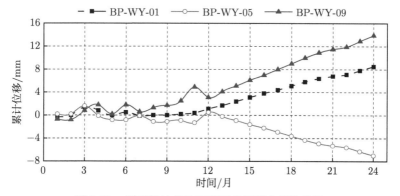

图 5.15　隧道锚边坡地表监测点顺桥向累计位移

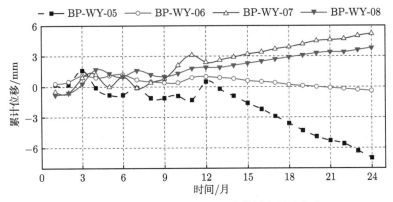

图 5.16　隧道锚边坡地表监测点横桥向累计位移

从图 5.13 和图 5.14 可以看出，到成桥阶段，隧道锚边坡地表各监测点出现不同程度的沉降，沉降的最大累计值为 13.2mm，出现在隧道锚左洞上方测点编号为 BP-CJ-06 地表处，其他测点均小于该值。

从图 5.15 和图 5.16 可以看出，隧道锚边坡地表各监测点有不同程度的位移，顺桥向最大水平累计位移为 13.9mm，出现在隧道锚右洞上方地表处，测点编号为 BP-WY-09，其他测点均小于该值。

以上监测结果表明，隧道锚边坡地表累计沉降和位移普遍较小，没有太大波动，也未出现长时间上升或下降的趋势，变形速率小且发展过程极为缓慢。从累计值和变化速率综合考虑，前期隧道锚开挖施工过程对扰动边坡地表变形影响不大，同时边坡受地层应力扰动影响也很小。分析隧道锚边坡地表沉降和位移变化，认为隧道锚边坡已基本趋于稳定。

5.3.2　隧道锚变形监测

主缆索股架设施工阶段，索力反复调整会直接对基础锚塞体产生扰动影响。因此，为确保隧道锚的基础稳定性，仍需长期监测前锚面表观沉降和水平位移，基础变形采用全站仪以反光膜片作为观测标志进行现场测量。结合施工进度情况，对隧道锚施工到成桥阶段进行长期监测。

在普立岸隧道锚碇左右幅锚塞体前锚面布置沉降和位移监测点共 8 个，左幅监测点编号分别为 MD-CJ(WY)-09、MD-CJ(WY)-10、MD-CJ(WY)-11 和 MD-CJ(WY)-12(CJ 表示沉降，WY 表示位移)，右幅监测点编号分别为 MD-CJ(WY)-13、MD-CJ(WY)-14、MD-CJ(WY)-15 和 MD-CJ(WY)-16。由于篇幅有限，以隧道锚左幅监测数据为例，分析锚塞体前锚面的位移和沉降随时间的变化趋势。

隧道锚左幅前锚面累计沉降和位移随时间变化过程曲线如图 5.17~图 5.19 所示。由图 5.17 可知，到成桥阶段，隧道锚左幅前锚面沉降最大累计值为 5.0mm，测点编号为 MD-CJ-12，其他测点均小于该值；位移最大累计值为 6.6mm，测点编号为 MD-WY-09，其他测点均小于该值。

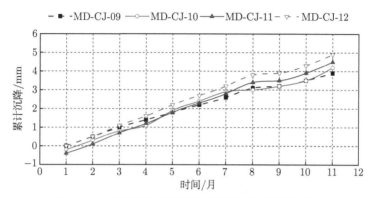

图 5.17 隧道锚左幅前锚面沉降监测点的累计沉降

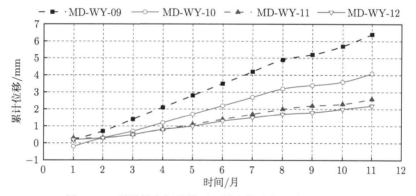

图 5.18 隧道锚左幅前锚面顺桥向位移监测点累计位移

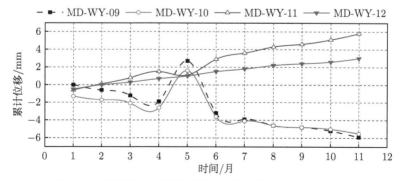

图 5.19 隧道锚左幅前锚面横桥向位移监测点的累计位移

以上监测结果表明，锚跨索力从初步调整至精确调整后，受力较为均匀，普遍反映隧道锚左右幅前锚面累计沉降和位移均较小，各测点变形量 (沉降、位移) 都在控制范围以内；虽有明显的小幅波动，但变化过程较平稳，发展趋势极为缓慢且变形速率小。说明在主缆索股架设施工阶段，隧道锚左右幅前锚面变位扰动影响很小，左右幅锚塞体均较为稳定，都处于安全状态。

5.3.3　锚塞体与围岩接触应力监测

锚塞体与围岩相互作用下的应力是隧道锚长期监测的重要内容，也是隧道锚反馈设计需要获取的重要参数。采用埋入式钢弦土压力盒分别对隧道锚右幅K11+198.3、K11+201.9 和 K11+213.5 断面处锚塞体与围岩接触应力实施监测。通过监测能够得到应力的量值及分布规律，从而判断锚岩接触相互结合以后的稳定性，能够及时调整锚塞体结构的设计及施工参数。

从锚塞体浇筑施工开始，大体积锚塞体浇筑后与围岩接触产生相互作用下的挤压受力。因此，为确保锚塞体与围岩固结的长期稳定与安全，持续开展锚岩接触压力监测工作。结合施工进度情况，长期监测结果如图 5.20 和图 5.21 所示 (图中负值表示压应力)。

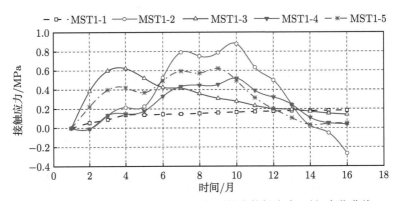

图 5.20　隧道锚右幅 K11+198.3 断面锚岩接触应力–时间变化曲线

监测点 MST1-1 、MST1-2、MST1-3、MST1-4 和 MST1-5 分别在锚塞体拱顶、左拱肩、右拱肩、左拱脚和右拱脚处，隧道锚右幅 K11+198.3 断面监测点MST1-2(左拱肩) 最大峰值约为 0.89MPa。监测结果表明监测初期应变值出现短暂小幅波动，锚塞体全断面拉应力上升明显，14 个月之后逐步下降转为压应力状态，直至稳定。

对隧道锚左幅 K11+201.9 断面锚塞体和围岩接触应力进行了长期的监测，锚岩接触应力–时间变化曲线如图 5.21 所示。到成桥阶段，隧道锚左幅 K11+201.9断面监测点 MST2-2(左拱肩) 受压变形最大，最大峰值约为 −0.61MPa。监测结

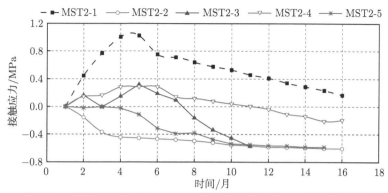

图 5.21　隧道锚左幅 K11+201.9 断面锚岩接触应力–时间变化曲线

果表明锚塞体全断面基本处于压应力状态，没有出现较大波动。

综上所述，锚塞体与围岩接触应力的长期监测结果普遍反映该断面处各测点应力变化过程基本一致，且发展趋势极为平缓。说明锚岩接触后的相互挤压作用不大，围岩压力均控制在设计允许范围内，符合施工应力控制要求。分析表明，主缆索股架设施工阶段对锚塞体扰动影响较小，锚跨索力精确调整后受力较均匀。因此，锚岩相互作用固结较好，并处于安全状态。

5.3.4　锚塞体轴向钢筋应力监测

锚塞体轴向钢筋应力监测点的布置位置见 5.2.1 小节。

通过量测锚塞体轴向的钢筋应力，便可知锚塞体轴向的实际受力状态，从而判断锚塞体内部结构的稳定性。锚塞体轴向钢筋应力监测采用埋入式钢筋应力计，分别对隧道锚右幅 K11+198.3、K11+201.9 和 K11+213.5 断面处实施监测。埋设时，应变计与锚塞体骨架连成整体，当轴向钢骨架受力时，产生拉伸变形，应变计的应力感应组件跟着拉伸产生变化，由此求得轴向钢筋应力。

锚塞体浇筑施工过程中，为及时掌控隧道锚内部轴向受力状况，同时确保锚塞体内部结构的长期稳定与安全，仍需继续开展锚塞体轴向钢筋应力监测工作。结合施工进度情况，钢筋应变–时间变化曲线如图 5.22 所示 (图中钢筋轴向受拉为正)。

MST1-6 测点在隧道锚右幅 K11+198.3 断面处，MST2-6 测点在隧道锚右幅 K11+201.9 断面处，MST3-6 测点在隧道锚右幅 K11+213.5 断面处。分析图 5.22 可知，到成桥阶段，轴向应力测点 MST1-6 受拉应变最大峰值约为 $6.11\mu\varepsilon$，其相应拉应力约为 1.22MPa；轴向应力测点 MST2-6 受拉应变最大峰值约为 $12.00\mu\varepsilon$，其相应拉应力约为 2.96MPa；轴向应力测点 MST3-6 受压应变最大峰值约为 $-5.53\mu\varepsilon$，其相应压应力约为 -1.11MPa。从监测结果来看，由于锚跨索力开始调整后，监测初期锚塞体内部轴向钢筋应力发生短暂的拉伸变形，有小幅波动，

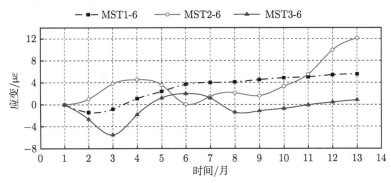

图 5.22　隧道锚各断面轴向钢筋应变-时间变化曲线

8 个月之后应变值仍在缓慢增大，直至趋于稳定；全断面整体表现为钢骨架受力过程中应力缓慢发展，但变形速率趋小，符合施工应力控制要求。说明目前工况下锚塞体内部结构发挥了一定作用，并与围岩结合相互作用下，基本处于稳定状态，锚塞体内部结构及与围岩接触压力仍在进行自我调整。

5.4　本章小结

本章主要从试验分析主缆非对称支承的非对称悬索动力特性和锚碇非对称隧道锚的变形和应力，对比分析了非对称悬索桥动力特性的实测值和理论值，并分析了两者的误差，采用长期监测试验方法分析了普立大桥隧道锚，从隧道锚边坡地表沉降和位移、隧道锚变形、锚塞体与围岩接触应力和锚塞体轴向钢筋应力四方面全面进行了长期的监测，得出的结论如下。

(1) 通过有限元法及动载试验实测值分析可知，普立大桥第一阶振型为加劲梁的纵飘 + 一阶反对称竖弯，其次是加劲梁的一阶正对称横弯、一阶反对称竖弯及一阶正对称竖弯等，该规律符合悬索桥的一般受力特点。

(2) 通过两种有限元计算方法及动载试验对比分析了该桥动力特性，表明该桥的自振频率比较密集，将有限元法计算的自振频率与实测值进行了对比分析，实测值和理论值较吻合，最大误差是 18.7%，最小误差是 0.8%。该桥的实测一阶反对称扭弯频率比为 3.29，理论计算的正对称扭弯频率比和反对称扭弯频率比与实测值的误差分别为 2.1% 和 9.4%，表明普立大桥主桥钢箱梁的抗风能力较好；

(3) 隧道锚边坡地表累计沉降和变形普遍较小，未出现长时间直线上升或下降的情况，位移变化速率小且发展过程非常缓慢。从累计值及变化速率综合考虑，说明边坡地表变形受前期隧道锚开挖施工过程的影响较小，同时地层应力对边坡的扰动影响也很小。从隧道锚边坡地表沉降和位移变化趋势分析可以看出隧道锚边坡已基本趋于稳定。

　　(4) 由隧道锚变形长期监测的数据分析可知，锚跨索力从初步调整开始，至成桥阶段受力较为均匀，普遍反映隧道锚左右幅前锚面累计沉降和位移较小，各测点变形量都在控制范围以内。

　　(5) 由锚塞体与围岩接触应力应力长期监测的数据分析可知，整个施工阶段对锚塞体和围岩的扰动很小，锚跨索力精确调整后受力较均匀，因此锚岩相互作用固结较好，处于安全状态下。

　　(6) 由锚塞体轴向钢筋应力的长期监测数据分析可知，监测初期锚塞体内部轴向钢筋应力发生短暂的拉伸变形，有小幅波动，至后期应变值仍在缓慢增大，直至趋于稳定。

参 考 文 献

[1] 邬爱清, 彭元诚, 黄正加, 等. 超大跨度悬索桥隧道锚承载特性的岩石力学综合研究[J]. 岩石力学与工程学报, 2010, 29(3): 433-441.

[2] 刘新荣, 李栋梁, 吴相超, 等. 泥岩隧道锚承载特性现场模型试验研究[J]. 岩土工程学报, 2017, 39(1): 161-169.

[3] 李栋梁, 刘新荣, 李俊江, 等. 浅埋软岩隧道式锚碇稳定性原位模型试验研究[J]. 岩土工程学报, 2017, 39(11): 2078-2087.

[4] 王鹏宇. 软岩地区悬索桥隧道锚设计研究[J]. 铁道工程学报, 2019, 36(8): 51-55.

[5] 吴相超, 刘新荣, 李栋梁, 等. 软岩泡水隧道锚变形破坏模型试验[J]. 岩土力学, 2016, 37(4): 1023-1030.

[6] 乔雷涛, 康炜, 文强. 深路堑内浅埋层状软岩隧道锚特性试验研究[J]. 铁道工程学报, 2022, 39(10): 47-52.

[7] 张奇华, 李玉婕, 余美万, 等. 隧道锚围岩抗拔机制及抗拔力计算模式初步研究[J]. 岩土力学, 2017, 38(3): 810-820.

[8] 邓琴, 汤华, 吴振君, 等. 隧道锚–围岩系统承载特性的室内模型试验及畸变纠正[J]. 岩土力学, 2017, 38(S1): 247-254.

[9] 王东英, 汤华, 尹小涛, 等. 隧道式锚碇承载机制的室内模型试验探究[J]. 岩石力学与工程学报, 2019, 38(S1): 2690-2703.

[10] 文丽娜, 程谦恭, 程强, 等. 围岩附加拉力对隧道锚蠕变特性的影响研究[J]. 铁道工程学报, 2019, 36(3): 32-37, 71.

[11] 文海, 廖明进, 张富贵. 悬索桥隧道锚承载力的室内模型试验研究[J]. 铁道科学与工程学报, 2017, 14(8): 1735-1742.

[12] 庞正江, 孙豪杰, 赖其波, 等. 1∶10 隧道锚缩尺模型的变形及应力特性[J]. 岩石力学与工程学报, 2015, 34(S2): 3972-3978.

第 6 章　结论与展望

6.1　主要结论

以主缆非对称单跨悬索桥和边跨跨径非对称的三跨悬索桥为背景，对非对称悬索桥的静力性能和动力特性进行了研究，本书的主要内容和主要结论如下。

(1) 本书首先总结了悬索桥静动力特性和隧道式锚碇的研究现状，高速公路向山区逐渐普及，为适应山区跨径大、沟深的 V 型地形等特定的工程环境，出现了主缆非对称支承、两侧锚碇非对称及边跨跨径非对称的非对称悬索桥。研究发现：我国《公路桥梁抗风设计规范》中给出的单跨悬索桥竖弯和扭转基频估算公式是基于对称悬索桥推导的，无法体现非对称参数的影响，且非对称锚碇类型中的隧道式锚碇围岩变形破坏模式与作用机理的研究还没有成熟的理论依据基础，由此提出本书的研究价值和实用意义。

(2) 在进行主缆非对称支承的非对称悬索桥静力近似计算时，分别给出了主缆线形为抛物线和悬链线的近似计算公式；推导了该类型非对称悬索桥的有应力索长和无应力索长的近似计算公式；应用本书近似方法和有限元精确方法分别计算了主缆的有应力索长和无应力索长，发现非对称悬索桥的有应力索长和无应力索长随结构非对称敏感性参数增加呈指数增加趋势；分析了非对称悬索桥主索鞍顶推近似计算方法，采用瑞利–里茨法推导了主塔塔顶最大容许偏位计算公式；提出了从塔顶偏位和塔底应力两个角度优化主索鞍的顶推方法；给出了考虑和不考虑 P-Δ 效应的偏差，并通过有限元法验证公式的精度。

(3) 研究了锚碇非对称的悬索桥力学性能。首先推导出锚塞体长度计算公式，并对计算公式的正确性进行了验证；对比分析了重力式锚碇和隧道式锚碇力学性能，以隧道式锚碇为例，重点研究了隧道式锚碇的作用机理及数值模拟，分析隧道式锚碇在施工过程岩体位移和应力状态。依据主缆缆力产生的剪应力峰值乘以相应安全系数后不超过锚塞体与岩体抗剪强度的设计值，推导了锚塞体长度的近似计算公式，并给出了参数建议值。采用数值模拟的方法对普立大桥隧道式锚碇区围岩在锚洞开挖、浇筑、回填、施加预应力和主缆缆力等过程中的岩体位移和应力状态进行了研究，从得到的岩体随主缆缆力变化的趋势图中可以得到，随着缆力的增加，岩体顺桥向位移逐渐增加，变化斜率也逐渐增加，表明随着缆力的增加岩体的顺桥向位移是非线性变化的。当锚塞体施加的缆力达到 7.5 倍设计缆力时,岩体的顺桥向位移净增加量是设计缆力位移的 2.83 倍。然后,基于莫尔–库仑准则,将隧道式锚碇的受力阶段进行了划分,即克服自重阶段、锚–岩协同工作阶段、带裂缝承载阶段和破坏阶段。根据锚塞体进入各个受力阶段的承载力不同,将承载力分为初始承载力、峰值承载力、临界承载力和残余承载力,并且推导出各承载力的计算公式。本书提出了一种基于解析法的隧道式锚碇承载力计算公式,并且由此得出不同破坏形式下锚碇承载力有较大差异。计算得到围岩锚碇界面破坏形式下极限承载力通常介于 $10P \sim 20P$,影响隧道式锚碇承载力大小因素的排序为黏结力 > 界面摩阻力 > 附加应力 > 锚塞体自重沿轴向分量;破裂角可以影响倒锥形破坏的极限承载力,随破裂角减小有明显增加,且锚塞体自重对破坏形式的影响较小,可以看出现阶段采用隧道式锚碇承载力计算方式偏保守,隧道式锚碇具有巨大承载潜力。最后,本书对悬索桥隧道式锚碇进行了动力分析,在此基础上,提出了一种拉索惯质阻尼器,此阻尼器可以运用于隧道式锚碇前锚室处,具有良好的振动抑制效果。本书提出的拉索惯质阻尼器与普通黏滞阻尼器相比,具有较大的负刚度与耗能能力。利用 FLAC3D 软件设置减振层来模拟阻尼器效果是行得通的,测点位移整体减少,速度响应在 1s 内急剧减小。当动荷载幅值不同时,设置阻尼器的减振效果存在差异,荷载幅值为 $7P$ 时,减振效果最好,平均位移减小幅度达到 30%。

(4) 应用瑞利–里茨法推导了主缆非对称悬索桥基频的实用估算公式。基于能量原理的瑞利–里茨法推导了主缆非对称悬索桥一阶正对称和反对称竖弯和扭转基频近似计算公式及正对称下的扭弯基频比。分别计算了非对称悬索桥的一阶竖弯基频和扭转基频,结果表明该类型桥的反对称竖弯基频和扭转基频不受非对称结构参数的影响;对于一阶正对称竖弯基频和扭转基频,推导的公式比不计非对称结构参数影响的规范公式精度高;对于一阶正对称竖弯基频,其计算结果与有限元计算结果的误差从 6.8% 降到 4.0%,对于一阶正对称扭转基频,相应的误差从 6.0% 降到 4.1%。推导了非对称悬索桥在不计入和计入边缆和主塔刚度两种情况下的竖弯基频的近似计算公式;提出了结构非对称敏感性参数 ξ 对一阶竖弯基频的影响因子 η,以及推导了边缆和主塔刚度对竖弯基频的影响系数 β 的表达式;给出了计入边缆和主塔刚度的非对称结构参数的影响因子 γ,并计算了不计入和计入边缆和主塔刚度两种情况下的非对称悬索桥的竖弯基频,结果表明不计入边缆和主塔刚度影响时有限元解和计算值误差为 4.0%,而计入情况下的误差仅是 3.6%。通过 Midas 和 ANSYS 有限元软件数值模拟分析可知,普立非对称悬索桥第一阶振型为加劲梁的纵飘和一阶反对称竖弯,其次是加劲梁的一阶正对称横弯、一阶反对称竖弯及一阶正对称竖弯等,该桥振型出现具有明显的分组现象,刚开始以加劲梁振动为主,之后是主缆的振动和主梁的高阶振动,以及边跨主缆的振动,以主塔为主的振型出现较晚,振型及出现的先后顺序与一般对称悬索桥类似。

(5) 研究了影响主缆非对称悬索桥动力特性的结构参数敏感性，分析了非对称结构矢跨比、结构非对称敏感性参数、主塔抗弯刚度和加劲梁抗弯刚度对非对称悬索桥动力特性的影响，并拟合了部分参数与自振频率之间的关系式，得到了不同参数下非对称悬索桥动力特性的敏感性。

(6) 研究了边跨跨径非对称的三跨连续加劲梁悬索桥的动力特性，推导了该类型桥的竖弯和扭转基频估算公式，讨论了公式的适用范围，对边跨跨径非对称的三跨悬索桥的某些跨径相关的参数取极限，即可得到单跨悬索桥的基频估算公式，并用有限元法验证了公式的精度。

(7) 研究了基于试验的非对称悬索桥力学性能，通过动载试验，实测一阶扭弯频率比为 3.29。分析前 20 阶自振频率和振型可知，普立大桥主桥钢箱梁的抗风能力较好，前 20 阶自振频率和振型索塔的振动特征不明显，说明主塔的抗振性能比较良好；将有限元法计算的自振频率与实测值进行了对比分析，实测值和理论值较吻合，最大误差是 18.7%，最小误差是 0.8%；采用长期监测的方法研究了普立大桥隧道锚边坡地表沉降和位移、隧道锚系统的变形、锚塞体与周围接触应力和锚塞体轴向钢筋应力，分析了隧道锚岩体及围岩的安全性和稳定性，为设计和工程施工提供指导。

6.2　展　　望

总结本书主要研究成果可知，虽然在非对称悬索桥力学性能和动力响应方面做了比较深入的研究，但是由于非对称悬索桥动力特性复杂，隧道锚的岩体节理和地质构造复杂，与锚塞体结合的方式多变，加之本书作者水平和时间有限，本书还存在不足之处，以下几个方面需要今后进一步完善或更深入研究。

(1) 本书基于主缆非对称支承悬索桥推导的竖弯和扭转基频实用计算公式适用于双塔单跨悬索桥，三塔或多塔体系及其他体系应做专门研究。

(2) 在采用数值方法模拟岩体的力学特性时，分析结果正确与否，很大程度上取决于岩体本构模型。因此，要精确分析岩体的各种应力状态，需要研究更加准确和更加适合分析隧道式锚碇的岩体本构关系。

(3) 在研究隧道锚式非对称悬索桥的动力响应时，只研究了非对称悬索桥的动力特性和影响非对称悬索桥的敏感性参数，对地震等响应的研究还不够深入，因此需要进一步研究分析隧道式锚碇地震等动力响应。

编　后　记

　　"博士后文库"是汇集自然科学领域博士后研究人员优秀学术成果的系列丛书。"博士后文库"致力于打造专属于博士后学术创新的旗舰品牌，营造博士后百花齐放的学术氛围，提升博士后优秀成果的学术影响力和社会影响力。

　　"博士后文库"出版资助工作开展以来，得到了全国博士后管委会办公室、中国博士后科学基金会、中国科学院、科学出版社等有关单位领导的大力支持，众多热心博士后事业的专家学者给予积极的建议，工作人员做了大量艰苦细致的工作。在此，我们一并表示感谢！

"博士后文库"编委会